イノベーション・アーキテクチャー

イノベーション戦略策定の方法論

Structured Creativity
–Formulating an Innovation Strategy–

ヒュウゴ・チルキー
ティム・ザオバー 著

佐藤亮、高井徹雄、高橋真吾、柴直樹、河合亜矢子 訳

同友館

日本語版へのまえがき

イノベーションの差が、成功企業とそうでない企業を峻別するクリティカルな要因である。未来を見通す水晶球がなくても、過去から現在への経営課題に立ち向かった経過をみればこれは明らかだろう。『イノベーションか、さもなければ、沈滞か』という見解がよく指摘され、幅広い賛同者がいるだろうが、しかし、他社の模範となるような持続的にイノベーションに富む成長を達成した企業は非常に限られている。そうした企業として特に挙げられるのは、3M、P&G、キヤノン、ヤマト運輸、東レ、などであろう。

イノベーション・コンピタンスがこのように中心的要因となっているのは、二つのまったく異なった、しかし相補的な視点がある：ひとつには、イノベーションが成長のエンジンであることだ。どんな製品やサービスでも投入から撤退までの市場周期が有限の期間である以上、新製品をほとんど定期的に投入していくことは避けられない。さらには、市場周期は一般に短くなる傾向があるので、新製品投入のタイミングも確実に早まって来ている。こうした推移は『イノベーション・レート』として、全売上高に占める新製品売上高の割合で測れる。そして実際問題として、イノベーション・レートが実質的に増加していくということは避けられないことであって、そうでない企業はめずらしい例外となっている。

他方、成長の視点だけでなく経済の停滞期でも、イノベーション・コンピタンスが等しく重要である。そうした状況では、製品やサービスのイノベーション自体の重要性に追加して、組織構造や業務プロセスをイノベーティブに改革することが前面に出てくる。そうした改革によって資源の配置をより効果的・効率的にすることに焦点を当てることができるからである。

両方の場合において、技術の変化がイノベーションの主要な駆動力である：技術の変化を成功裏に取り扱うことで、イノベーション・レートの増加だけでなく、ビジネスでの生産性向上も達成できる。技術の変化を成功裏に扱うためのこのかなり異なる経営能力は、まだ相対的に若い経営の原理である。一般には『技術とイノベーションの経営』と呼ばれ、シンプルに『MOT』と略称する。過去二〇年間に渡って先進的な大学や実務家が集中的に取り組み、数多くのMOT概念や方法、手順やツールを開発してきた。そのため、技術の変化の取り扱いは、過去に比べてかなりのところ『より管理可能』になってきた。

MOT能力を習得することは優れた企業家的意味を持つ。実際、上述の二つの視点に関連して言えば、イノベーションに関する会社の能力が直接的に決まってくるし、同時に、資源の配置と使い方での生産性にも影響する。言い換えれば、一定水準のMOT能力は資源の制約を補うことができるし、逆も成立する。このような相乗効果を次のような方程式で示せる：企業の産出＝MOT×企業の投入。

本書はMOTツールのひとつである『イノベーション・アーキテクチャ』に焦点を当てる。それは製品やサービスやビジネスのイノベーションの開発を可能にするものである。イノベーション・アーキテクチャの構成要素は基本的に二つの異なるグループに分けられる。ひとつは、『顧客と市場の世界』を適切にとらえる要素であり、有力な市場やエコロジー環境や社会環境から規定される既存のビジネスのトレンドと関連がある。他方のグループの構成要素は『科学と技術の世界』に関係し、会社の内外に存在する既知の科学知識・技術知識に関連すると同時に新たな知識と関連がある。イノベーション・アーキテクチャの構成要素で中心的なものは、—具体的『ソリューションに縛られない』状態の—『製品の機能』である。製品、サービス、ビジネスを含む多段階のネットワークを使うことで、一方で、それらの要素を『顧客と市場の世界』での有望なトレンドと関連させる。また他方では、製品機能を満たすための最適の技術的方法を確定するというやり方で、それらの要素を『科学と技術の世界』に関連させるのである。

イノベーション・アーキテクチャの基本的構成は、厳密にシステム的相互作用を考慮しながらも体系的に行われる。構成していく際には、関係性を考慮しながら一ステップごとに行い、また、典型的には多部門からの参加によるグループ・ディスカッションを用いる。議論は『マーケット側』の構成要素から始めてもよいし、『技術側』からでもよい。要素間の関係付けは技術資源利用の最小化原則と、製品やサービスやビジネスでのイノベーション創出の最大化原則に従って行う。

こうしたことが、本書の原タイトルである『構造化された創造性』を説明している：まったく異なる独立の情報源からイノベーション関連の情報を持ち寄って—それぞれの情報は創造的なグループ討論から導いておき—意味を持たせた論理的構造の中に位置づけ、新製品、新サービス、新規開発予定の技術についての具体的なアイデアを同定するのである。

ふたつの世界の観点を—グループディスカッションによって—ただひとつのイノベーション・アーキテクチャの中に取り入れることは別の目的も果たす：経験によれば、二つの異なる世界のプロフェッショナルは全く異なる言葉を「話す」ため、互いに理解することは困難である。言い換えれば、イノベーション・アーキテクチャは、市場と技術という二つの対照的な立場をつないで、深いレベルでの建設的なディスカッションを可能にするツールである。その目的のために、『機能で考える』ことがキーである。

さらに、イノベーション・アーキテクチャによって、マーケット・プルのアプローチやテクノロジー・プッシュのアプローチを使って革新的な製品のアイデアを作り上げていくことができる。このツールは実践的に使えるので—前述のとおり—ふたつの側のどちらからでも始めることができる。

このＭＯＴツールは、スイス連邦工科大学（ＥＴＨ）で私が教授職を務めていた「技術とイノベーションの経営」講座の研究プログラムの活動のひとつである博士論文プロジェクトとともに発展してきたものである。２００５年にはティム・ザオバー氏が博士論文を完成し、その後、イノベーション・アーキテクチャはスイス、フランス、スロベニア、日本での、MBA修士コースや管理職向けのエグゼクティブ・セミナーを多く行った中で集中的に用いた。同時に、イノベーション管理の標準的コンサルティング・ツールとして、スイス、ドイツ、フランス、米国、日本で使ってきた。

日本ではこのツールが特別の興味をひき、原著に若干の追加をした形で、日本語訳の構想が立ち上がった。そしてこの度、完成に至ったわけである。

訳出の多大な仕事と本書の成立について、次のような多くの方々のお名前を挙げて心から感謝したい。

まず初めは筑波大学システム情報工学研究科社会システム・マネジメント専攻の佐藤亮教授であり、まとめ役として翻訳プロジェクトを引っ張ってくれた。そして、この翻訳タスクフォースのメンバーである、駒沢大学経営学部高井徹雄教授、早稲田大学創造理工学研究科　高橋真吾教授、日本大学生産工学部　柴直樹准教授、筑波大学システム情報工学研究科サービス・イノベーション人材育成推進プログラム研究員　河合亜矢子博士に感謝する。

高原康彦東京工業大学名誉教授（システム科学専攻）は、私が東京工業大学にサバティカルを利用して滞在した折の尊敬すべき指導者である。彼によって私はシステム思考を取り入れることができたし、また、今回の翻訳の遠因を作ってくれた。

木嶋恭一教授（東京工業大学社会理工学研究科価値システム専攻）には、「システムとイノベーション・マネジメントの邂逅」という合同セミナーを二〇〇五年と二〇〇七年に開催して、イノベーション・アーキテクチャの応用において実質的なサポートを種々受けた。

亀岡秋男氏（北陸先端科学技術大学院大学知識科学研究科元教授、同大学元副学長）はMOTの幅広い知識を私と共有して、JAISTエグゼクティブMOTコースの立ち上げから二〇〇七年までの間に、私の講義「企業科学」をサポートして頂いた。

井川康夫教授（北陸先端科学技術大学院大学知識科学研究科）には、二〇〇七年以降のエグゼクティブMOTコースでの私のMOT講義を引き続いてサポートを受け、また、講義内容を日本企業の実務に適応させる上での貴重なアドバイスを頂いた。

ニッタ・ハース（株）代表取締役社長木下正治博士には、私のMOT研究の知識を企業実務に成功裏に適用する上で、個人的な励ましや得がたいアドバイスを通じて支援を頂いている。

キヤノン（株）のテクノロジー統括本部長・専務取締役遠藤一郎博士はキヤノンのインジェット技術のパイオニアであり、十年以上にわたるキャノンの最も目覚ましい科学技術の成果を伝えて頂いた。

経済産業省ものづくり政策審議室長渡邉政嘉博士からは、経済産業省の知識の宝庫からのMOT調査成果について、特に科学技術分野のロードマップについて、精力的に供給して頂いた。

ヤマト運輸（株）国際統括本部マネージャー内山均氏は、サービス・イノベーションについての私の研究に継続的に多大なサポートを提供し、他社の模範となるような彼の会社のサービス文化の育成における指導的役割を果たした豊富な経験を直接に聞かせて頂いた。

能美防災（株）取締相談役　木村敞一氏と技術部水谷友彦氏には、私のMOT研究を企業実務に成功裏に適用する際に非常に有用な実務的アドバイスを頂きお世話になった。

香月祥太郎教授（立命館大学テクノロジー・マネジメント研究科）は、立命館大学における私のMOT講義でお世話になると同時に、基本的なMOT概念を教えていただいた。

永野博教授（政策研究大学院大学）には、一九九二年の日本での私の最初の活動以来、私のMOT講義と研究において多くの政府機関発行の技術政策文書に関して便宜を図って頂いた。

丹羽冨士雄教授（政策研究大学院大学）には、特に彼自身の研究との関連で私のＭＯＴ講義と研究でお世話になった。

丸山瑛一教授（政策研究大学院大学、および、理化学研究所）から彼自身のＭＯＴへの深い関心による独自の貢献に関連して私のＭＯＴ講義と研究でお世話になった。

最後になるが、長平彰夫享受（東北大学技術社会システム専攻）には、東北大学での客員講師としてのＭＯＴ講義でお世話になり、また、実践的なＭＯＴについていろいろと議論の相手になって頂き刺激を受けた。

二〇〇九年一月四日　チューリッヒにて

ヒュウゴ　チルキー

謝　辞

本書はチューリッヒにあるスイス連邦工科大学のＥＴＨ企業科学センターでの研究の成果である。本書を経営科学の分野の一冊として出版できるのを大変うれしく思っている。著者としてのリストには私の名前があるわけだが、大学とビジネスの多くの人がこの成果のために貢献している。それらの方々と一緒に日々の仕事を進めたことは非常な喜びであった。深く感謝しております。

博士論文指導教官であり本書の共著者であるスイス連邦工科大学教授のヒュウゴ・チルキー博士に深く感謝しています。経営科学とビジネスでの教授の広い経験は、本書への強い積極的な影響を及ぼしている。さらに、教授の活発な興味と惜しみないサポートがあったために、研究活動はチャレンジ意欲をかきたてられたし、また、波乱に富んだプロセスとなった。

本書への講評を頂いたスイス連邦工科大学教授マルクス・マイヤー博士に感謝いたします。共同作業は喜びであり、おかげで本書の質が確実に上がった。

次の方々は企業科学ＥＴＨセンターの同僚や友人であり、本研究でのサポートに感謝しております。バレリー・バーネット博士、ベアト・ビルケンマイヤ博士、ハラルト・ブロートベック博士、フィリップ・ブヒァー博士、シルビア・エンツラー、イァン・フィリップ・エッシャー、ハンス・ヘルムート・ユンク博士、ファレリー・ケラー、シュテファン・コルナ博士、マルティィン・ルッゲン博士、クリスティーネ・ミュラー、パスカル・サビオツ博士、ガストン・トラオフラー博士の諸氏。本書原著を英語で出版できたのは英語校正の労を取っていただいたヒルダ・フリッツ・フォンフォリス女史のおかげであり、大変感謝しております。また、専攻の多くの大学院生と我々のチームの研究助手に感謝しています。

さらにＨＰＯ株式会社の同僚マネージャのシエリー・ラリブ・デピナリ博士とブルーノ・グラオス博士に感謝します。彼らのもっている幅広くしっかりした基盤をもつ経験から、また、かられの非凡な概念から多くのものを得ました。プロジェクトに関する最適なパートタイムジョブを用意して頂き、本書の主題に密接に関連する貴重な実践的洞察を得ました。その際には活動のための十分な場所も用意されており貴重なものでした。さらにまた、ＨＰＯでの同僚であったアンドレアス・ミッタードルファー博士、デニス・シャート博士、クラオド・シュタットラー、シュテファン・ツィアハン、マルティン・シュテヒャー、オリビア・ダルブレ博士、ルツィア・アルディックヒエリの諸氏に、本書についての議論やサポートを感謝します。

また特に、アンドレアス・スーテア博士に私のソリューションの概念を精緻化する過程での支援に感謝します。彼との積極的な協働によって多くの価値ある資料を統合することができ、本書の質が向上した。

本研究の実験室は産業界にあった。したがって、そこでのインタビューや参画研究の協働者の協力がなければ本書は存在しなかった。彼らがこの仕事の本当の制作クレジットに名を連ねるべきなのである。

もっとも大きな感謝の気持ちを家族とガビー・グルエン氏に捧げたい。彼らの励ましやサポートがなければ博士課程研究を完成することはなかっただろう。

チューリッヒにて

ティム　ザオバー

著者や並びに出版社は次の著作物の使用許可を快諾して頂き感謝の意を表する。シャファー・ペシェル社（図２・７）、ＶＤＩ（図５・４）。著作物使用については個々に確認したが、もし不注意で漏れたものがあれば謹んで早期に必要な手配を行いたい。

目次

イントロダクション：本書の概要

イノベーションは企業の競争優位と長期的成功のカギである。このことは、会社が将来の抜本的変化を征服できる能力を持つ必要があることを意味する。しかしながら、イノベーションに卓越していなかったり、変化に効果的かつ効率的には対処できない会社が見受けられることも少なくない。自社の能力欠乏に危機感をいだいた多くの会社はイノベーション管理に関する強い関心を示す。特に、複数のイノベーションの目標を精度よく設定して目標達成に向かう道筋を示すような、効果的で効率的な戦略的意思決定に主要な関心が向かう。つまり、イノベーション戦略を策定するための概念が必要なのである。

経営管理やマネジメントの文献といったものはイノベーション戦略の重要性については指摘するが、イノベーション戦略策定のための実践向きで充分詳細に構造化された概念を述べることはない。重要性と利用可能性のあいだにはギャップがあるのである。

本書はこのギャップを埋めたい。その意味での重要な貢献をしたいのである。したがって次の核心的問いを掲げた：「イノベーション主導型企業が使えるように、イノベーション戦略を構造化して策定するというコンセプトをどのようにデザインし、それを企業で実現するか。」

これまでの関連文書をサーベイし、この問いを解決していくためのガイドラインとしていくつかの作業仮説を立てた。本書では二段階の探求プロセスを取ることとした。まず第一段階として、インタビューや関連理論の調査から、イノベーション戦略策定のプロセスを定めた。このプロセスは、イノベーション・アーキテクチャ（IA）という新しいツールに基づいている。イノベーション・アーキテクチャはすべての会社でのイノベーション・システムの設計図として使うことができる。複雑な関連性・システムとしての相互作用・時間的進化をその設計図に表現することができ、管理や意思決定を行う際に使えるのである。さらに、テクノロジーやビジネスのイノベーションと、組織のイノベーションの両方の分野において戦略的レベルで創造性発揮を促進するためのツールとしても、イノベーション・アーキテクチャは便利に使えるツールである。設計された管理プロセスになるようにイノベーション・アーキテクチャを統合していくことが、イノベーション・システムの管理を可能にする。第二段階として、イノベーション戦略策定プロセスとイノベーション・アーキテクチャを企業において実施し妥当性を評価する。これは同じイノベーション主導型ではあっても非常に異なる性格をもつ9つの企業で行われる。イノベーション・アーキテクチャというものは、企業の創造性を育て上げていくものなのである。

イノベーション戦略策定の実践とそのプロセスの実施に基づいて、先に設定した作業仮説を検討し、一般的なマネジメント原理としてまとめる。これによって経営管理やマネジメント理論とイノベーション主導型企業との間のギャップを埋めることができる。

第一章　イントロダクション

Ⅰ　研究の焦点と妥当性

イノベーションとは何か新しいものを最初に商品化することである。イノベーションが企業の競争優位と長期的成功のカギであることは議論の余地がない（Tschirky, 1998：246頁）。こうしたイノベーションについての重要性の実務的な定量的分析はハーパニエミ（Haapaniemi, 2002：1頁）によって行われた。「CEOたちはイノベーションが競争優位を実現するためにはクリティカルであると感じている。……全回答の五〇％以上が競争優位達成のための五要因のひとつであると答え、さらに、全回答の一〇％以上が競争優位のための最も重要な要因だと答えている。通信業界やハイテク産業の役員や、多国籍に渡る業務を行っている企業の役員がイノベーションが特に重要だとしている」（図1・1参照）。

しかしながら、自社がイノベーションに優れていると自信をもって答えているのは同じ調査において一〇人のCEO内、わずか一人である（Haapaniemi, 2002：1頁）。こうした警鐘的な報告は、実務においてイノベーションに優れることの困難さを示唆している。

このようなイノベーション欠乏症に拍車をかけるのが、イノベーションの重要性への認識の高まりである。これはすでに何人かの著者によって確認されている(一)。彼らは、将来の根本的変化を征服する能力とイノベーションを行っていく能力の間に関連を見る。そうした根本的変化の典型例としては次のものがある。

●技術の変化

技術内容の複雑性が増加し（Iansiti, 1998：2）、技術的環境のダイナミックな変化を助長する（Tuchman and Anderson, 1997：43頁）。

●文化的社会的変化

環境、社会、政府機構に関連して、持続可能な発展についてのより大きな自覚をもつようになった（Schofield and Felmate, 2003）。

●経済や産業の変化

グローバリゼーションと既存市場の飽和の度合いによって認知される（Hamel, 2002；Nadler, 1994）。同時に製品ライフサイクルは短縮しつつある（Booz ほか、1991：26頁）

これらの変化は多面的であり、ますます変化は激しくなる（Bachhous and Zoeten, 1992：2025頁）。この文脈でブラウンが手短に記述している（1994：122頁）。「現時点で」いえば、過去五十年間で起こったことよりもこれからの五年間の方がいろいろ多くのことが起こるだろう。

こうした変化の結果、過去には安定的条件下で継続的な市場成

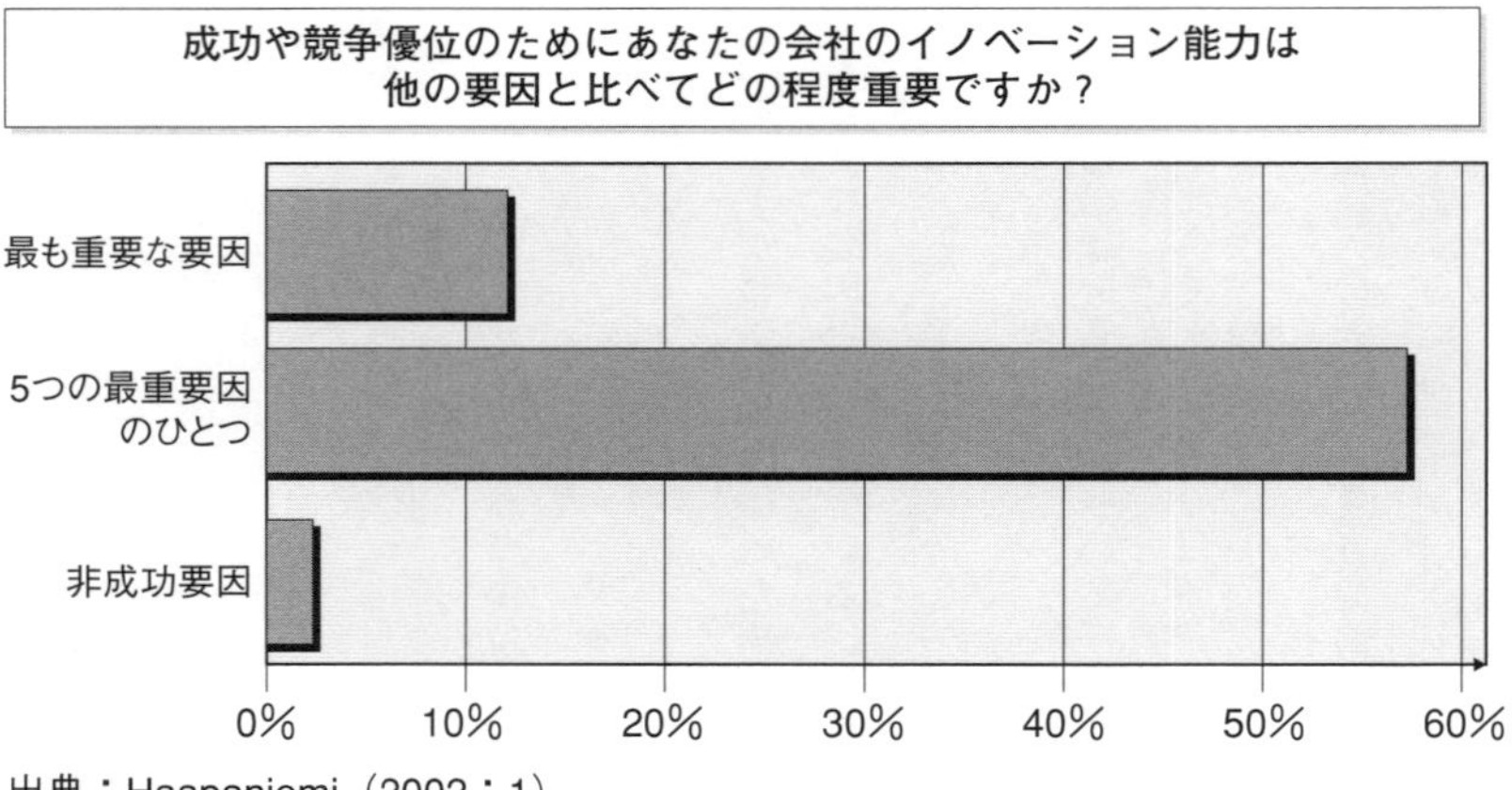

出典：Haapaniemi（2002：1）

図1.1　CEO への調査によるイノベーションの重要性

長を享受してきた企業群は、販売額も利益も減らした（Sommerlatte, 1987a：5頁）。それへの対処は組織の変更やコスト削減であり、少なくとも一時的には利益率を改善した（Call and Voelker, 1999：58頁）。コスト削減へのこうした取り組みは、将来よりも現在の蓄積を増やすことに焦点があるが（Sommerlatte, 1987a：5頁）、しかしそれはイノベーション・ギャップを生じさせる。したがって、企業としてはより効果的にイノベーションに取り組まざるを得ない（Zahn, 1995：57頁）[一]。これは企業にとってのひとつめのチャレンジである。この場合、漸進的イノベーションやさらには革新的イノベーションの両方を考えることが、効果的イノベーションのために重要である。特に後者の平均的見返りは遥かに大きいが、失敗率は実は漸進的なものと同等なのである。ベルス（2003：18頁）が長期的なサーベイの結果このことを指摘しているとおりである。さらに、イノベーションの成功だけを考えていればよいかというとそうではない。イノベーションから製品への開発のコストと時間が増加する傾向にある。この意味での効率性[二]が、変化を征服していくための第二のチャレンジである（Zahn, 1995：17頁）。

効果的で効率的な進め方でイノベーションを開発する能力を改善していくためには、企業内の個人も部門もまず将来を予測して新規性を実現するための変化に注目しなければならない。これは、言い換えれば、企業がイノベーティブであることの程度を上げることである。この文脈において、ツァーンとワイトラー（1995：359頁）は見込みのある新規性獲得のためには三つの次元でのイノベーションの開発を認識する必要があると述べている。イノベーションに関するビジネス、技術、組織である。そうすることで、開発するイノベーションが模倣に対してより広範囲でより強い防御が達成でき、差別化における競争優位を維持できるのである。そのようなイノベーションを「統合的イノベーション」と呼ぶ。

「統合的イノベーション」を達成するために必要なイノベーション管理では全体的観点から会社をリニューアルしていくことが必要である（Zahn and Weidler, 1995：358頁～）。ハオスヒルト（1997：25頁）によれば、個々のイノベーション・プロセスは将来を予測した（四）イノベーション管理によって開発されるべきである。このことは、イノベーション管理は、経営管理の一部であるということである（Maurer, 2002：55頁）。したがって、経営管理の文脈ではイノベーション管理は二つの問いによって特徴づけられる（Hauschildt, 1997：29頁）。

1　イノベーションの活動の中での戦略的決定として、つまり、イノベーション戦略決定として行うことは何か。

2　あるイノベーション戦略を設定した場合、組織にとってその戦略が何を意味するか。

言い換えると、イノベーション管理は二つの主要なチャレンジに関連している。第一は、イノベーション戦略の立案に関すること（上記の1）である。第二に、イノベーションのための組織の設計、したがってイノベーション推進を遂行するためのプロセス（上記の2）に関することである。このように、本書ではイノベーション管理を二つの部分に分けて考える。イノベーション戦略策定と、組織デザインである。イノベーション推進の組織デザインについては、チューリッヒ工科大学（ＥＴＨ）企業科学研究所のシャートの著作（Schaad, 2001）を参照して頂きたい。本書の焦点はイノベーション戦略策定にあるが、イノベーション管理と一貫性のあるシャートの組織設計概念と整合的である。

イノベーション戦略に注目することは、調査結果（Kambil, 2002：８頁）に対する応答にもなる。ＣＥＯへのインタビュー調査によれば、40％近くがアイデアを製品にするためにイノベーション戦略の明確化が最重要の成功要因のひとつであると考えているのである（図１・２）。その調査では同時にまた、「多くの企業において、いろいろなアイデアが製品として行けそうかどうかを評価を担当する意思決定チームをもっておらず、イノベーション戦略として明確性を欠いた状況にある」ことも述べている。さらに、イノベーション戦略欠如によってイノベーションのアイデアを商品化するために必要なすべての側面に影響が及ぶこと、特に、必要な資源の手当てが適切にできないことに最大限にあらわれることを指摘している。

イノベーション戦略の重要性は本書のインタビュー調査でも確認されている。インタビューは、異なる種類の産業に属しているイノベーション主導型の複数企業で行われたが、イノベーション戦略欠如から派生する諸問題に加えて、マネジメントが指摘したのは、イノベーション戦略自体が設定されていないことと、そのために種々のイノベーション活動の順序がばらばらなことである。従って、典型的状況として、各部門が独自の目標を設定してしまい、調整が問題化することである。特に、マーケット指向の活動とR＆D指向の活動の間の種々の調整の必要が強調された。このように、イノベーション戦略が重要であることはマネジメントはよく理解しているのだが、どの企業も体系だててそうした戦略を取り扱っているところはほとんどない。これが、経営で実施するための必要性の認識と実践のギャップである。

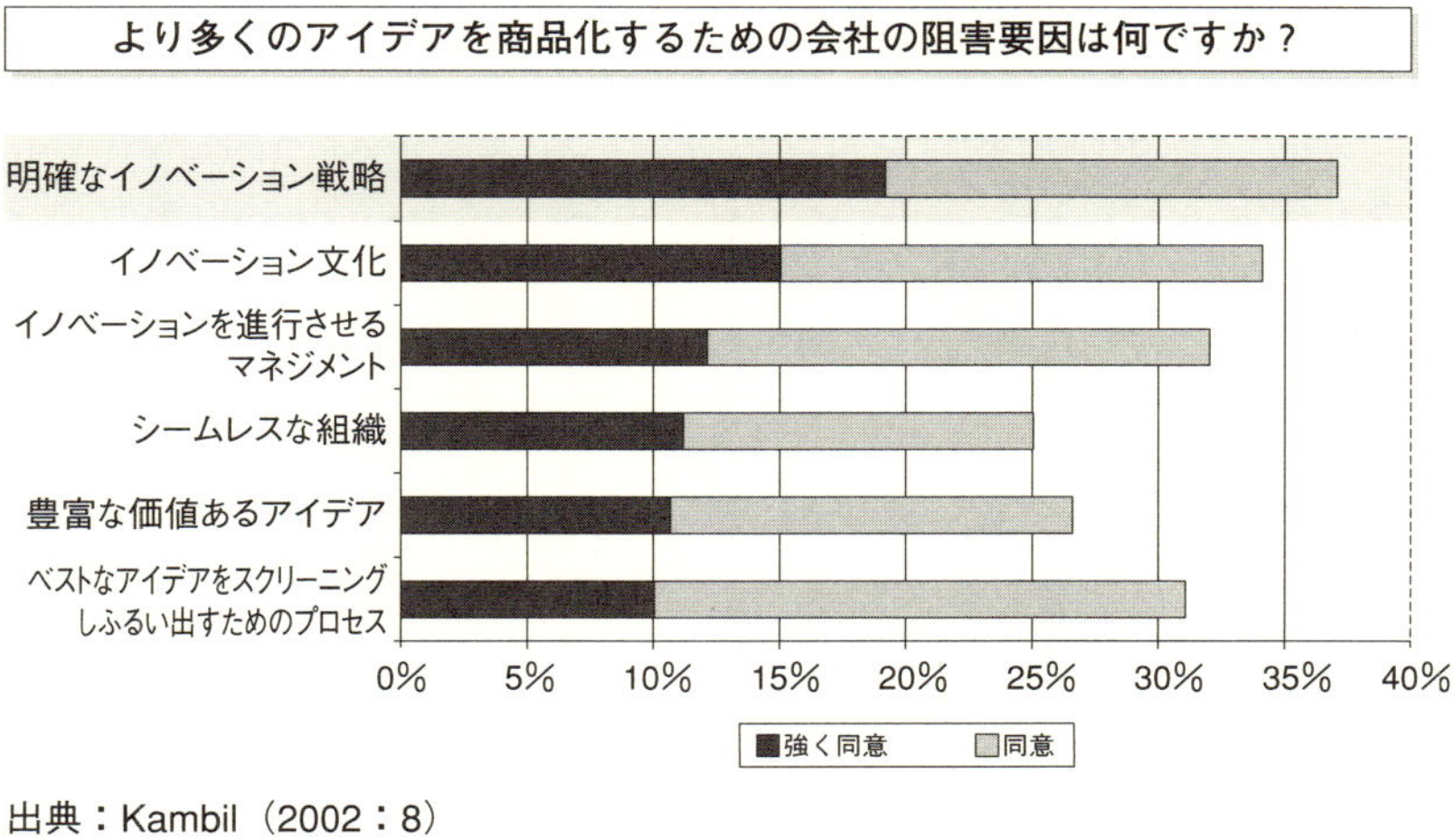

出典：Kambil（2002：8）

図1.2　CEOへの調査でのイノベーションの重要性

関連文献では、イノベーション戦略の重要性を指摘するものは少なくない。イノベーション戦略があれば、明確で適切なイノベーション目標が設定でき、道筋が計画でき、イノベーション・プロセスを実現できるということが、それぞれの文献での視点で述べられている。しかし、具体的にどのような実践手続きでイノベーション戦略を策定していくかについての詳細で構造化された概念は、述べられてはいないのである。文献においても、このように必要と研究にギャップがあるのである。

イノベーション戦略に関する文献では実施上のギャップへの答えが見つからないため、われわれは関連文献にも当たった。その際に、イノベーション戦略の体系的定式化においては一連の意思決定を行う必要があり、したがって、イノベーション・システムの理解が必要なことから、システム思考の文献を分析した。マリク（Malik, 2001a：136頁～）によれば、システムというものを理解するには、何らかの決定をする前に、三つの側面を真剣に注目しなければならない。複雑性・システムとしての相互作用・進化である。本来、システムであるものに関する基本的な問題は、マリクによれば、この三側面を無視することで起こるからである。だから、これらの側面は、システムとして特定対象を理解する際には必ず考慮されなければならない―少なくとも、認識されねばならない。三側面に加えて、現実を限定してある焦点を定めて言葉で表したモデルを開発する必要がある。なぜなら、現実状況は、全体をすべて理解するにはあまりにも多様だからである（Malik, 2002：175頁）。イノベーション・システムをイノベーション戦略という観点から理解するにはモデルを作る必要があるが、一言でいえば、そのモデルは複雑性・システムとしての相互作用・進化を考慮していなければならないのである。

こうした目的には、レヒティンとマイヤー（1997）の指摘の通りアーキテクチャが適する。アーキテクチャは、現存の要素と将来の要素やそれらの間の相互関係を、一つの全体すなわちシステムとして可視化してくれるし、それを使って整合的な決定を行いたいという目的にも適合する。

アーキテクチャをイノベーション主導型企業のイノベーション・システムに適用して、シャート（2001）は組織設計の文脈においてイノベーション・アーキテクチャを提唱した。それはイノベーションに関連して、市場と、企業の製品、技術、科学知識の結合の在り方を示すもので、イノベーション・システムの中の複雑さと要素間相互作用を可視化できた。しかし、アーキテクチャの進化については考慮されていなかったため、ギャップは残されたままだったのである。

シャート（2001）のイノベーション・アーキテクチャは有望な概念であるため、第二章においてアーキテクチャのさらに詳しい検討をすることにしよう。

イノベーション戦略はともかく実践され、また文献でも言葉は取り上げられ、イノベーション・マネジメントの一つの構成要素ではある。しかし、多くの企業がイノベーション戦略を明確化しておらず、また、研究文献では未だに、構造化されて実践向きの詳細さをもった戦略策定概念にはなっていない。イノベーション戦略の基礎となるような、複雑性・システムとしての相互作用・進化を取り入れたイノベーション・システム理解のための解答になりえていないのである。こうしたことから、経営実践においても研究文献においても、イノベーション戦略の体系だった定式化は、まだ答えられていない懸案事項であり続けている。

したがって、本書のゴールは実践への懸案事項への解答を見つけ、文献に存在するギャップを埋めることである。本書の主題は、構造化されたイノベーション戦略の策定およびその実施である。その際に研究対象となるのは、イノベーション主導型企業である。

この主題を取り扱うための最初の問はイノベーション主導型企業のイノベーション・システムを理解することである。したがって第一の問いは：**複雑で、システムとしての相互作用をもち、進化発展するイノベーション・システム**

をいかにしてモデル化し、イノベーション主導型企業それぞれに特殊である条件を理解するか。

この第一の問いに対して研究が与える解答は、複雑性・システムとしての相互作用・進化を合わせて表現できるモデルとしてのイノベーション・アーキテクチャである。これに続く次の段階では、イノベーション・アーキテクチャがイノベーション戦略策定プロセスに、実践で使えるように統合されなければならない。したがって、第二、第三の問いが次のように述べられる。

イノベーション・アーキテクチャを使うことで、イノベーション主導型企業においてどのように具体的な構造化されたイノベーション戦略策定をデザインできるか。

イノベーション戦略策定のプロセスを、いかに実施できるか。

実際のところは、イノベーション戦略のデザインと実施は、明確な線引きができない場合もある。組織研究としての性格上、こうした研究の強調点は、イノベーション主導型企業でのイノベーション戦略策定の、構造、策定過程、そして方法にある。

II　本書の研究設計と方法論

1　本書の構成

本書には二つの強調したい側面がある。まず第一は、ビジネスの現場への洞察を獲得することである。しかも実務家にとって意味のある解決策を開発していけるように直に集めた情報を使ってその洞察を得たいのである。第二は、この解決策は応用指向の研究によって現実に実施されることである。研究の成果物はマネジメント原理の集まりであって、イノベーション戦略策定についての簡単なレベルの記述にとどまっていない。したがって、成果物は実務家向けのイノベーション戦略策定のための概念であるし、その戦略はそれぞれのイノベーション主導型企業の独自なシステムを表現するモデルに基づいたものである。この概念はイノベーション戦略策定へのアプローチとして包括的なものである必要がある。

既存の研究としてはこうしたものは全くというほどなかったため、本書の研究の初期段階では実施しながら発見的な調査を行う必要があった。現段階でのほとんどの調査研究はケーススタディに基づいている。ケーススタディの研究方式はクビセク（1975：61頁）に説明されている。彼は、組織的問題の研究のごく初期の段階においてはケーススタディがベストであると論じている。それは比較的に少ない労力でその後の研究のために多くの示唆をもたらすからである。しかしラング（1998a：132頁）は、得られた知見を不適切に一般化しがちであるという、ケーススタディの弱点を指摘している。

この点を考慮して本書ではひとつの手続きを採用した。それはイン（1994：49頁）のマルチプル・ケーススタディ方式である。すなわち、まずはじめのステージではイノベーション戦略策定の理論的概念をデザインし、また、いくつかのイノベーション主導型企業をケースとして選ぶ。第二のステージでは、その理論概念をそれらケース企業でのアクション・リサーチの形で評価するのである。それに続く分析でアクション・リサーチの結果の解釈を行うが、それは二つの段階で行い、まず個々のケースの結果を分析し、次に全ケースに渡る比較分析をするのである。こうした分析の後に理論的概念が修正される。こうして集められた洞察を基礎として、マネジメント原理を取り出して別のビ

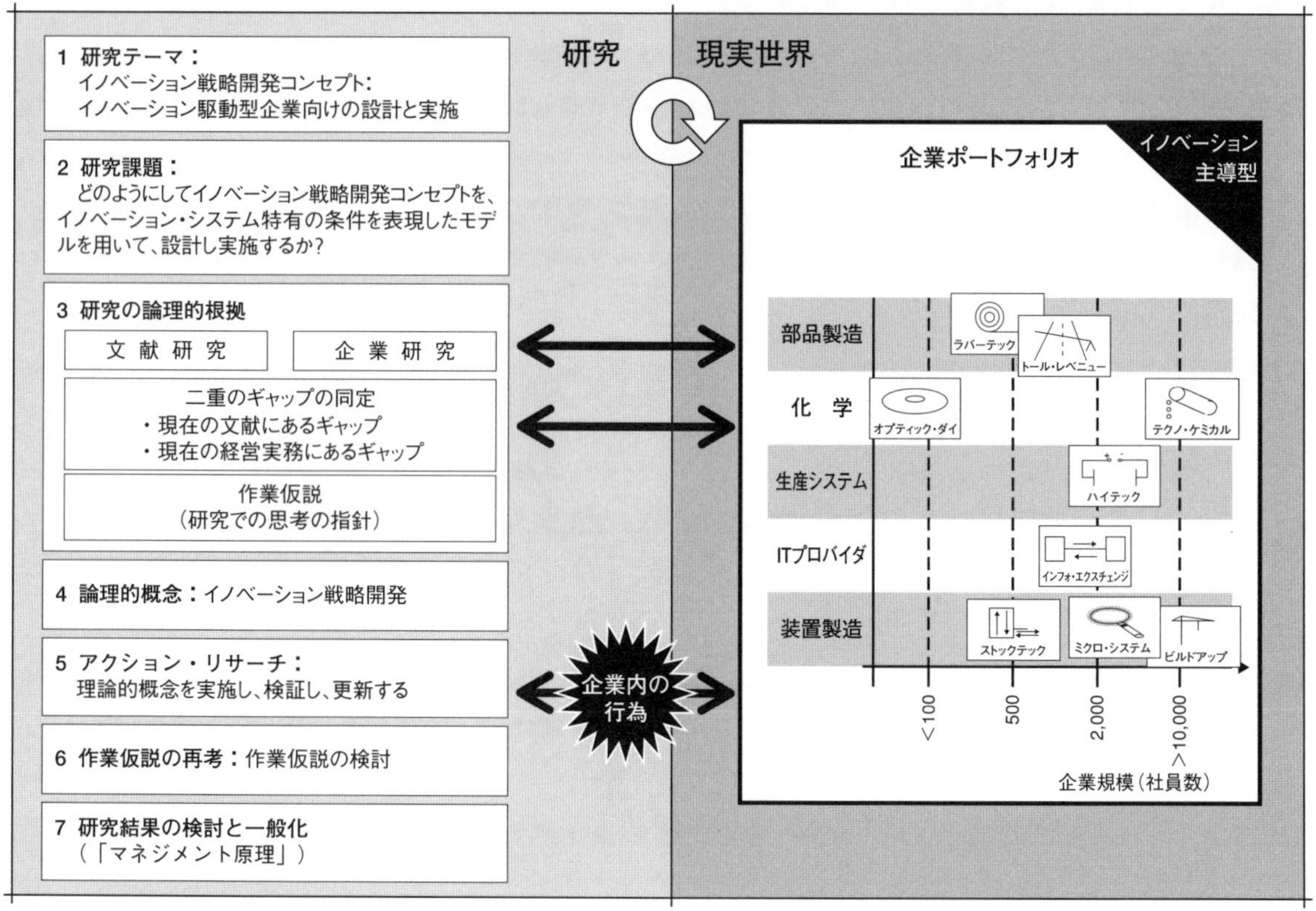
研究
現実世界
1 研究テーマ：
イノベーション戦略開発コンセプト：
イノベーション駆動型企業向けの設計と実施
2 研究課題：
どのようにしてイノベーション戦略開発コンセプトを、イノベーション・システム特有の条件を表現したモデルを用いて、設計し実施するか？
3 研究の論理的根拠
文献研究
企業研究
二重のギャップの同定
・現在の文献にあるギャップ
・現在の経営実務にあるギャップ
作業仮説
（研究での思考の指針）
4 論理的概念：イノベーション戦略開発
5 アクション・リサーチ：
理論的概念を実施し、検証し、更新する
6 作業仮説の再考：作業仮説の検討
7 研究結果の検討と一般化
（「マネジメント原理」）
企業内の行為
企業ポートフォリオ
イノベーション主導型
部品製造
化学
生産システム
ITプロバイダ
装置製造
ラバーテック
トール・レベニュー
オプティック・ダイ
テクノ・ケミカル
ハイテック
インフォ・エクスチェンジ
ストックテック
ミクロ・システム
ビルドアップ
<100
500
2,000
>10,000
企業規模（社員数）
図1.3　本書の構成

ジネス状況への応用が可能になるのであり、さらにまた、洞察を拡大する手がかりとなるのである。この意味において「個々のケースは全体としての問いかけのなかでの特定の目的を果たすことができる（Yin, 1994：45頁）。」

しかしながら、本書は執り行ったアクション・リサーチの全体的な正当性を主張するものではない。二つの理由がある。ひとつは、アクション・リサーチを行った企業数はおのずと限定されるからである。もう一つの理由は、ケースによって得られた洞察は、常にその企業の独自事情を反映したものになるからである。よって、本書がねらいとすることは、イノベーション主導型企業がイノベーション戦略をどのように策定し実施するかを探究し、その後に、イノベーション主導型企業を適切な解決策へガイドするようなマネジメント原理を提示することである。

アクション・リサーチの形をとれたのは、著者らと企業との緊密な協力関係の結果である。アクション・リサーチとそこでの探究活動によって、イノベーション戦略策定の構成要素を検討するための基礎ができたのである。1社だけで戦略策定に関する多くの決定をすべてカバーすることは不可能なので、9社との間で協働することになった。それらから得た貴重な経験を溶かし込んで一連のマネジメント原理にまとめ、イノベーション主導型企業がイノベーション戦略策定概念を設計し実施に使える形にした。本書の構造は図1・3に描いたとおりであり、同時にそれは本書での研究の主要論点の概観となっている。

2　アクション・リサーチ

「アクション・リサーチ」という言葉はレビン（Lewin, 1946）に由来する。彼の仕事はアクション・リサーチの現代的理解にとって基本的と思われる。「レビンは研究者というものの新たな役割を創り出し、また、探求プロセスの質を判定する基準を再定義した。彼は研究者の役割をシフトさせ、研究者は、距離を置いた観察者ではなく具体的問題解決プロセスへの関与を避けられないこととなった（Greenwood and Levin, 1998：19頁）。」一九七〇年代以降、クビセク（1975）によればアクション・リサーチへの注目が高まっており、組織研究においては研究の意味が言い換えられて経過発展をともなう研究ということになっている。彼がアクション・リサーチで意味するものは、実務家と科学者がともに新たな組織概念をデザインし実現するというアプローチのことである。さらに、そうする中で参加する研究者たちは彼等の経験を体系化し一般化するのである（Kubicek, 1975：70頁）。この意味でアクション・リサーチは行為指向的である。すなわち、研究者は研究対象に対して積極的な関与を行い組織内部からの変革の一翼を担うものなのである（Popp, 2001：401頁）。さらに、研究者も学習プロセスを通じて、調査対象の組織を変えたり、あるいは情報源が増えたりすることも許容する（Wollman and Gerd-Michael, 1977：445頁）。これに対し、純粋なケーススタディのような受動的アプローチでは、アクション・リサーチのようなことは不可能である。つまり、研究者の行動は限られていて質問を定式化し、経験的な結果を解釈するのみとなる。アクション・リサーチを特徴付ける三つの言葉がある（Greenwood and Levin, 1998：6頁）。

- **リサーチ**（知識の生成）
- **参画**（参加するというプロセスであり関与者はすべて何らかの責任を引き受ける）
- **アクション**（協同して腐心した行動オプションを実施する）

グリーンウッドとレビンによれば、研究でアクション・リサーチのこれらの側面がすべて考慮される場合にのみ、厳密にそう呼んでよい。アクション・リサーチの内容を明確にするために、現在の二つの定義を示す。

- **グリーンウッドとレビン**（1998：4頁）：「プロフェッショナルの研究者と現実状況で仕事をしている人々が協力して、探究する問題を定義し、問題に関連する知識を協同で産み出し、社会研究の技法を学んで実行し、行為を行い、そして、学んだことに基づいて行為の結果を解釈する。」

●カニングハム（1993：4頁）：「アクション・リサーチという言葉で記述されるものは一連の活動であって、リサーチ、計画、理論化、学習、そして進化発展に焦点を当てたものである。それは研究者が長期にわたって問題に関係して行く中での研究と学習の連続的なプロセスである。」

定性的研究と定量的研究の対比的性格がしばしば引用されるが、アクション・リサーチはそれらに対して中立的な位置にある。原理的に、社会科学のどんな方法でもアクション・リサーチでは許されると言ってよい。「サーベイ法、統計分析、インタビュー、フォーカス・グループ、エスノグラフィーやライフヒストリーなど、何を使ってもよいが、それらを利用する際に、協同作業者間で同意がとれていて、かつ、参加者に変な圧力を感じさせなければよい。」(Greenwood and Levin, 1998：7頁）すなわち、アクション・リサーチは発見的な組織研究において、大変有力な方法といえる。研究者コミュニティも組織側も双方とも、協同でデザインし新たな概念を組織で実施する経験から得るものがあるのだ。この種の研究の最大の可能性は行為と参加という相補的な二つの次元にある。したがって、本書のアクション・リサーチのプロジェクトは協同的な問題解決と学習というアプローチにもとづいている。それは科学者にとっても実務家にとっても興味深く綱渡り的緊張感のあるものになる。アクション・リサーチ・プロジェクトの管理者にとって特にチャレンジングなものになる。実際、アクション・リサーチを行う企業の数は限られたものとなる。というのは、アクション・リサーチを実施可能な程度まで準備するのは限度があるからである(Kubicek, 1975：71頁)。幸い、九つの企業が我々とアクション・リサーチを行うことができた。

3　実証的研究方法論と原資料

標準的ではないインタビューが本書の重要部分を占めている。この定性的な実証研究方法は二つの理由から正当化できる。まずはじめに、イノベーション戦略の策定の分野では、異なる言葉を取り混ぜて使いながら実施していくので、質問票として書き出すのは意味がないのである。第二に、注目している分野がインフォーマルな活動から構成されているので、標準的な方法でとらえることができない。一般に、書き上げた質問票は題材が複雑であるがためにうまく行かず、そのために、ポイントを顕在化させることが重要となる。定量的な実証データを組織の研究に用いることが無理な理由の大部分は、サンプルとして得られたデータが典型的である程度が非常に限られていることである。この点を除けば、定量的アプローチが有効なのは、なおざりにされている事柄の確定、原因と結果の一貫性の確定、プロセスの決定なのである（Bortz and Deoeing, 1995）。したがって、一方で非常に複雑な対象を構造化し、他方であらたな視点をとりあげるのに向いていよう。各ステージで我々が使った方法論についての詳細な記述や（インタビュー、職場研修、文書解析など）、どんなデータを使っているかは、各節でその都度示すこととする。著者は本研究が正直で透明な研究であることを請け合うものである。したがって、原データの出所は明示する。さらにまた、借り物の飾りで自らを飾ったりすることがないようにしたい。原データとしたものは、チューリッヒ工科大学でのプロジェクトや卒業のための論文やその後の論文の一部である（Finckh2003, Fleuehmann2003, Lincke2004）。かれらの共同研究にここで感謝したい。

第二章　理論の現状

第一章では、構造化されたイノベーション戦略策定という概念に関する研究の重要性を見た。その戦略策定は、複雑で、システムとしての相互作用をもち、進化的なイノベーション主導型企業で行われるものである。第一章では関連した文献の大まかな概要を示した。それに対して本章では、この研究トピックの文献を詳細に紹介する。補足的な文献も合わせて示し、イノベーション戦略策定に存在するギャップを示して、本章を締めくくる。

I　イノベーション戦略策定に関する文献

本章の目的は、いくつかの分野の文献にあらわれる代表的な概念と、各分野において考慮すべき本質的な基準を示すことで、本書の研究主題を詳しく紹介することである。ここでは、以下の分野を取りあげる。（一）戦略的マネジメント、（二）戦略と戦略策定、（三）イノベーションとイノベーション・マネジメント、（四）イノベーション戦略とイノベーション戦略策定、以上の四つである。これらの領域は、イノベーション戦略策定を背景に据えて提示される。イノベーション戦略策定は、これらの主題の理解に基づいている。それゆえ、著者は、構成的なボトムアップアプローチを用いてイノベーション戦略策定を紹介することにした。ボトムアップアプローチは、本章を通じての基本構造である（図2・1）。

戦略的マネジメント、戦略と戦略策定の領域を紹介したあと、これらの領域での本質的な基準を確認し、戦略策定の概念をこれらの基準に基づいて評価する。この最初の予備的な評価を実行することの意味は、イノベーション戦略策定の概念に関する文献での研究が、通常の戦略策定の理解とも整合するような概念に焦点をあてているからである。戦略策定概念の予備的な評価に続いて、「イノベーション」と「イノベーション・マネジメント」という用語を導入し、イノベーション戦略とイノベーション戦略策定へとつなげていく。さらにイノベーションに特化した付加的な基準を加えて、さまざまな文献におけるイノベーション戦略策定の概念を評価する。そして、イノベーション戦略策定の文脈のなかでの興味深い概念を同定し、補足的な文献で分析されるべき主題を定義するという目的で結論を述べる。

1　戦略的マネジメント

戦略的マネジメントの問題は、経営学の文献においておそらく最も哲学的なトピックであろう。後に示されるように、戦略の問題を取り扱うためのさまざまな学派と一連のアプローチがある。初期の視点からは、戦略的マネジメントは、ビジネスの使命と目標を達成するために、ビジネスをいかに運営し変えていくかの計画であると理解されている（Wright et al., 1992：3頁）[1]。「思考」、「行動」、「意思決定」とい

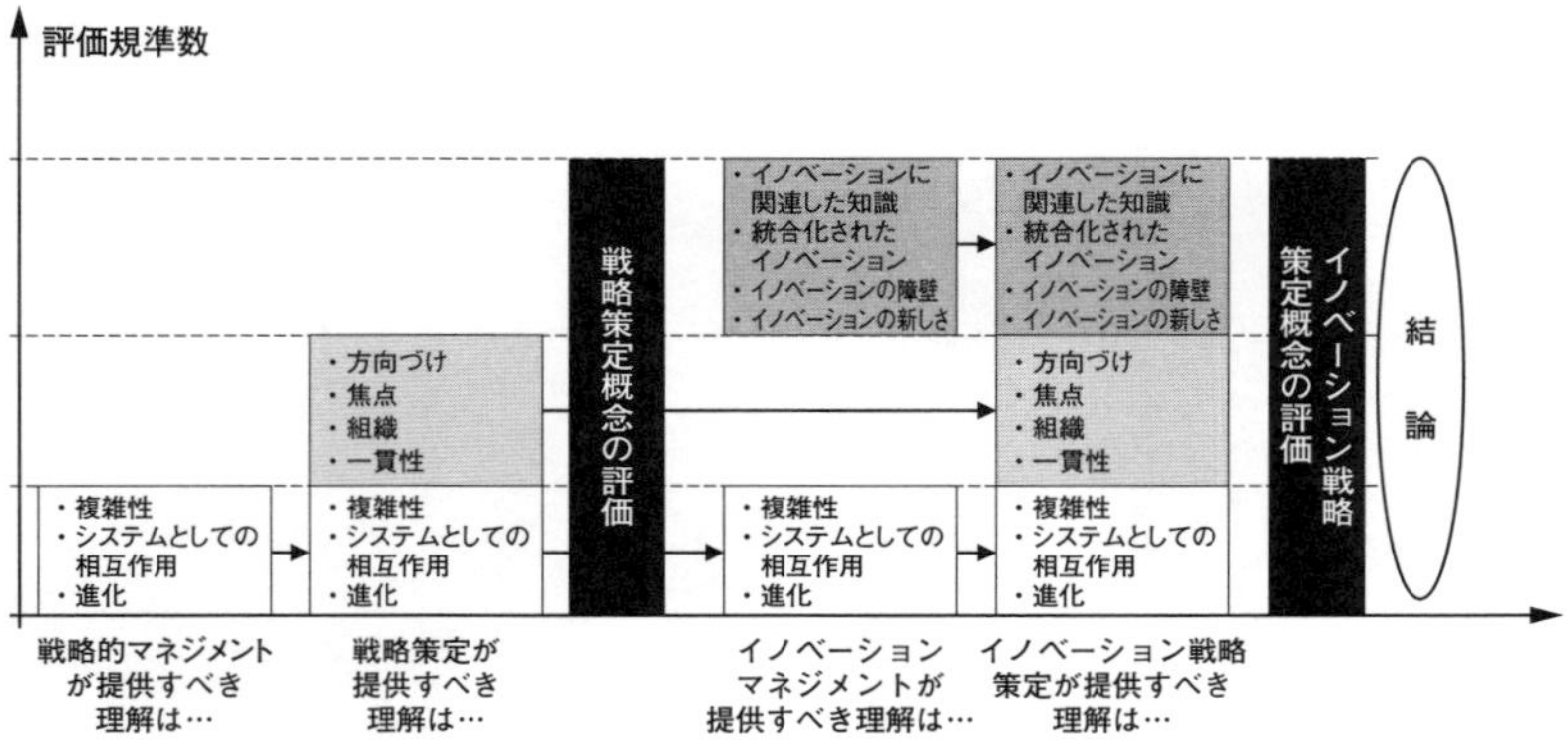

図2.1　第2章の構造

った用語で示されるものは、このための中心的な作業である（Gaelweiler, 1990：65頁）。

①　戦略的マネジメントの作業

右で述べられたマネジメント上の「古典的な」作業のすべては、三つの基本的なカテゴリーにまとめることができる。すなわち「デザイン」、「方向づけ」、「展開」である。これらの作業は、垂直方向に三つのレベル（垂直的統合）、つまり規範レベル、戦略レベル、運用レベルに分けられ、同様に、水平方向の三つのレベル（水平的統合）、構造、行動、目的に分けられる。その目標は、企業を取り巻く環境の発展プロセスと同様に企業そのものに影響を与えることができるよう、企業の潜在力をデザインし、方向づけ、展開することである。

「デザイン」は、動作するシステムを作り出すことを目的としている。この目的のため必要とされる資源と制度領域を決め、これらと整合可能な組織に注入する。マネジメント機能としてのデザインは、制度モデルの素案を意味し、制度がどのような特性をもつべきなのかという目標を定めることが不可欠である。したがって、このようなデザインは、「デザインモデル」と呼ぶことができる。これは、科学的説明のモデル（実在する現実の説明に用いられる）や、意思決定モデル（実在するシステムにおける特定の問題状況を示すもの）とは明確に区別されなければならない。これらに比べると、デザインモデルは、建設の素案に似ている。目的は、未だ存在していない現実をつくり出すことである。したがって、このデザインモデルを開発することは、際だって建設的な手続きである（Ulrich and Probst, 1988：260頁）。

「方向づけ」は、企業の目的を、デザインモデルについて創設した目的に常に合わせていくことである。このために、企業自身の状況についての熟考と同時に、企業を取り巻く環境についての継続的な熟考を必要とする。したがって、計画済みのプロジェクトに対する変更を常に検討し、変更にまつわる決定や実施を行っていくということである。こうした意味で、方向づけは、条件が変化する中でシステムが具体的な活動によって目的を達するために不可欠な機能である（Ulrich and Probst, 1988：261頁）。

「展開」は、システムとその方向づけの変化を常に認識しながら行う実行作業である。ここで本質的なことは、社会的、技術的、産業的な変化が、企業というシステムのデザインや方向づけに対する条件や仮定の変化として影響するということである。つまり、企業の一層の発展は、組織における継続的改良や質的学習として行われる。短期的には、企業は、不足を引き起こさず不良品も出さないようにしながら、所与の目的について、よりよく機能することを学ぶことが重要である。長期的には、企業の革新性[二]を奨励することが不可欠である（Ulrich and Probst, 1988：263頁）。

図2・2に、マネジメントのこれら三つの基本作業をまとめた。明らかに、デザインと方向づけは、おもに連

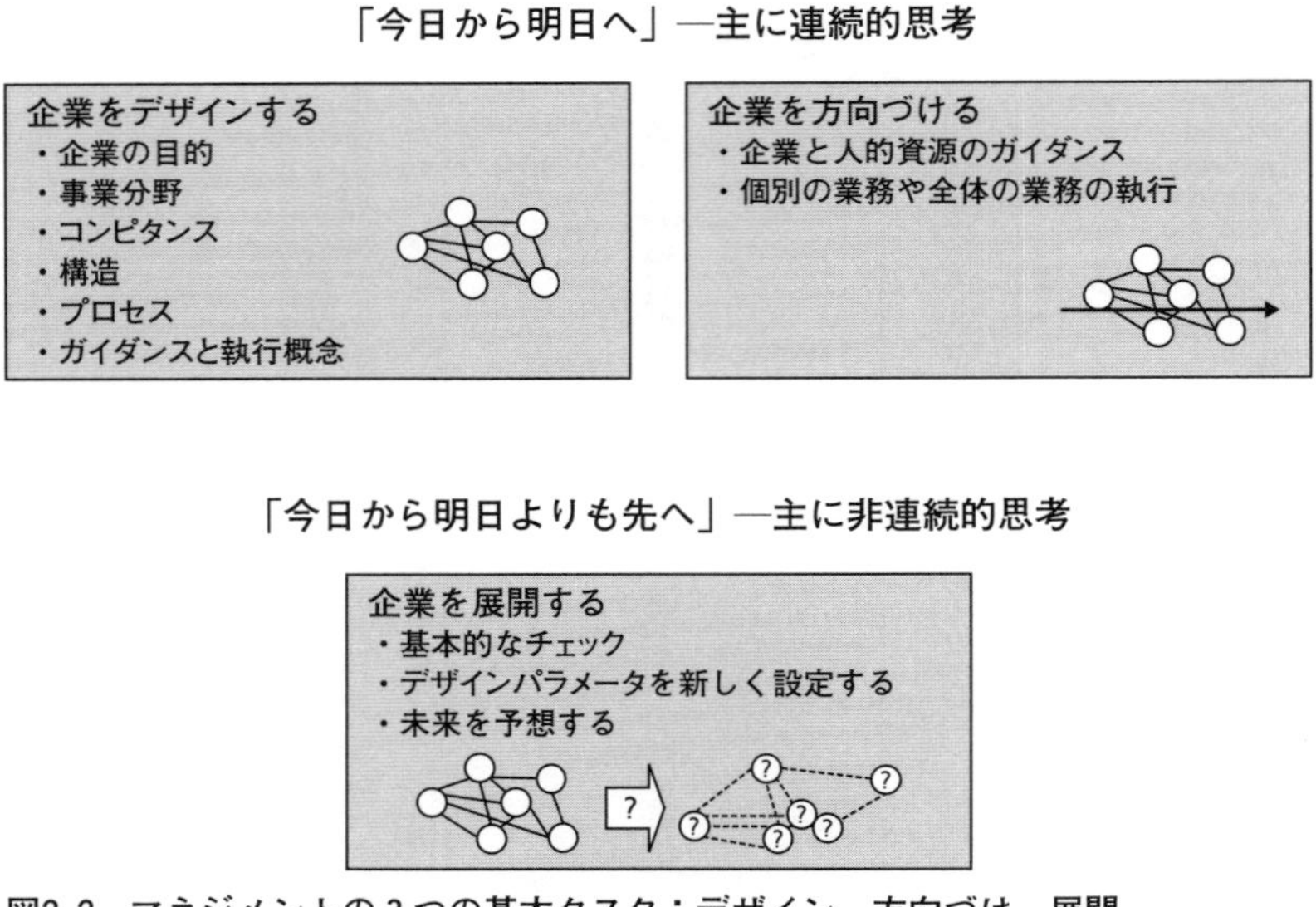

図2.2　マネジメントの３つの基本タスク：デザイン、方向づけ、展開

続的指向性の考え方である。一方で、企業の展開は非連続的思考を必要とする。デザインと方向づけの作業は、「今日から明日へ」に関連しているが、展開の作業は「今日から、明日よりも将来へ」にかかわるのである。

デザイン、方向づけ、展開によって企業を管理するには、企業を導く価値を理解することが重要である。第一は、戦略的方向づけをする価値はなにか、第二は、それらの諸価値の間にどんな制約があるか、第三は、情報を提供する源泉はなにか、第四は、どんな時間フレームで将来を見ているか、である(Malik, 2001b：7頁)。ゲールヴァイラー(Gäeelweiler, 1990：34頁）は、方向づけと規制の観点から企業を分析することによりこれらの問いに答えるための概念を提示している。

ゲールヴァイラーの考えを要約すると、運用レベルにおいては、流動性と成功のための方向を理解することが重要であり、戦略レベルにおいては、現在の成功ポジションと新しい成功の可能性のための方向を理解することが重要であるということである。この文脈では、戦略的な方向づけを、実際に方向を決めて動き出す前の段階において考慮しておかなければならないということを述べる必要がある（Malik, 2001a：143頁）。これは、具体的な意思決定の運用上の実施効果があらわれるのが、時間的に遅れるからである。したがって、企業のようなシステムにおいては、意思決定の効果を十分に早く手にするには、前だおしで実行に移すことが不可欠になる。企業における早期の実行の必要性を踏まえたうえで、「現在の成功ポジション」という戦略的方針は、図2・2の上半分で示される概念の文脈で企業をデザインして方向づけすることに使われている。一方で、「新しい成功の可能性」という戦略的方向づけは、企業を展開させるのに必須である。戦略レベルにおいては、これは戦略的マネジメントの主要なタスクとして、時間視野の違いで次のように区別される。

●第一に、現在の企業システムとその変化については、それが構造的な変化でない場合は、既存の成功ポジションを戦略的方向として用いてデザインし方向づける。
●第二に、企業システムの進化については、構造的な変化を意味しており、新しい成功ポジションを戦略的方向づけとして用いて展開する。

戦略的マネジメントについてこれらのちがいを意識することによって、上述した本質的な戦略的方向づけのちがいを知覚できるようになる。さらに、企業における戦略的マネジメントによる早期開始が可能になる。しかし、これらの戦略的方向づけは、マリク（Malik, 2001a：135頁）によれば弱点がある。つまり、企業の方向づけのための価値は、系統的に誤った方向に導く可能性がある。なぜなら、方向づけのための価値形成のための重要な基本データの知覚がその企業の特定の歴史に由来していて、しかし、データは時間が経過していっても変化しないからである。したがって、企業が戦略的マネジメントを行うときにどのように戦略的方向づけための価値形成にデータを適合させて使っているかについて、経時的にではなく系統的に理解することが必要となる。これは、次節の主題である。

②　戦略的マネジメントにおけるシステム的な理解

マリク（Malik, 2001a：135頁～）によれば、戦略的マネジメントにおいては、企業のようなシステムについて、三つの主要な要因を無視してしまって誤解することがしばしばある。

●**複雑性**　企業と関連環境の複雑性。この文脈では、複雑性は「複雑に込み入っていること」を意味するだけでなく、システムが多くの異なる状態を取りうることも指している。複雑性は、多様性という言葉によって定量化し測定できるようになる。多様性は、システムの異なる状態の数、または異なる要素の集合の総数である（Malik, 1992：186頁）。企業についてのこの理解は、ハイエク（Hayek, 1972, 1973）やビア（Beer, 1972, 1979）のようなサイバネティックス分野の研究者にならったものである。複雑性についてのより詳細な感覚を得るには、チェスが適切な例である。チェスゲームは複雑と見なしてよい。なぜなら、莫大な数の異なる手と、さらに多くのチェスボード上の駒の配置が可能だからである。変化の多様性は、人間の脳によってもコンピュータによっても扱いきれるものではない。したがって、このゲームは戦略的側面をもつ。

●システムとしての相互作用　変数として理解されているような、互いに影響しあう要素間のシステムとしての相互作用[三]。ここで、システムとしてというのは、「システムに付随する」という意味である（Davis, 1980：705頁）。よって、システムとしての相互作用は、何らかのシステムに付随する要素間の関係を意味し、したがって、それは当のシステムに影響を与える。相互作用は、通常、線形だったり単一方向の因果性をもつだけではなく、ポジティブフィードバックやネガティブフィードバックにより結合している。もし、相互作用において値が閾値を越えると、効果の反転やステップ状の関数を生成し、しばしば要素は性質を変える。これらの変化は、システムの評価や介入を困難にする。したがって、一定の不確実性をともないながらも副作用を予測できるようにするためには、要素のシステムとしての相互作用を分析することが不可欠である。

●システムの進化　進化論[四]によれば、進化は、持続的で、しばしば予測不可能な変化であり、長期的には企業に構造的な変化を引き起こすものであるとされる（Malik, 2001a：137頁）。進化は、複雑でシステムとしての相互作用をもつようなシステムにおいて、要素間の多方向の作用と反作用に基づいて発生し、継続的に新しい状況を引き起こす。この新しい状況がもたらされるのは、一般に、異なる目的をもち、それゆえ双方向に働きかける二つの有機的組織体の相互作用による。双方向の働きかけの間には、適応プロセスが作用し、それは有機的組織体における知識の増加として認識できる（Bartley, 1987：23頁）。この適応の原因は、システムのダイナミズムである。個々の要素のもつ目的とそれらのプロセスが同定可能な場合に限って、それらを一つの方向にまとめることが可能になる。適応は環境内での知識の発展として認められるが、その適応プロセスを同定することは重要である。そうした状況においては、やがて、適応の結果としての特定の基本構造が実現されることになるのである。

マリク（Malik, 2001a：138頁）によれば、これら三つの基準は、システムを理解する出発点である。これらの基本的な基準の理解を踏まえて、すでに述べたような戦略的方向づけのための価値と戦略的マネジメントのタスクについて、さらに次節で議論する。

③　結論

すでに述べたように（19頁～）、実際の企業システムは、現時点の成功ポジションを戦略的方向としてデザインし方向づけることができる。その場合には戦略実施に先立って、企業をシステムとしてとらえ、まず、その複雑性とシステムとしての相互作用を理解することが適切である。対照的に、進化の場合には、新しい成功ポジションを導出し未来のシステムの開発を行う。システムの理解と、方向づけのための価値の定義、そして戦略的マネジメントタスクの完遂との間のこの関係を図2・3に示す。

戦略実施以前の段階のことがらをまとめると、戦略的なマネジメントはまず、複雑性、システムとしての相互作用、進化に関してシステムを理解することが必要である。したがって、システムのこのような理解は、マリク（Malik, 2001a）によれば、戦略的マネジメントの概念を生み出すための必須事項である。つまり、**企業システムの複雑性、システムとしての相互作用と進化の明解な理解に基づき、戦略的マネジメントは企業をデザインし、方向づけし、展開しなけ**

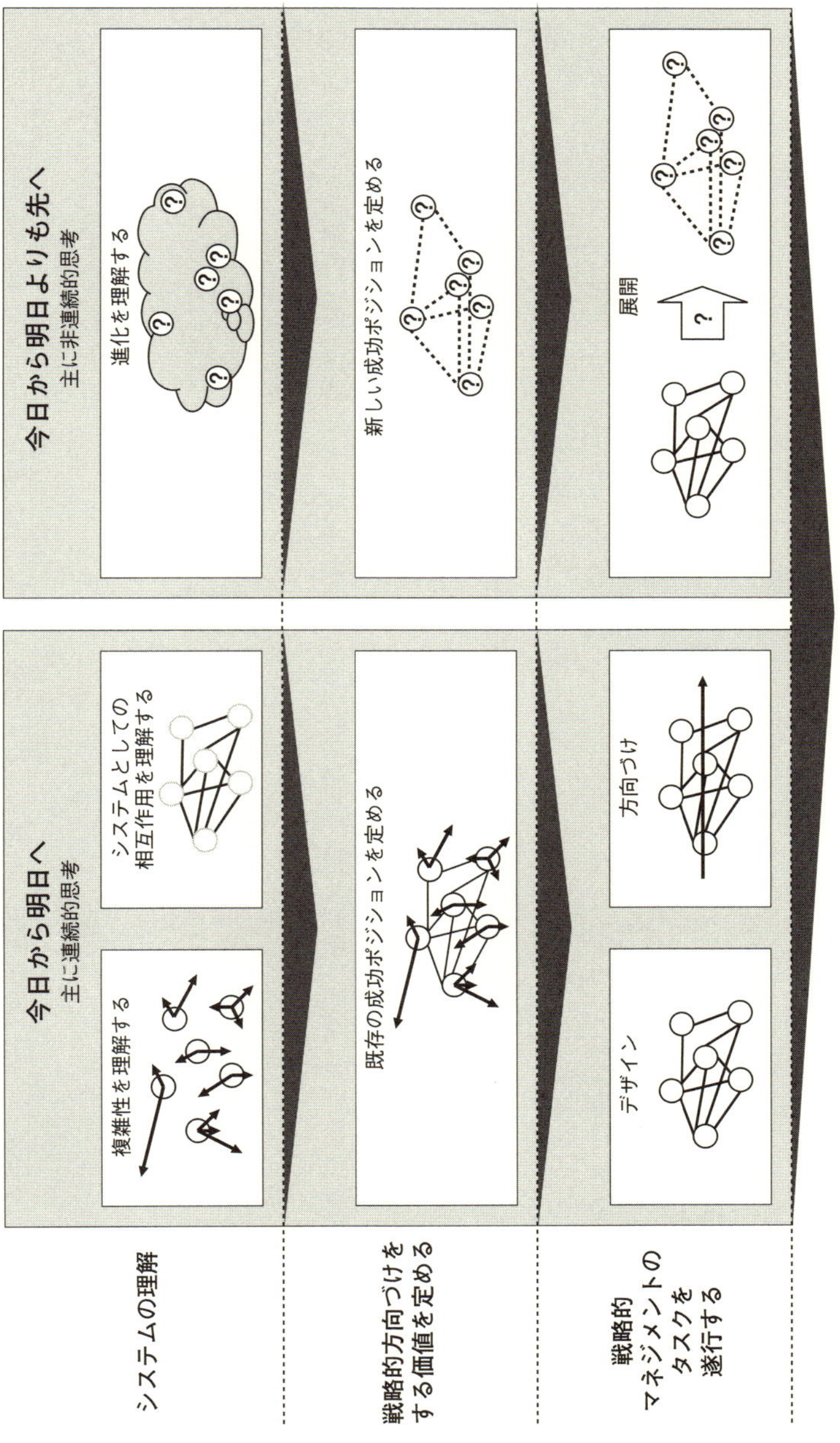

図2.3　複雑でシステムとしての相互作用をもち、進化するシステムの戦略的マネジメント

ればならない。

このような戦略的マネジメントの理解に基づいて、次節では「戦略」、「戦略策定」という概念を検討する。

2　戦略と戦略策定

①　戦略

電気回路のようなシステムは、電圧をかけることで生ずる結果を予測してから制御することがある。なぜなら、電圧という環境の効果に対して事後的に反応していたのでは、遅すぎて実時間での制御ができないからである。したがって、電圧による制御では、環境による将来の影響を事前に予測し、電気回路に明瞭な信号を送る試みがなされる。これらの信号は、電圧を減らす、あるいは増やすといった明確な目的と、変圧器などを利用した伝達経路をもつ。

電気回路の予測的制御に似ているが、企業システムにも戦略実施前に効果を予測して、予測的なコントロールを試みることがある。企業は、戦略的なマネジメントレベルにおいて意思決定を行い、企業の運用レベルに信号を発することでその決定を実施するために、環境からの未来の影響を予測しようとする。この信号は、明確な目的と、包括的な伝達経路をもつ。ただし、全てのステップにおいて何をすべきかを詳細に定めることはない。より正確には、この予測的なコントロール信号が、一般に、企業の用語でいう戦略である。

しかし、戦略という語のこのような記述においては、論者によってその定義が異なる。しかも、それはマネジメントの実務と理論の両方で、キーワードとなっている。「このように中心的で、しかも一つの学問領域と結び付いてさえいる用語であるので、戦略という用語には共通の定義が期待されるかもしれない。しかし、その概念は利用者によって異なるままである」(Schendel and Cool, 1988：23頁)。しかし、重要な論者のグループの一つは、「戦略」という語を、上述の例でも言及したとおり、戦略的目標と進路を定めることであると理解している。戦略の理解のいくつかの代表的な例は、以下のとおりである。

- 「戦略とは、企業の長期的目標を定め、その目標の達成に必要な進路を選択し、資源を割り当てることである」（Chandler, 1962：13頁）
- 「戦略は、組織の主要な目標、ポリシー、行動の列を一貫したものに統合するための計画あるいはパターンである」（Quinn, 1980：7頁）
- 「企業の戦略とは、企業における意思決定のパターンである。それは、目標、目的、ゴールを定めて明らかにし、そのゴールを達成するための基本方針と計画を作り、企業が追求すべき事業の範囲を定め、あるべき経済的かつ人的組織の種類を決定し、ステークホルダー、従業員、顧客、地域社会に対して作り出そうとしている経済的、非経済的な貢献の性質を決めることである」（Andrews, 1987：13頁）
- 「企業の戦略とは、いかにして企業がその使命と目的を達成しようとしているのかを明示した、包括的な計画である。競争優位を最大化しつつ、競争劣位を最小化する」（Hunger and Wheelen, 2002：7頁）

戦略的な方向を決めるための、右記のような進路と目標との間の区別と同時に、アベル（Abell, 1999）は、並行して走らせる二つの戦略を考えることを勧めている。「今日のための今日の戦略」と「明日のための今日の戦略」である。この、現在指向か未来指向かの違いは、通常の短期的か長期的かの違いとは異なる。短期的な計画とは、長期的な市場でのポジションを意図してなされる、単に詳細化された運用と予算策定を指す。現在指向の計画は、戦略も必要とし、ここでの戦略とは、（企業のコンピタンスと標的となる市場が与えられたうえで）企業がいかに操業しなければならないか、鍵となるそれぞれの機能の役割が何であるかを定めるビジョンである。一方で、長期的な計画は、将来のビジョンの上に作られ、より重要なことは、そこへたどり着くための戦略の上に作られる（Abell, 1999：74頁）。戦略についてのこのような二種類の期間による理解は、戦略的マネジメントの理解に結び付き、企業の複雑性、システムとしての相互作用、および進化の理解に基づいて、今日、明日、さらにさらにその先を考えることを可能にする。

要約すると、**戦略とは、企業の方向を定め、注力すべき焦点を決め、組織を定義することを可能にし、一貫性をもたらす、といったことをバランスの取れた方法で可能にするために、今日と、明日、さらにその先を考え戦略的目標と戦略的進路を定めることである。**これが、本書での戦略の理解を表している。

② 戦略策定

ここまでで、本書での戦略の理解は明確になった。しかし、戦略を定める方法はたくさんある。ミンツバーグとランペル（Mintzberg and Lampel, 1999）は、異なる戦略策定の概念を分析し、一〇の異なる学派に分類している。これらの学派は、この一〇年の間、戦略的マネジメントの理解は大きく変化したことを強調しており、これは、将来の計画が期待された以上に難しいという洞察に基づいていることは間違いない。この一〇の学派とは、デザイン学派、プランニング学派、ポジショニング学派、起業家学派、認知学派、学習学派、パワー学派、文化学派、環境学派、そして形態学派である。

戦略形成に関する多くのアプローチは、これらの一〇の学派をまたがって、異なる学派の一部どうしを、あるいは全ての要素を結びつけたハイブリッドなものになっている（Mintzberg and Lampel, 1999：26頁）。たとえば、ステークホルダー分析（プランニング学派とポジショニング学派を結びつけている）、カオス理論（学習学派と環境学派のハイブリッド）、ダイナミック能力（学習学派とデザイン学派のハイブリッド）、資源ベース理論（学習学派と文化学派のハイブリッド）などである。

これらの異なる戦略学派について問うべき点は、これらが異なる戦略プロセスを表しているのか、あるいは同一のプロセスに対して補完的な部分を表しているのかというものである。ミンツバーグとランペル（Mintzberg and Lampel, 1999：27頁）は、ほとんどの学派は、戦略策定が指すものが何であるかについての見方を部分的に表しているという結論に到った。要約すると、それは「判定的デザイン、直感的洞察、創発的学習」といったものであり、「永続化と同時に変化に関する」、「個人の認知と、協調的と同様に対立的な社会的相互作用を含み」、「予測的分析、事後の計画、途中の交渉を含み」「すべて、環境が求めるものは何なのかに答えるものでなければならない」（Mintzberg and Lampel, 1999：27頁）。

ミンツバーグとランペルは、戦略策定のすべての側面を考慮すべきであるといっているが、いくつかのアプローチは、他のものにくらべて本書での戦略的マネジメントと戦略の理解により近い。したがって、次節で本書での基礎にふさわしい学派を判定するために、一〇の学派を評価することにしよう。

③ 評価と結論

戦略策定の一〇の学派を評価するための評価基準は、一方では、企業を複雑性、システムとしての相互作用、進化の観点から理解するための基本的な戦略的マネジメントの基準に基づいている（8頁）。他方では、「戦略」という語の理解、つまり、方向づけをする、注力すべき焦点を決める、組織を定義する、一貫性をもたらす、といったことをバランスの取れた方法で可能にするものという理解に基づく。一〇の学派の、これら七つの基準による評価は、図2・4に示されている。以下、これについて議論する。

戦略的マネジメントに固有な基準の充足：図2・4からわかるとおり、戦略的マネジメントの三つの基準を明示的に

● 明確なサポート
◑ 暗黙または部分的なサポート
◔ 不十分なサポート
○ サポートなし

		1・デザイン学派	2・プランニング学派	3・ポジショニング学派	4・起業家学派	5・認知学派	6・学習学派	7・パワー学派	8・文化学派	9・環境学派	10・形態学派
戦略的マネジメントに固有な基準	複雑性の理解	◑	◑	◔	◔	◑	◑	◔	◑	◑	◔
	システムとしての相互作用の理解	◑	◑	◔	◑	◑	◑	◔	◑	◔	◑
	進化の理解	◑	◑	◔	◔	◑	◔	◔	◔	◑	◑
戦略に固有な基準	方向を決める	●	●	●	◑	●	◔	◔	◔	◑	●
	注力すべき焦点を定める	◑	●	●	◑	●	◔	◔	◑	◑	●
	組織を定義する	◔	◔	◔	◑	◔	◔	◔	◔	◔	◑
	一貫性をもたらす	●	●	●	◑	●	◔	◔	◑	◑	●

図2.4　戦略策定の諸学派の評価

満たしているものはない。三つの学派だけが、暗黙的に戦略的マネジメントの基準を満たしている。まずはデザイン学派とプランニング学派である。これら二つはとても似ており、企業を理解するための詳細なプロセス手順とチェックリストをもつ。このことは、企業を全体として理解することを可能にする。しかし、この手続きは、複雑性、システムとしての相互作用や進化を理解することに焦点をあててはいない。したがって、これら二つの学派は、暗黙的に戦略的マネジメントの三つの基準の理解を提供しているに過ぎない。認知学派は、モデルを使って企業を理解しようとするが、戦略的マネジメントの三つの基準を明示的に理解しようとはしていない。

戦略に固有な基準の充足：四つの基準をすべて完全に満たす学派はない。五つの学派が、戦略に固有な基準をほとんどすべて満たしている。デザイン学派、プランニング学派、ポジショニング学派、認知学派、そして形態学派である。これら五つの学派は、戦略についての理解が似ているという事実によって特徴づけられる。これは、方向づけが明確であり、注力すべき焦点が定まっていて、一貫性が保証されているということを意味する。しかし、戦略についてのこれらの明確な言及にもかかわらず、戦略がいかに組織を定義するかの明確な理解を提供するような戦略策定プロセスを有してはいない。

デザイン学派、プランニング学派、認知学派は、戦略策定の概念が七つの基準にしたがっていかにデザインされるかについて、共通なアプローチをしている。デザイン学派とプランニング学派は、システム的なチェックリストを備えており、最も興味深い。認知学派は、システムのモデル化の概念を備えていて、すぐれた基礎となる。したがって、以降のイノベーション固有の文脈の節では、デザイン学派、プランニング学派と認知学派に基づく戦略概念のみを示すことにする。

3　イノベーションとイノベーション・マネジメント

「イノベーション戦略」という語の詳細と，イノベーション戦略策定の可能なプロセスについて述べる前に，まず「イノベーション」と「イノベーション・マネジメント」という語について述べることが不可欠である。そうすることで，イノベーション・マネジメントにおいて注目すべき本質的基準を示すことになり，イノベーション戦略の策定にとって本質的な基準が何かを示すことになる。

①　イノベーション

「イノベーション」は現代的な用語である（Hauschild, 1997）。それは，日々の会話や研究で多く用いられるために，さまざまに異なって定義され解釈される。しかし，この語は，近年作られたものというわけではない。イノベーションの応用領域は，半世紀よりも前にすでに文献に表れている。その間，この語の意味は絶えず変化してきた。以降では，この語の定義を与える取り組みの中から，その進展を物語るようなものを選んでである。

- 「もし要素の量ではなく生産関数そのものの形が変わったとしたら，それはイノベーションが起こっているということなのだ」（Schumpeter, 1939：87頁）
- 「イノベーションは，いかなる考え，行動，物であれ，新しいものによって定義される。既存の形態とは質的に異なるものだからだ」（Barnett, 1953：7頁）
- 「同様な目標をもつ一群の組織によって，あるアイデアが全く初めてか，あるいは初期に使用されること，とイノベーションを定義することを推奨する」（Becker and Whisler, 1967：463頁）

● 「イノベーションは、技術的な変化の単位である」（Marques, 1969：1頁）

● 「イノベーションは、発明の（経済的な）最初の使用である。発明は、必ずしも科学における研究と開発から生じるとは限らず、より広義には、経営学や社会科学での新規なものやプロセスであると理解される」（Witteより英訳、1973：17頁）

● 「産業における技術的イノベーションは、製品と生産プロセスの開発、商業化、採用、改良である」（Pavitt, 1980：1頁）

● 「イノベーションは、企業の経済的または社会的潜在力の意図的かつ集中的な変化をつくり出そうとする試みである」（Drucker, 1985：67頁）

● 「イノベーションは、物事の順序を変えて金もうけをしようとするイノベーターあるいは攻撃者と、既存のキャッシュフローを守ろうとする防衛者との間の市場における戦いである」（Foster, 1986：20頁）

● 「イノベーションは、新しいアイデアの生成と、新しい製品、プロセス、サービスなどへの実施から構成され、革新的な企業に対して純粋な利益をつくり出すと同時に、国家経済のダイナミックな成長と雇用の増大につながるようなものである」（Urabe, 1988：3頁）

● 「イノベーションは、商業化されたものごとの新しい方法である。イノベーションの過程は、企業の戦略的かつ競争的な文脈から切り離すことはできない」（Porter, 1990：780頁）

● 「イノベーションは、内製された、あるいは購入された装置、システム、ポリシー、プログラム、プロセス、製品、あるいはサービスの採用であって、採用する組織にとって新しいもの、と定義される」（Damanpour, 1991：556頁）

● 「イノベーションは、技術的、経済的、組織的、あるいは社会的な新しい問題解決の意図的な実施であって、新しい方法で企業の目的を達成しようとして行われるものである」（Vahs and Burmester, 1999：1頁）

これらの定義は、その意味によって分類できる。違いは、「イノベーション」という語が、年を経て変化して生きているという事実による。つまり、以前は、一つの細部が考慮されたが、今日では多くの側面が考慮される。加えて、今日では、「イノベーション」という語は以前よりも成功を重視する傾向が強い。

要素のバリエーションとしてイノベーションをとらえたシュンペーター（Schumpeter, 1939：87頁）による定義は、まだ少し漠然としている。「イノベーション」という語は、その定義においては、時間の経過とともに、図2・5に見られるようにとらえられる。この図にあるように、ヴィッテ（Witte, 1973：17頁）による定義は、突出している。彼の定義は、当時としてはかなり先鋭的であって、すでに今日のイノベーションに対する理解にかなり近かった。

加えて、引用されたリストを見るとわかるとおり、一九六〇年代と一九七〇年代においては、「イ

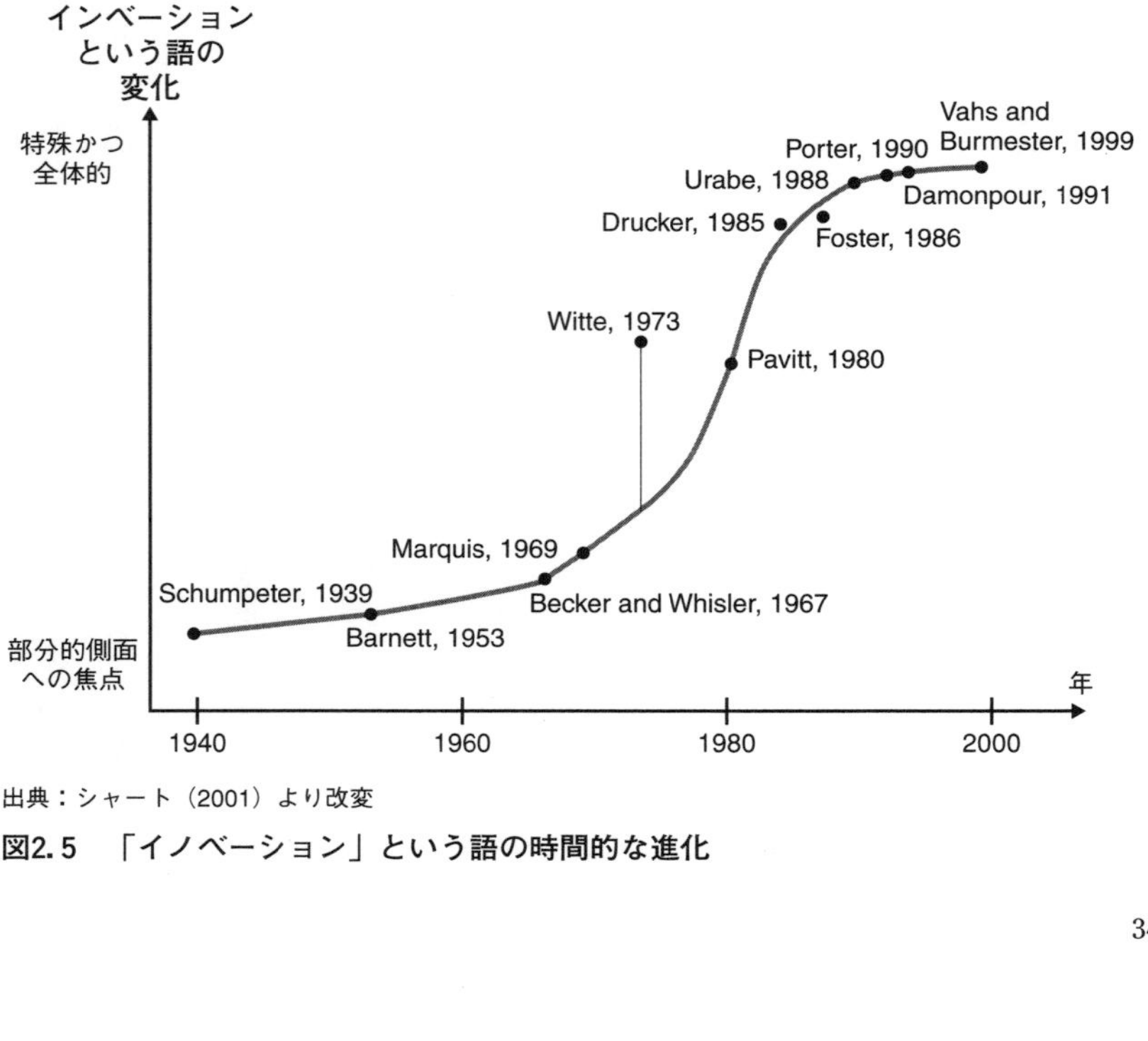

出典：シャート（2001）より改変

図2.5　「イノベーション」という語の時間的な進化

ノベーション」という語は、変化のプロセスの一つの形態であると理解されていた[五]。一九七〇年代の後半では、この語はより精緻化されたように見える。イノベーションの成功に求められる前提条件が、その定義に盛りこまれるようになった。これは、「効果」、「利益性」、「顧客満足」といった語に反映されている。「イノベーション」の考え方の変化は、明らかに競争の増大や、市場の変化、技術の急激な変化によって環境にもたらされた新たな状況の効果の影響を受けている。今日の「イノベーション」の定義は、シャート（Schaad, 2001：15頁）による文献に従うことができるだろう。

イノベーションとは、何か新しいものを、企業が最初にうまく商業的に利用することである。

このイノベーションの定義は、本書を通じての定義として使われる。

次節では、「イノベーション」という語が、いくつかの観点から分析される。その中で、筆者らはこの語をより詳細に説明し、企業におけるその重要性について示そうと思う。さらに、イノベーションについての議論は、イノベーションの領域において戦略を発展させる際に考慮すべき本質的な側面を見せてくれる。

②　革新性とイノベーションの障壁

上記の定義によれば、イノベーションを発展させるために企業は革新的でなければならないが、ここでは革新性を、個人や組織が、早期の更新を実現したり出来事を予想するために、変化に気づく能力であると考える。このことは、企業は、新製品や新しいプロセスを作り出したり、それらを商品化するための潜在的な能力[六]を利用できなければならないことを意味する（Wagner and Kreuter, 1998：34頁）。

したがって、イノベーション主導型企業にとって、高い革新性を維持することが不可欠である。この目的を達成するため、いわゆるイノベーションの障壁を克服する必要がある。ボンドとヒューストン（Bond and Houston, 2003：125頁）によれば、このようなイノベーションの障壁は、三つのグループに分類できる。以下は、その大まかな例示であるが、完全な概観ではない（七）。

●技術と市場の障壁は、顧客の要求を満たすように技術を応用し、利益をあげられるかどうかの問題点を指す。この分類枠では、克服しなければならない技術的な障壁（必要な技術の入手可能性など）と、市場の障壁（新しく出てきた技術に基づいた新製品を商品化するための最適なビジネスモデルを作り出すことなど）がある。これら二つのイノベーションの障壁は分けて扱われることもあるが、実際には包括的に技術・市場の障壁としていっしょになって表れる。これは、現存するか、または潜在する市場機会の中で、技術を顧客の要求にどの程度まで合わせることができるかの程度として理解される。

●戦略と構造の障壁は、市場のニーズを満たすような技術開発を成功させるに際して、企業の技術力、戦略、およびそれらを支援する組織構造の役割に焦点をあてる。これは、次を意味する。イノベーションにおける問題は、技術開発力の欠如、限定された資源、あるいはイノベーションを企業全体とビジネスユニットの戦略に結びつけるリンクの欠如、つまりは現実のポートフォリオへのリンクの欠如によって起こる。この障壁は、イノベーション戦略の欠如によってもたらされる（図1・2を見よ）（Kambil, 2002）。たとえば、戦略の欠如の結果は、資源が重要なプロジェクトに集中されず、その結果、限定されるといったこと、あるいは、重要な能力が、目標指向的な焦点をともなってシステム的に開発されないといったところに表れる。

●社会と文化の障壁は、技術を市場機会に合わせるという点での、関連づけ、価値、あるいは目標といった枠組の相違の効果を意味している。イノベーションのこの障壁は、異なる信念をもつ職務専門家の解釈の相違やコミュニケーションの相違に起源をもつ（Dougherty, 1992）。イノベーションのこの障壁は、マーケティング部門とR＆D部門の機能の文脈で、特に重要である。なぜなら、それらが主にイノベーションに対して責任を負っているからである。この文脈では、サウダー（Souder, 2004：602頁）は、二八九のプロジェクトを含むある調査において、R＆D（将来の技術に責任を負う）とマーケティング（顧客の要求を同定することに責任を負う）の間の調和がうまくいかなかったことを見つけている。五九・二％のプロジェクトにおいて、R＆Dとマーケティングとの間の、軽微なものから重大なものまでの非調和が確かめられた。この非調和は、マーケットプル（具体的な市場ニーズによる技術開発と解される）と、テクノロジープッシュ（新しい市場ニーズを創り出す技術開発と解される）とを調整するという意味でのイノベーションの障壁である。テクノロジープッシュと、マーケットプルを調整することは、イノベーションの発展には、非常に重要である。

このような多様で多面的なイノベーションの障壁は、企業が高いイノベーション能力を達成することをしばしば妨げる。さらには、このようなイノベーションの障壁に加え、企業は、競合相手との競争に勝ち残るために求められる革新性の程度が、時間とともに増しているという事実に直面している（八）。

高い程度の革新性を開発するのに、唯一最善の方法は存在しない。「とはいえ、一致した提案が数多くあり、革新的な組織を試みたり構築するための青写真を提供してくれる」（Bessant, 2003：35頁）。ベサント（Bessant, 2003：35頁～）によれば、革新的な組織をつくるために考慮すべき本質的な要因は、多面的で、しかも相互に関連し合った複数のものである。この文脈で、マイヤーら（Meier et al., 2004：2頁～）は、イノベーションを可能にする七つからなるカテゴリーを提案している。戦略、資源、プロセス、方法、道具、組織、そして文化である。

革新性を急激に増大させるのは不可能であり、組織での賢明な相互作用が考慮されなければならない。この文脈では、ゾンマーラッテら（Sommerlatte et al., 1987b：57頁）が、「革新性はトリュフのように『育てる』ことはできない。経済的、政治的に適切なときに、一つやそこらの要因を適用して、ただイノベーションの蛇口を開けようと思っても十分ではない[九]。」イノベーションにあてられた長期的な視野が、ガスマンとツェドヴィッツ（Gassmann and Zedtwits, 1996：39頁）による次の発言によってさらに強調されている。「イノベーションによって成功する企業は、運がいいのではなく、革新性、つまり新しい顧客価値の開発やその商業化を継続的にかつシステム的に行う能力の帰結である。」[一〇]

③　イノベーションの新しさ

イノベーションは、新奇性に関して、いつも同一の度合をもつというわけではない。「本物の」イノベーションとしては、我々はおもに蒸気機関や電気モータ、電話の開発などを考えるかもしれない。しかし、ウォークマンもイノベーションである。電池や、磁石、イヤホンはすでに存在していた。新しく生み出された要素は、携帯できる娯楽というアイデアであって、音楽をどこでも聞けるようにしたことである。したがって、ウォークマンの開発は、既存の要素の新しい組み合わせと再アレンジである。鋼鉄製の天板をもった既存の電気抵抗ヒーターと比べて、ガラスセラミックの表面をもった調理器は、大きなイノベーションだろうか、それとも小さなイノベーションだろうか。電子レンジに電磁誘導式の天板のついたものはどうだろうか。この文脈では、アバーナシーとクラーク(Abernathy and Clark, 1985：4頁）によれば、「イノベーションの中には、定着済みのコンピテンシーを混乱させ、破壊し、時代後れにするものもあれば、それを洗練させ改良するものもある。」それらは、新奇性の程度において違っている。この新奇性の程度の違いは、それまでの状態と比べてイノベーションがもつ質的な相違として定義される(Hauschildt, 1993：39頁)。

イノベーションが新奇性の程度において高いか低いかは、イノベーションのタイプによって区別される。これらのいわゆるイノベーションのタイプは、異なる論者によってさまざまに定義されている。イノベーションのタイプに関する基本的な分類が、論者の用語の使用を比較すると、若干違っている。いくつかの例を図2・6に示す。

　新奇性の程度の高い領域では、基本的な定義は同じである。新奇性の程度の低い部分での定義では、イノベーションの境界は流動的であるというメンシュ（Mensch, 1975：54頁）の定義に注目する必要がある。彼は、「うわべのイノベーション」というイノベーションのタイプをあげている（これはもはや新奇ではない境界上にある）。タシュマンとアンダーソン（Tushman and Anderson, 1997：157頁）は、「アーキテクチャ的イノベーション」（一一）という語を用いて、新奇性の中程度のものを示した。新奇性の主要な三つの程度は、次のようにまとめられる。

- **低程度の新奇性**：現時点での性能の改良や修正（一二）
- **中程度の新奇性**：既存の要素をベースにした新しい組合せ（一三）

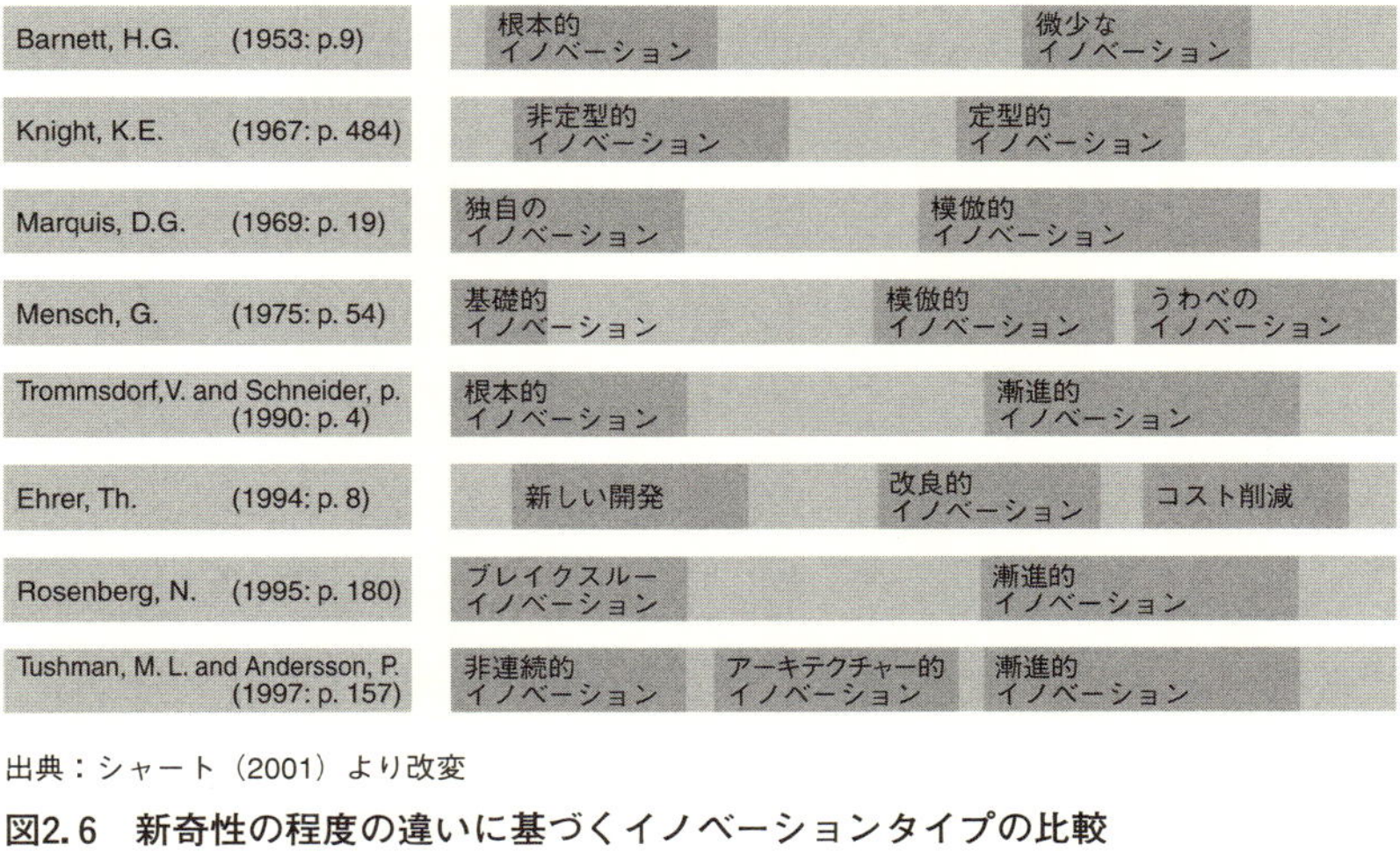

出典：シャート（2001）より改変

図2. 6　新奇性の程度の違いに基づくイノベーションタイプの比較

●高程度の新奇性：まったく新しい偉業（一四）

これらの新奇性の程度の定義の背後には、異なる視点がある。ローゼンバーグ（Rosenberg, 1995：180頁）や、タシュマンとアンダーソン（Tushmann and Anderson, 1997：157頁）のように、技術的な視点により大きな影響を受けている論者がいる。一方で、市場に根ざした視点をもつ論者は、ナイト（Knight, 1967：484頁）とエーラー（Ehrer, 1994：8頁）である。ザイバート（Seibert, 1998：112頁）は中間的な視点をもち、新奇性の程度の高いイノベーションは、「テクノロジープッシュ」に基づき、したがって、技術的な視点から定義されるべきだと述べている。新奇性の程度の低いイノベーションはより頻繁に見られるが、おもに「マーケットプル」によっていて、その定義は市場の視点からなされるべきである。

たとえば、スイス連邦鉄道のイージーライドチケット（一五）の実現は、どの程度革新的かといった疑問がある。すでにスイス航空が三年以上前に、電子チケットと自動改札システム（一六）を開発していた。新奇性の度合の定義があるにもかかわらず、これは簡単には答えられない。なぜなら、その質問がどの視点から答えられるべきかを考慮しなければならないからだ。疑いなく、スイス航空とスイス連邦鉄道の視点からは、双方の新しいチケット生成システムは新奇性の高いイノベーションである。したがって、二つのイノベーションの新奇性の程度に関する質問に対する答えは、いくつかの視点から分析されなければならない。ポイントは、どのグループにとって新奇性が革新的かを見付けることである。基本的には、視点は区別されなければならない。

最初の区別は、企業内でのイノベーションの新奇性の程度の評価である。これは、ミクロ経済（一七）的な視点から述べられる。そこでは、新奇性の程度は、企業内の主観的な視点から包括的に定義される。したがって、ミクロ経済的なイノベーションは、特定の企業にとって変化が新しいようなイノベーションとなる。この理由から、模倣や社外での開発物の採用も、イノベーションと見なされる。したがって、そのイノベーションが他の場所でどれだけの期間存在していたかは問題とはならない。

新奇性の程度の第二の区別は、マクロ経済的な視点である（Kaplaner, 1986：15頁）。新奇性の程度は、イノベーションが市場で提供するものの総体を比較して評価される。この場合の新奇性の程度は、それが世界規模での更新に成功すれば、最も高い。より限定的なマクロ経済的な視点は、ハオスヒルト（Hauschildt, 1993：15頁）によって与えられた産業経済的視点である。この視点は、新奇性の程度の評価を、関連した環境に限定する。したがって、高程度のイノベーションは、同一の産業内に類似の更新が存在しないときに達成される。新しいチケット機械の例に戻ると、スイス航空とスイス連邦鉄道は、ともに交通の分野で仕事をしているが、その環境はまったく違っていて、よって、その産業経済は異なっている。したがって、産業経済的視点からは、二つの開発はともに新奇性の程度の高いイノベーションである。

ブーズ、アレン、ハミルトン（Booz, Allen and Hamilton, 1982：9頁）の研究では、ミクロ経済的な視点からは、すべての活動のうちの三〇％が、マクロ経済的な視点からは、一〇％が、新奇性の程度が高いことを示した。よって、ミクロ経済的な立場からは七〇％、マクロ経済的な立場からは九〇％が、イノベーション活動において中程度から低い程度の新奇性しか示さなかった。この結果を解釈すれば、視点にかかわらず、企業は低い程度から中程度の新奇性をもつイノベーションをより頻繁に行っていることがわかる。

本書では、ミクロ経済的な視点からの新奇性の程度を採用する。この視点は、企業レベルでの影響の度合を直接示すからであり、これは、戦略的な意思決定において言及されるべきことである。つまり、戦略的な意思決定は、新奇性の度合を考慮しなければならない。特に、新奇性の度合が高ければ高いほど、既存の要素（たとえば市場のニーズや、技術的な製品など）の中のより多くの変化が受け入れられなければならず、その結果、より包括的な戦略的意思決定が取られなければならないからである。クロイ（Kroy, 1995：63頁）によれば、この新奇性の程度と、なされる変化の程度との間の関係を理解するためには、異なるタイプのイノベーションである漸進的イノベーションと根本的イノベーションとが、異なるレベルで分析されなければならない。この異なるレベルとは、顧客ニーズ、マーケット、製品、サービス、能力、基礎科学である。

漸進的イノベーションとは、既存の製品やサービスに基づいた新奇性を指す。それぞれのレベルで、異なるパラメータが調整され最適化される。たとえば、新製品の開発に後続の技術が使われたり、市場の新しい顧客ニーズに合わせて、製品が変更されたりする。したがって、異なるレベル間の結合は分離されているのではなく、単に垂直的に調整されているだけである。しかし、根本的イノベーションでは、最初から異なるレベル間の垂直的な結合はない。したがって、根本的イノベーションの試みは、基本的には異なるレベル間の結合を新たに作ることとなる。それぞれのレベルから、イノベーションは引き起こされうる。ライファら（Leifer et al., 2000：20頁）が指摘するように、「（根本的イノベーションのための）プロジェクトは、しばしばR&Dから出発し、起業的な組織に移って、目標指向のプロジェクト組織に推移する。」根本的イノベーションのためのプロジェクトの期間は、より長くなり、平均で一〇年であるのに対し、漸進的イノベーションでは、六ヶ月から二年となる（Leifer et al., 2000：19頁）。このようなプロジェクト期間の違いは、漸進的イノベーションでは、不確実性が比較的少ないより詳細な計画が立てられるのに対して、根本的イノベーションは、より不確実なライフサイクルを通じてゆっくり進められる、という事実から説明されることが多い（一八）。

根本的イノベーションの不確実性は、意思決定をより困難にするが、それにもかかわらず、企業は漸進的イノベーションと根本的イノベーションをともに進めることが欠かせない。これは、バース（Berth, 2003）が調査によって明らかにした。まず、彼は根本的イノベーションが、漸進的イノベーションに比べて平均してより高い収益をもたらすことを発見した。しかし、より興味深いことは、この調査で明らかにされた第二点目である。根本的イノベーションは不確実性が大きいにもかかわらず、失敗率は、漸進的イノベーションと同じであった。つまり、この調査の一つの結論は、企業は根本的イノベーションをより意識し、戦略的意思決定にそれを盛りこむべきということである。

したがって、戦略的意思決定は、漸進的イノベーションと同様に、根本的イノベーションについても言及すべきである。そこでは、根本的イノベーションについて、計画をより詳しくすべきである。根本的イノベーションの意思決定は、クロイ（Kroy, 1995）のレベルの結合を可能なかぎり早く行うために、最初からより詳細なものでなければならない。この理由から、漸進的と同様、根本的イノベーションの戦略的計画は、戦略的マネジメントのレベルで考慮される必要がある。イノベーション戦略の策定についての概念は、漸進的と同様、根本的イノベーションを考慮しなければならない。したがって、イノベーションの新奇性が考慮されなければならない。

④　イノベーションの対象

前節では、イノベーションをその新奇性の度合いで分類したが、ここでは、イノベーションを開発する活動において考慮される対象によって、イノベーションを分類する。「イノベーション」という言葉は、製品市場の分野のみでなく、プロセスや、マネジメント、組織といった側面も考慮に入れる。したがって、「イノベーション」という言葉は、標的のちがいによって区別することが可能である。ここでは、イノベーションのカテゴリ間の境界の違いを比較する。

トム（Thom, 1980：22頁～）は、「製品イノベーション」、「プロセス・イノベーション」、「社会イノベーション」に分類した。カプラナー（Kaplaner, 1986：9頁）は、この三つに、「構造的イノベーション」という語を加えた。製品、プロセス、組織に対して向けられた焦点に加えて、ナイト（Knight, 1967：486頁）の分類は、「人的イノベーション」

の定義においてさらに人的資源の領域の側面を含めた。「人的イノベーション」は、買収や解雇による企業スタッフの変化や、予期せぬ振る舞いの変化を含む。ビジネス・イノベーション、技術イノベーション、組織イノベーションへの分類は、ツァーンとヴァイトラー（Zahn and Weidler, 1995：359頁）によって提案されている。筆者らは、彼らのイノベーションの定義を用いた、全体的で統合されたアプローチを用いる（図2・7）。

ツァーンとヴァイトラー（Zahn and Weidler, 1995：359頁）は、既にあげた他の論者によるカテゴリーとは異なる形でイノベーションのカテゴリーを示している。このことは、製品とプロセスを、「技術的イノベーション」という一つのイノベーションカテゴリーにまとめたことから明らかである。ツァーンとヴァイトラーは、さらに、「ビジネスイノベーション」や「文化」、「システム」といった新しい側面を統合して加えた。これらは、それまで理解されてなかったものである。また、「技術的知識」を明示

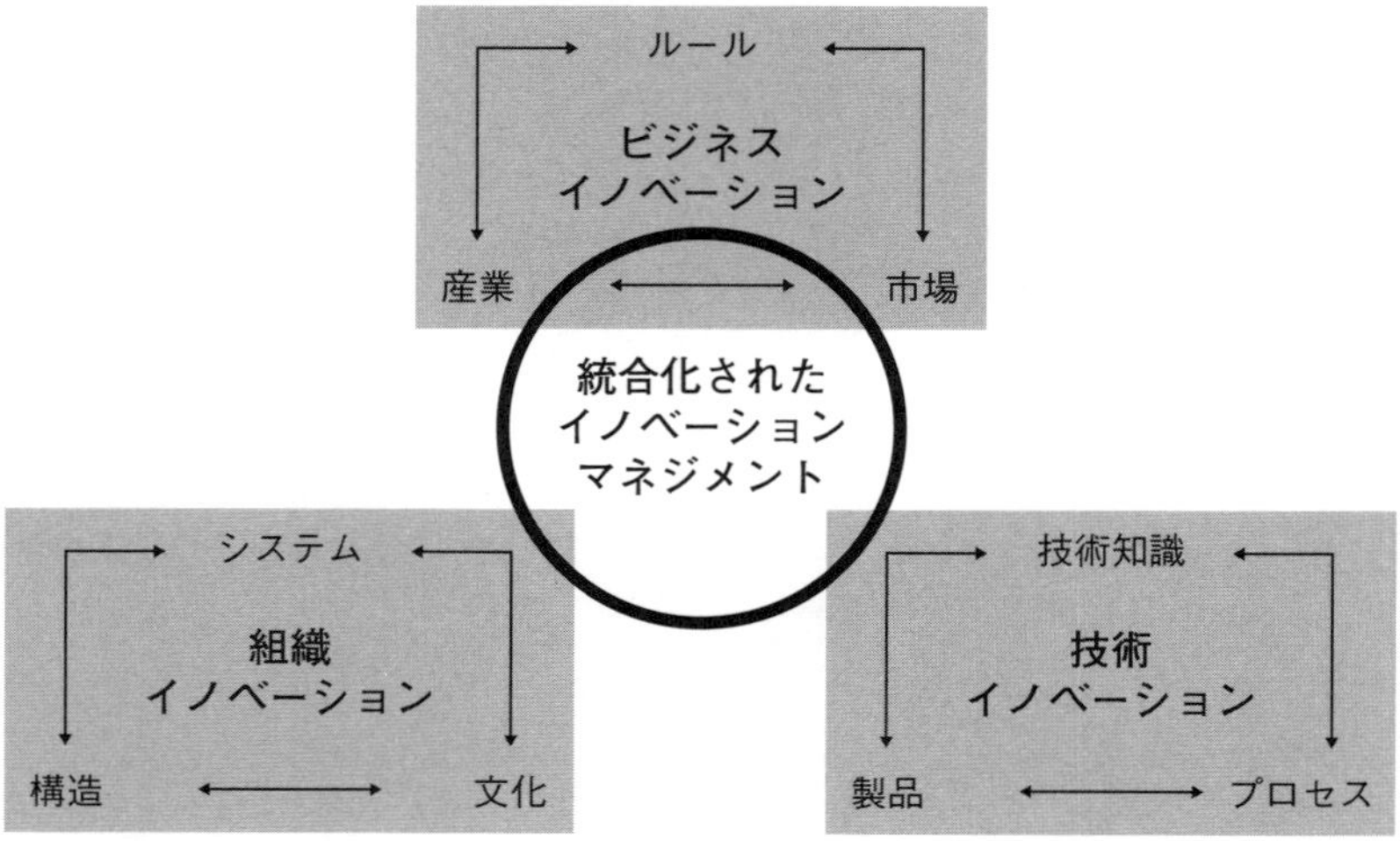

出典：ツァーンとヴァイトラー（1995：359頁）より，シェファー・ポエシェル産業・税・法律出版社の許可を得て改編

図2.7　統合化されたイノベーション：イノベーションの種類を理解する

的に盛りこんでいる。これは、企業において技術的コンピタンスを開発するための基礎となるものである。

イノベーションをこういったカテゴリーに分類することは、イノベーションがそれぞれのカテゴリーに個別に表れることを示唆している。しかし、たとえば、製品イノベーションは、ほぼすべてのケースにおいて、プロセス・イノベーションとともに表れる（Rammert, 1988：199頁）。新しい製品は、しばしばプロセスの修正や更新を要求するからである。そこで、アターバック（Utterback, 1994：217頁）は、「成功のためには、（中略）、製品とプロセスの両方のデザインに同等の重点を置く必要がある。それらは緊密に統合されていなければならない」と述べている。この文脈では、プファイファー（Pfeifer, 1991：43頁）が、製品イノベーションに卓越した企業が、必ずしも競争的な局面で大きな利益をあげているわけではないことを発見している。この一つの理由は、ホィールライトとクラーク（Wheelwright and Clark, 1992：73頁）によれば次のようになる。「開発プロジェクトは、しばしば製品の開発プロジェクトを意味し、プロセス技術は、その必要性が明らかになった時点で容易に入手できるという前提ですすめられる。残念ながら、そのような見込から出発しても、製品技術の恩恵すべてが決して達成できないという結果に到ることは多い。どうしたって製造プロセスは、製品が求める品質、コスト、適時性をもたらさない。」（一九）

結論を述べよう。イノベーションの可能性を認識するためには、イノベーションをいくつかのカテゴリーに分類することは必要であるが、その実現性に関する限り、すべてのカテゴリーのイノベーションをいっしょに考慮し、開発しなければならない。イノベーションのカテゴリーをまとめるというこの考えは、「統合化されたイノベーション」と呼ばれている。この統合化されたイノベーションのアプローチは、ビジネス、組織、あるいは技術といったイノベーションのあらゆる重ね合わせをカバーする。そうすることで、結果としてもたらされるイノベーションは、広い範囲のものとなり、模倣に対する防衛となる。さらには、他の差別化によって、持続可能な競争優位性の獲得を可能にする（Zahn and Weidler, 1995：359頁）。

イノベーションへのこの統合化されたアプローチは、戦略的意思決定において考慮すべき重要な要素である。したがって、イノベーション戦略策定の概念は、ビジネス、技術、組織的イノベーションを、統合化したイノベーションによって定義することを可能にする。

⑤ イノベーション・マネジメント

「イノベーション・マネジメント」という語は、文献でよく用いられるが、この語は、その作業や責任に関連して変化する（Hoffmann-Ripken, 2003：91頁）。そこで、「イノベーション・マネジメント」という語を、ここでより詳細に見てみよう。

戦略的マネジメントは、システムの複雑性、システムとしての相互作用、そして進化の明解な理解に基づいて企業をデザインし、方向づけし、展開するということであった（18頁）。イノベーション・マネジメントの文脈でも、やはり、システムの複雑性、システムとしての相互作用、そして進化を理解することが必要である。この時点で生じる疑問は、「理解すべきシステムはそもそも何か」というものである。

この文脈では、ブロックホフ（Brockhoff, 1995：986頁）が、イノベーション・マネジメントの制度的視点と機能的視点を区別している。これら二つの見方は、そのシステムの境界において異なっている。制度的なイノベーション・マネジメントでは、企業におけるイノベーションの責任は、複数の人間のグループに帰着されると主張する。この見方は、イノベーションは企業内のどの人によっても作り出すことができるという事実から批判される。この見方に対して、機能的な見方を考えることができる。それは、システム論的な見方と、プロセス的な見方に分けることができる（Brockhoff, 1995：987頁、Hauschildt, 1993：23頁）。システム論的見方は、組織、文脈、文化のようなシステムと関連しており、イノベーションはシステムの中で、発展し、分析がなされる。この領域の文献は、特に組織論や文化の問題に関連しているが、多少、扱いづらい。これは、イノベーション・マネジメントのシステム論的な見方では、その定義があまりにも広すぎるからである（Hoffmann-Ripken, 2003：92頁）。イノベーション・マネジメントのプロセス的な見方は、主に、イノベーションに関する意思決定に関連し、企業内でいかにイノベーションが実現されるか、いかにしてイノベーションが発展するかにかかわる。この文脈では、ハオスヒルト（Hauschildt, 1997：25頁）が、イノベーション・マネジメントの作業を、予測的な（二〇）方法で個々のイノベーション・プロセスをいかにして発展させるかと定めている。これらのプロセスは、イノベーション戦略の策定と、イノベーション組織のデザインであり、イノベーションの意志を実現するために使われるプロセスを含む。

プロセス的な見方に基づくと、イノベーション・システムの理解は、次のようになされる。イノベーション・システムの一部分であるイノベーション・プロセスが、価値を決定する（Tipotsch, 1997：55頁）。さらに、配送システムの一部分である、販売プロセス、生産プロセス、およびサプライチェーンが、価値を供給する（Tipotsch, 1997：55頁）（二一）。

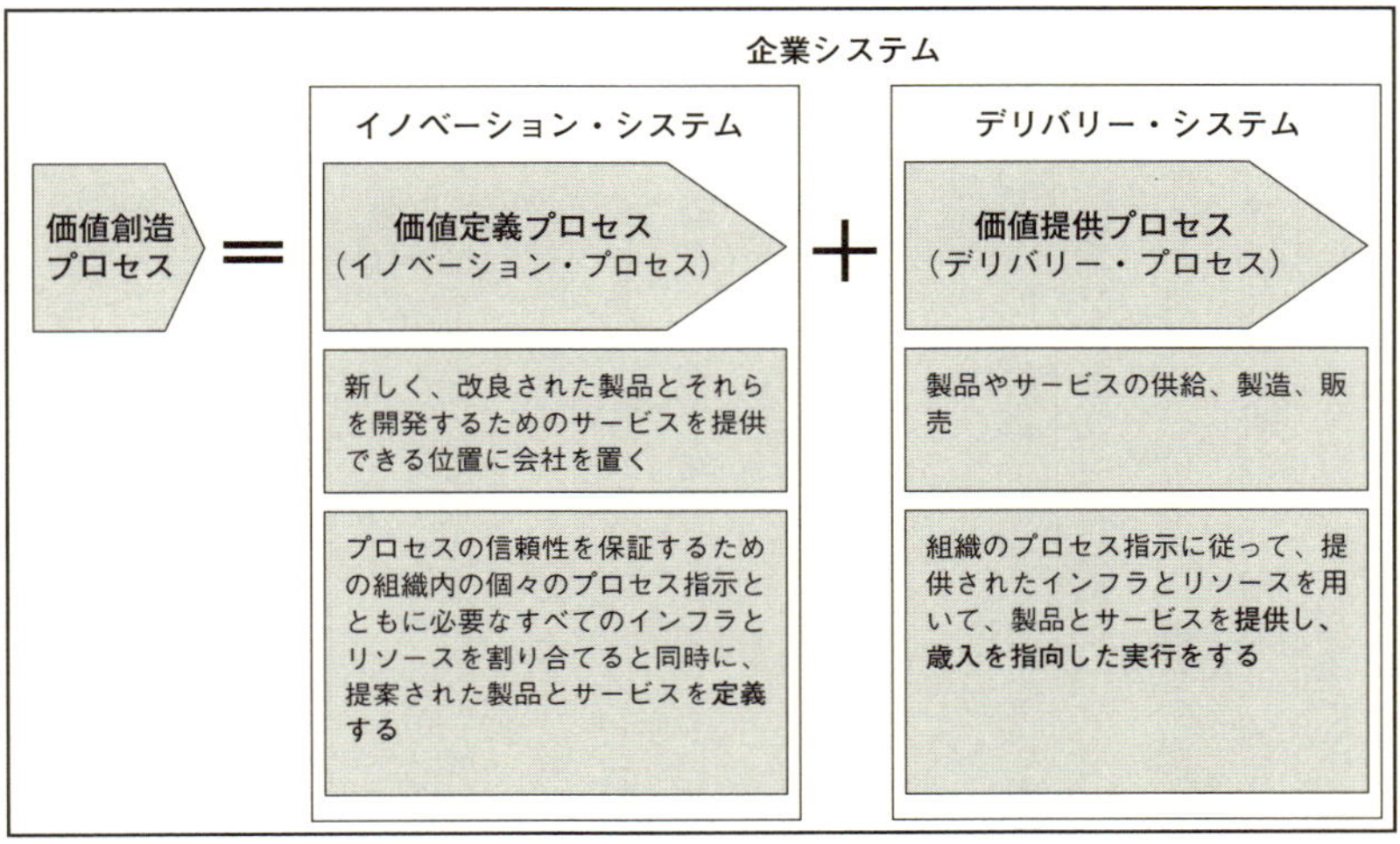
企業システム
イノベーション・システム
デリバリー・システム
価値創造プロセス
=
価値定義プロセス（イノベーション・プロセス）
+
価値提供プロセス（デリバリー・プロセス）
新しく、改良された製品とそれらを開発するためのサービスを提供できる位置に会社を置く
製品やサービスの供給、製造、販売
プロセスの信頼性を保証するための組織内の個々のプロセス指示とともに必要なすべてのインフラとリソースを割り合てると同時に、提案された製品とサービスを定義する
組織のプロセス指示に従って、提供されたインフラとリソースを用いて、製品とサービスを提供し、歳入を指向した実行をする

図2.8　価値創造は価値定義と価値提供の和である

つまり、「イノベーション・システム」は、価値を定めるという目標をもち、「デリバリー・システム」は価値を供給するという目標をもつ。これら二つのサブシステムがいっしょになって、新しい価値を創造する。これは、ポーター（Porter, 1985：37頁）による価値創造の概念につながる（図2・8を見よ）。したがって、企業においてイノベーションにかかわる部分システムは、価値を定めるプロセスを含んでいるということであって、イノベーション・マネジメントは、イノベーション・システムの複雑性、システムとしての相互作用、進化の明解な理解に基づいて、イノベーション・システムのデザイン、方向づけ、展開を行わなければならないという結論に到る。

一見、イノベーション・マネジメントのこの記述は、完全な定義とみなすことができると思われるが、しかし、その前に問われるべき問題がある。複雑性、システムとしての相互作用、そして進化に関連しイノベーション・システムの中のどういう要素を理解しなければならないのか。この文脈では、アフア（Afuah, 1998：14頁）とベサント（Bessant, 2003：6頁）が、イノベーション・システムの考察に際して、知識が不可欠な要素であると論じている。そこで、次節では、知識に関してさらに詳しく論じることにしよう。

⑥ 知識（二二）

デイビスとボトキン（Davis and Botkin, 1994：166頁）によれば、データは、異なる四つの形で我々のところにやってくる。数値、言葉、音、映像である。それらは、特定の文脈のなかで関連づけられない限り、価値をもたない。情報とは分析されたデータであって、有意味でオブジェクト指向的なパターンに整えられたものである。情報の価値と有用性は、受け手の吸収力（二三）に依存する（Cohen and Levinthal, 1990：132頁）。受け手が情報を吸収し、解釈し、評価し、利用してはじめて、我々は、知識について語ることができる（Koruna, 2001：100頁）（二四）。本書では、知識とは、問題を解決するための個人の経験や認知、技術の総体であると理解する（二五）。したがって、知識は行動指向的であって個人的なものである。企業の知識についていえば、プロープスト、ラオブ、ロムハート（Probst, Raub and Romhardt, 1999：46頁）は、「組織の知識ベースは、個人的かつ集合的な経験、認知、スキルの総体であって、組織が問題を解決するためにアクセスできるものであり、基礎となるデータや情報をすべて含む」と定義している。

ポランニー（Polanyi, 1966：4頁）は、知識の一部しか表現できず（形式知）、したがって、一部しか伝達できないと論じた。一方で、暗黙知は、情報やデータを介して容易に表現することや、伝達することができず、比喩や類推を介して個人間の直接的な相互作用を通してのみ伝達できる。野中と竹内（Nonaka, Takeuchi, 1995：62頁）は、この認識論（認知の理論）を採用し、知識がどのようにして変換されるかの四つのモードを詳しく記述している。暗黙知から暗黙知へ（共同化）、暗黙知から形式知へ（表出化）、形式知から形式知へ（連結化）、形式知から暗黙知へ（内面化）の四つである。加えて、彼らは、暗黙知と形式知の間の反復的な相互作用（知識スパイラル）が、個人からより高いレベルに向かって、存在論的レベルを上昇するにつれて、規模的に大きくなっていくと論じた[二六]。

何人かの論者によれば[二七]、知識は、市場価値に関して圧倒的に重要な生産資源であり、競争優位性の主な源泉である。この文脈では、ヴァルネッケ（Warnecke, 2003：11頁）が、この知識を管理する能力は、経済的に成功するための前提条件を構築し、結果としてイノベーションを生み出すための決定的な競争要因である、と述べている。したがって、企業のイノベーション・システムを考える上で、知識は不可欠な要素である。アフア（Afuah, 1998：14頁）は、「知識は、企業が製品を供給する能力を下支えするものであり、知識の変化は製品を供給する能力の変化を意味する」と述べ、ベサント（Bessant, 2003：6頁）は、「知識はイノベーションのための燃料である」と述べている。したがって、「イノベーションを望む企業は、知識が必要である」（Bullinger, 2003：261頁）。イノベーション・システムにおける知識の重要性に関するこのような洞察は、次のように結論づける。イノベーション・マネジメントは、まず、イノベーション・システムにおける知識（イノベーションに関連した知識）の複雑性、システムとしての相互作用、そして進化を理解する必要がある。知識についてのこの理解は、主要な課題である。なぜなら、知識は、その複雑さの程度の高さ（Kuivalainen et al., 2003：242頁、Schlaak, 1999：42頁）と、不透明性（Kroy, 1995：77頁）によって特徴づけられるからである。

⑦　結論

まとめると、イノベーション・マネジメントは、イノベーションに関連した知識についての複雑性、システムとしての相互作用、進化の明解な理解に基づいて、企業のイノベーション・システムを、デザインし、方向づけし、展開することが必要である。さらには、イノベーション・マネジメントは、上述した（44～59頁）戦略的イノベーションに関連した基準を考慮しなければならない。その基準とは、次のとおりである。

- **イノベーションの障壁**（35頁）
- **イノベーションの新規性**（38頁）
- **統合化されたイノベーション**（43頁）
- **イノベーションに関連した知識**（48頁）

4　イノベーション戦略とイノベーション戦略策定

文献においては、「イノベーション戦略」という語は比較的新しい語であり、以前はほとんど用いられなかった（Hoffmann-Ripken, 2003：94頁）。イノベーションは、経済レベルと同様、ビジネスレベルにおいても、戦略的な文脈において重要であるとみなされるという事実にもかかわらず、イノベーション戦略に関する出版物は多くない（Gilbert, 1994：

16頁)。おそらくこの理由は、まず第一に、戦略をイノベーションに統合する方法論的概念が欠けていること(Olschowy, 1990：32頁)、第二には、理論的に構築された、統合化されたイノベーション・マネジメントという概念が、実際には受け入れられていないことによる(Thom, 1976を参照せよ)。

「イノベーション戦略」という語が文献で広く用いられないという事実にもかかわらず、この主題はここ五年間で発展してきていることを示す兆候がある。最近の多くの論者は、イノベーション戦略を重要であると考え、定義を与えている。

①　イノベーション戦略

以下では、イノベーション戦略のいくつかの定義をあげる。それらは、その範囲において差異がある。これらの定義は、完全であるとは主張しないが、「イノベーション戦略」と他の関連した語に関する文献での理解を代表するものである。

- 「イノベーション戦略はイノベーション・プロセスの記述である。それは、行動を指向する言明か、または行動そのものを記述した言明、あるいはそれらの両方であって、イノベーション・プロセスの組織的な文脈(目的、メンバー、構造、振る舞い、境界、環境など)に合わせたものである」(二八)(Aregger, 1976：118頁)
- 「イノベーション戦略は、企業がどんな行動を取るべきか、いつどのようにイノベーション資源を配置すべきかを教えてくれるものである」(Afuah, 1998：99頁)
- 「イノベーション戦略は、企業のイノベーション活動の長期的な目的と基本的な方向を定め、したがって、企業の戦略的な基本方針の重要な部分である」(二九)(Schlegelmilch, 1999：106頁)

- 「外部環境は、技術における現在と将来の発展、競争的な脅威、市場の（市場外のものも含め）需要に関して相当な不確実性をもつが、イノベーション戦略は、このような複雑で常に変化し続ける外部環境に対応できるものでなければならない」（Tidd, Bessand and Pavitt, 2001：65頁）
- 「サービス製品を提供するための知識をいつどのように使うかについての活動のパターンである」（Afuah, 2002：369頁）
- 「イノベーション指向の戦略は、顧客との相互作用の新しい形態と同様に、新しい製品とプロセスを生み出す。その目的は、同じ経路上で競争相手を追い越すことではなく、企業の持続可能な競争優位性を保証するために、競争相手を革新的な方法で追い越すことである。（中略）製品のみがイノベーション指向的な戦略の焦点にあるのではなく、生産プロセスと企業の構造も考慮されなければならない」[三〇]（Bullinger and Auernhammer, 2003：29頁）
- 「イノベーション戦略は、文脈レベルにおいては、一方では、新しさの程度と、狙いとするイノベーションの方向を定める。また他方では、イノベーションの種類と、企業の発展へのイノベーションの貢献を定める。プロセスレベルにおいては、イノベーション戦略とは、第一に、戦略概念の中にイノベーションがどのように統合されるのかという問いに関するものである。第二に、プロセスが影響を与える要素のどれが、どのイノベーションの応用を結果的に導くのか、という問いに関する。ここでのイノベーションの応用とは、戦略的に導かれ運用時に出現するさまざまな種類のイノベーションの応用であって、実用的であると同時に、概念的にも意図されたものである」[三一]（Hoffmann-Ripken, 2003：97頁）

はっきりわかるとおり、ここにあるイノベーション戦略の定義は、部分的にはかなり違っている。たとえば、シュレーゲルミルヒ（Schlegelmilch, 1999：106頁）は、イノベーション活動のみを含めているのに対し、ブリンゲルとアウエルンハンマー（Bullinger and Auernhammer, 2003：29頁）は、企業の構造の変化も、イノベーション戦略の一部として含めている。このような論者間での不一致のために、イノベーション戦略の適切な定義を見つけることは難しい。したがって、まず第一段階として一般的な戦略の内容を知り、その上で「戦略」という語についてのイノベーション固有の文脈を知る必要がある。こうすることで、イノベーション戦略は、統合化されたイノベーション、イノベーション障壁、イノベーションの新奇性、イノベーションに関連した知識といった、イノベーション固有な理解と同様に、方向、焦点、組織、一貫性の理解をもたらす。図2・9に、これらの八つの基準とイノベーション戦略の定義との適合を表す。

● 明確なサポート
◑ 暗黙または部分的なサポート
○ サポートなし

		Aregger 1976	Afuah 1998	Schlegelmilch 1999	Tidd, Bessant and Pavitt 2001	Afua 2002	Bullinger and Auernhammer 2003	Hoffmann-Ripken 2003
戦略固有の理解を提供するのは…	方向づけ	●	●	●	●	●	●	●
	焦点	◑	●	●	◑	●	●	●
	組織	●	○	○	○	○	●	◑
	一貫性	●	●	●	●	●	●	●
イノベーション固有の理解を提供するのは…	統合化されたイノベーション	◑	○	●	◑	○	●	●
	イノベーションの障壁	○	○	○	○	○	○	●
	イノベーションの新奇性	○	○	○	◑	○	◑	●
	イノベーションに関連した知識	○	○	○	○	●	○	○

図2.9　イノベーション戦略の定義の評価

図2・9からわかるのは、まず第一に、「イノベーション戦略」についての見解は、論者によって大きく違うことである。アファ（Afuah, 1989：99頁）は、イノベーション固有な要因を特には考慮していないことがわかる。一方で、ホフマン—リプケン（Hoffmann-Ripken, 2003：97頁）のように、イノベーション戦略の解釈において、イノベーション固有の要因を非常に重く考慮する論者もいる。興味深い点の第二番目は、時間を経るにつれて、「イノベーション戦略」という語が、その文脈において拡大されているという傾向である。第三点は、アファ（Afuah, 2002：369頁）のように、イノベーションに関連した知識を、イノベーション戦略の解釈に含める論者がいることである。

イノベーション戦略の異なる定義を要約していえることは、これらの定義を加え合わせることは、戦略固有な基準と、イノベーション固有な基準のすべてを考慮するということである。よって、以下のイノベーション戦略の定義は、実在するイノベーションに関する文献の要約とみなすべきであって、戦略（5頁）とイノベーション・マネジメント（32頁）の見解に基づいている。

イノベーション戦略とは、方向を定め、注力する焦点を決め、組織のデザインを可能にし、イノベーション・システムにおける一貫性を保証する。同時に、統合化されたイノベーション、イノベーションの障壁、イノベーションの新奇性の度合、求められるイノベーションに関連した知識といったものを考慮する。

「イノベーション戦略」を定義するこの試みは、実用的な定義と理解すべきであって、本章で用いられる。

次に、「イノベーション戦略」という語が、いくつかの観点から分析される。その中で、著者らは、異なるタイプのイノベーション戦略を説明し、さらに、イノベーション戦略の策定プロセスについても説明する。

② イノベーション戦略の種類

イノベーション戦略研究においても、一般的な戦略研究においても、イノベーション戦略の種類の違いを理解する唯一の方法は存在しない（Altmann, 2003：44頁）。以下で、文献に見られるイノベーション戦略のいくつかの分類例を概観する。以下の分類のうちのいくつかは、「イノベーション戦略」という語に基づいてではなく、R＆D戦略のような関連する戦略に基づいてなされている点に注意しなければならない。

●アンゾフとスチュワート（Ansoff and Stewart, 1967）（分類カテゴリのレベル：機能的ユニット）：市場先入型、リーダー追従型、応用エンジニアリング型、模倣型

●シャーマン（Sherman, 1982）（分類カテゴリのレベル：機能的ユニット）：市場先入型、模倣型、テクノロジープッシュ型、マーケットプル型

●ツェールギーベル（Zoergiebel, 1983）（分類カテゴリのレベル：ビジネスユニット）：総合技術リーダー型、総合コストリーダー型、セグメント固有技術リーダー型、応用特化型

●ポーター（Porter, 1985）（分類カテゴリのレベル：製品）：市場先入型（迅速な追従者）、市場後入型（コスト最小化）、市場セグメント型（スペシャリスト）

●セルバティウス（Servatius, 1985）（分類カテゴリのレベル：機能的ユニット）：次の組み合わせ：

◇一般的戦略：重点型、差別化型、標準化型

◇市場に参入するタイミング：活動的リーダー、受動的追従者、技術ポジション型、プレゼンス型、リーダーシッ

プ型

◇技術：製品、運用リソース

●クーパー（Cooper, 1985）（分類カテゴリのレベル：企業）：技術導出型戦略、バランスのとれた重点化戦略、低い技術リスクの戦略、低資本投資の戦略、高リスク多様化戦略

●アバーナシーとクラーク（Abernathy and Clark, 1985）（分類カテゴリのレベル：機能的ユニット）：

◇機能的ユニット技術：既存技術の獲得または投資対新技術の開発

◇機能的ユニット市場：既存市場の獲得または投資対新市場の開発

●ツァーン（Zahn, 1986）（分類カテゴリのレベル：機能的ユニット、ビジネスユニット）：パイオニア戦略、模倣戦略、ニッチ戦略、協調戦略

●フォクスオールとジョンストン（Foxall and Johnston, 1987）（分類カテゴリのレベル：製品）：市場浸透型、（製品の）少量多様化型、（市場）少量多様化型、（製品と市場の）多量多様化型

●ブロックホフとチャクラバーティ（Brockhoff and Chakrabarti, 1988）（分類カテゴリのレベル：機能的ユニット）：攻撃的スペシャリスト、攻撃的イノベータ、防衛的模倣者、プロセス開発者

このように論者によって均質ではないため、分類の次元を減らす必要がある。加えて、本書では分類の際の集合化のレベルとしては、製品に焦点をあてる。製品には、一方で技術指向のものと、もう一方では市場指向の製品とがある。本書では、集合化のレベルとして、企業、職能別組織、事業部といった組織単位には焦点をあてない。イノベーション戦略の簡単化された二分法として、本書で用いられるのは、

●**マーケット主導型**

●**技術主導型**

である(三二)。

イノベーション戦略の極端なこれら二つの次元は、互いに従属しているため、一つの企業で同時に展開される。イノベーション戦略を策定する際には、これらの二つのカテゴリーの間に、企業固有な適切なバランスを見つけることが課題である。

③　イノベーション戦略の策定

ここまでで、本書でのイノベーション戦略の考え方は明らかである。次に、イノベーション戦略の策定には、いくつかの方法がある。イノベーション戦略策定の五つの異なるアプローチが、ここで提示される(三三)。これらは、代表的なものと見なすことができるが、イノベーション戦略の文脈の中では網羅的なものではない。

クワイン（Quinn, 1985）は、イノベーションは企業戦略の概念と統合されるべきだと考えた。彼によれば、企業戦略はどの領域でイノベーションが望まれているかで定義されなければならない。動機づけとコントロールのシステムの助けとともに、組織の創造性と起業潜在力を促すための一般条件を見つけ、目標指向的な方法で、組織を発展させることが可能になる（Quinn, 1985 : 80頁～）。クワインは、すべてのイノベーション活動が計画されるわけではないと考えている。さらに、表れる機会を見付け自発的に応答するための柔軟な戦略的方向を提案している。それでも、企業の戦略策定の文脈では、イノベーション戦略を明示的に策定することが重要である。

イノベーション戦略策定への類似したアプローチは、マーテンセンとダールガート（Martensen and Dahlgaard, 1999）によって提示されている（三四）。基本となる戦略の考え方は、プランニング学派のものである。イノベーション戦略は、ビジョンと企業戦略に沿うように、企業のトップマネジメントによって計画される。その後、買収計画や目標計画が立てられる。それは、その企業のすべての従業員と意志疎通ができるような適切なマネジメントの関与によって支持されたものでなければならない。このプロセスにおいて、企業内のイノベーション・ギャップを埋める意図をもって、その可能性が評価される。これらの結果は、イノベーション戦略の一部となる。このイノベーション戦略において重要な点は、目標を企業の固有文化と合わせることである。したがって、ループが策定プロセスの一部となる。それは、フィードバックを統合したり、訂正を施したりすることを可能にする。戦略策定には、三つの質問に答えることが不可欠である（三五）。

- **企業の能力は何か?：我々はどこにいて何ができるか?**
- **企業の顧客は何を望んでいるか?：製品か／マーケットプルか?**
- **企業には技術的に何が可能か?：テクノロジープッシュか?**

計画されずに運用レベルで出現する可能性といったものは、ここの概念には含まれない。

別な見方は、河合（Kawai, 1992）によって提案されたモデルである。彼は、戦略的に導かれたイノベーションを、計画されないイノベーションとして理解されている創発的イノベーションと統合した。河合は、イノベーションは戦略内に根拠づけられなければならないという視点から始めた。河合は、違ったイノベーションメカニズムを必要とする二つの環境条件を定めた。もし環境があまり大きな不確実性をもたず、構造的な変動があまりないならば、中位のマネジメントがイノベーション活動について決めることができる。もし、環境の不確実性が大きく、構造的に多くの変動が表れる場合には、トップマネジメントのレベルで、戦略的な分析的策定プロセスを経る必要がある。

四つめのアプローチは、チルキー（Tschirky, 1998：294頁〜、2003：58頁〜）によって示された、より技術指向的なものである。彼は、本書の文脈ではイノベーション戦略の一部として見なすことのできる、技術戦略の策定を提示している。チルキーは、技術戦略の策定は、企業戦略の策定プロセスにおける個別の問題であり、他の機能別の戦略（たとえば、財務戦略）と並行して作られるものと見なす。チルキーは、技術戦略策定の六つのプロセスを表している。すなわち、戦略目標を設定する、環境を分析する、企業を分析する、戦略オプションを作る、戦略の決定をする、戦略を実施する、がそれらである（図2・10を見よ）。

もっと進んだイノベーション戦略策定の概念で、戦略的イノベーション・プロセスと呼ばれているものが、アファ（Afuah, 1998, 2002）によって提示されている。この策定プロセスでは、最初のステップで、企業はミッションとゴールを設定する。「このゴールを達成するために、それ（その企業）が遭遇しそうな機会や脅威に備えて、企業環境と他のイノベーションの源泉を調査する。次に、企業は利益をねらうポジションを決める。つまり、供給者になるのか、製造者になるのか、補助的な革新者になるのか、配給者になるのか、顧客になるのかである。次に、企業はいくつかの戦略を策定する。ビジネス戦略では、製品、つまりイノベーション・プロセスの成果物が、低コスト製品化なのか、他との差別化なのか、あるいは両方なのかを決める。イノベーション戦略では、イノベーションを導入する先導者となるか、あるいは追従者となるかを決める。ビジネス戦略とイノベーション戦略は、機能的戦略、つまり資源の配置や価値連鎖に沿ったそれぞれの機能単位（R＆D、製造、など）で取られるアクションを決めるのに使われる。（中略）

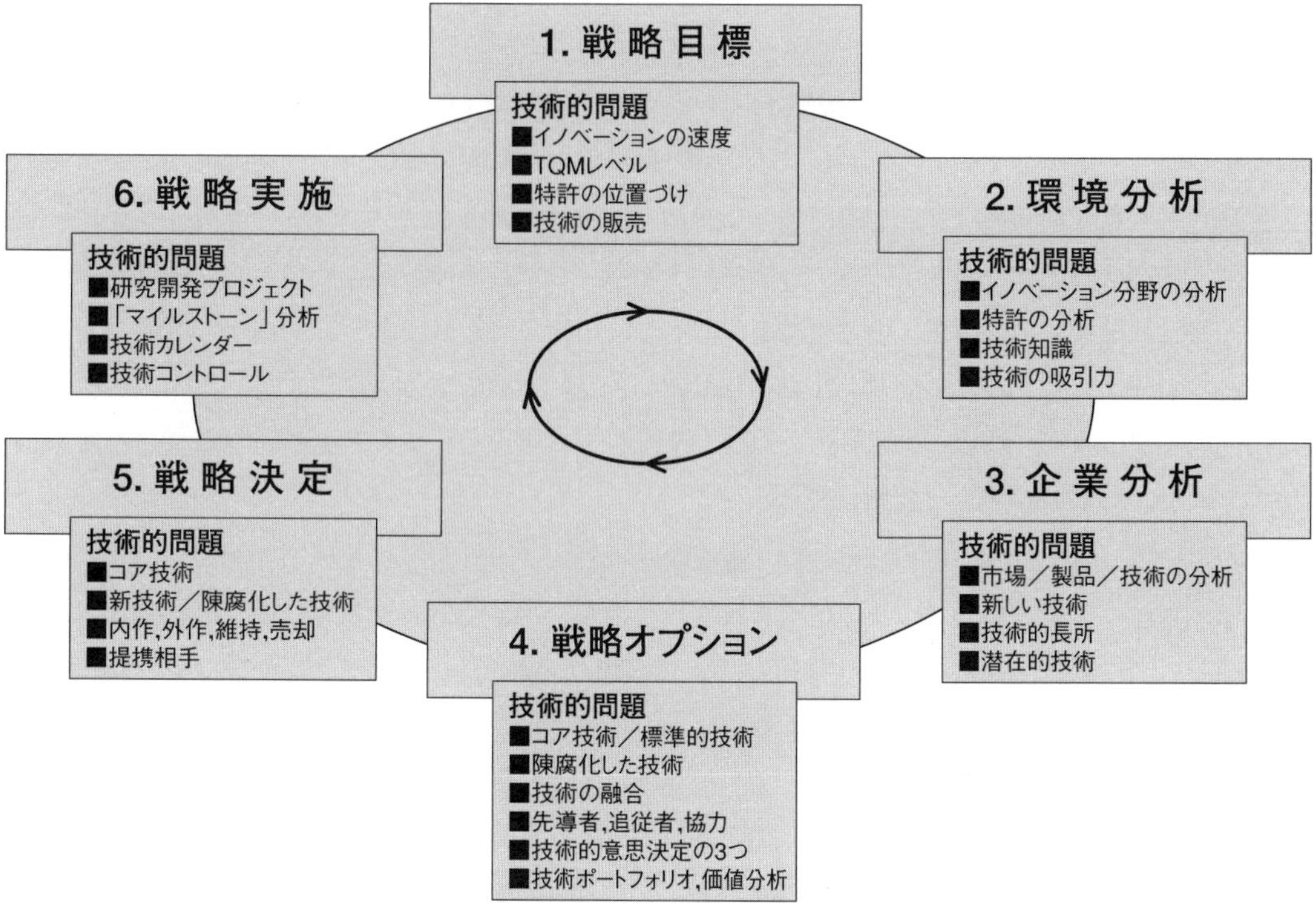

出典:チルキー（2003b:59頁）

図2. 10　技術的問題の戦略的ビジネスプランへの統合

これらのすべての戦略が、戦略的な方向づけを形作るが、この戦略的な方向がその後の実行プロセスを動かす。実行段階では、適切な組織構造や、システム、プロセス、人を必要とする。」（Afuah, 1998：335頁）

以上のイノベーション戦略策定の概念には、明らかに違いがある。次節で、五つの概念を評価する。

④　評価と結論

イノベーション戦略策定概念の評価は、図２・11に示された戦略的マネジメント（18頁）、戦略策定（28頁）、イノベーション・マネジメント（46頁）の本質的な基準に基づいている。図２・11に、その評価が示されているが、それについてこれから議論する。

クワインと河合は、イノベーションは企業戦略と関連した特別な主題であるという認識である。しかし、彼らは、イノベーションの主題そのものは特別なものとは考えていない。したがって、イノベーション固有な基準は、無視される傾向がある。マーテンセン、ダールガートとチルキーも、イノベーション指向の特別な戦略の重要性を指摘しているが、クワインと河合と異なり、戦略策定概念において、イノベーションには固有の考慮すべき基準があるという事実に言及している。しかし、マーテンセンとダールガートは製品のみに焦点をあてており、チルキーは技術のみに焦点をあてている。ただし、チルキーは別な文脈では、統合化されたイノベーション、イノベーション障壁、イノベーションの新奇性を考慮することの重要性を指摘してはいる。アフアは、イノベーション固有な基準を最大限に考慮した戦略策定の概念を提示している。しかし、イノベーションの新しさについては、特には考慮していない。すべての論者による概念が、複雑性、システムとしての相互作用、進化によるイノベーション・システムのとらえ方を明示的に考慮しているわけではない。**これは、イノベーション戦略の文献に見られる第一のギャップである。つまり、イノ**

● 明確なサポート

◐ 暗黙または部分的サポート

○ サポートなし

		Quinn 1985	Kawai 1992	Tschirky 1998	Afuah 1998	Martensen and Dahlgaard 1999
戦略的マネジメント固有の理解を提供するのは…	複雑性の理解	◐	◐	◐	◐	◐
	システムとしての相互作用の理解	◐	◐	◐	◐	◐
	進化の理解	◐	◐	●	◐	◐
戦略固有の理解を提供するのは…	方向づけ	●	◐	●	●	●
	焦点	◐	◐	●	●	●
	組織	◐	○	○	●	◐
	一貫性	●	◐	●	●	●
イノベーション固有の理解を提供するのは…	統合化されたイノベーション	○	○	◐*	●	○
	イノベーションの障壁	○	○	◐*	◐*	◐
	イノベーションの新奇性	○	○	◐*	○	○
	イノベーションに関連した知識	○	○	○	●	◐

＊各論者は、該当する規準の重要性を指摘しているが、策定プロセスの記述において明確なサポートをしているわけではない

図2.11　イノベーション戦略策定概念の評価

ベーション・システムを理解し、イノベーション戦略を策定することができるよう、イノベーション・システムの複雑性、システムとしての相互作用、進化に対して、特別な考察がなされてはいない。

ここで挙げた基準に基づき、これらの概念をより正確に検討し評価すること以外にも、ここで示された概念は、考量すべき主要なステップと基準を示している。しかし、チルキーの例外を除き、具体的な使用方法を示していない。これが、文献に見られる最大の問題点である。なぜなら、これらの概念を、努力なく実務に持ち込むことができないからである。チルキーの概念だけが、実践で使える特定の方法を提示している。たとえば、テクノロジーポートフォリオや、技術指向的な産業分析などである。チルキーは技術的側面に主に焦点をあてているので、彼のツールセットは、イノベーション戦略策定プロセスのデザインには完全なものだとはいえない。つまり、**文献に見られる第二のギャップは、イノベーション戦略策定について、構造的で実践指向的なプロセスを欠いていることである。**

これまでで、イノベーション戦略策定の文献に見られるギャップは、はっきりした。よって、次節では、このギャップを部分的に、あるいは完全に埋めるために、補足的な文献に見られる解決法を探すことにする。これから示す関連研究の文献では、第一のギャップに焦点をあてている。なぜなら、第二のギャップ（特定の方法を含んだ、実践向けのイノベーション戦略策定プロセスの構築）は、第一のギャップの解決に大きく依存するからである。複雑性、システムとしての相互作用、および進化によってイノベーション・システムを理解するための、スタイルやモデルの拡張情報の具体的な変化が、実践者向けのイノベーション戦略策定に使われる方法に、直接影響を与える。

II　補足的文献

複雑性、システムとしての相互作用、および進化に基づくシステムの理解のために、補足的な文献に焦点をあてることは、二つの手順につながる。図2・3にあるように、戦略的マネジメントは、時間軸の異なる二つの作業をもつ。一つは、企業を「今日から明日」へ導きデザインすること（よって、複雑性とシステムとしての相互作用に基づき、成功のための現存する潜在力、および現実のシステムを理解すること）、第二は、企業を「今日から明日以降」へ発展させること（これには、将来のシステムの進化に基づき、将来の成功ポジションのより特定な理解が必要）である。次節では、システムの理解を可能にする概念の概要を示す。

1　システムモデル

システムを理解するためには、システムが記述できなければならない。これは、ホワイトヘッド（Whitehead, 1997：118頁）によれば、モデルによって可能になる。システムのモデルは、基本的には、顧客、構築者、ユーザとコミュニケーションを取るための道具であって、システムデザイナーにとっての言語である。「モデルは、システムが次第に開発され詳細化されるよう、システムの構築を案内し、進める手助けを可能にする。システムができあがると、モデルは、シミュレータから運用マニュアルまで、その記述と診断を助ける。」要約すると、レヒティンとマイヤー（Rechtin and Meier, 1997：13頁）によれば、モデルは、システムを抽象化したもの、あるいは表現したもので、見本となる性能、コスト、スケジュール、リスクなどを予測、分析し、システムの研究、開発、設計、製造、そして管理の指針を提供するのに使われる。このような見方に立つと、ホワイトヘッド（Whitehead, 1997：120頁）によれば、モデルは次の役割をもつことになる。

●顧客であるユーザ、構築者とのコミュニケーション
●設計活動の調整過程で、システムの完全性を維持する。
●テンプレートを提供し、意思決定を組織化、記録することで、設計を補助する。
●解決すべきパラメータや特性の利用と操作。システムの機能や、構成要素、目的などの集合と分解をガイドし記録する。
●性能の予測。重大なシステム要素の同定
●使えることを保証するための受容基準を提供する。

モデルのもつこれらの役割は、すべて、複雑性やシステムとしての相互作用によるシステムの理解を助ける。

正しいモデルを得るためには、モデルを使う目的を知らなければならない。この作業には、システムの理解が不可欠である。よって、「システム内にある要素と、それらの相互作用は何か?」という問いに答えなければならい。このことは、データモデルを必要とする。モデルに関する文献を分析する前に、データモデルに表される要素を同定する必要がある。それは、すでに述べたとおり（48頁）、知識である。したがって、以下ではデータモデルの形で知識を表現する文献を調べることにする。

① 文献におけるデータモデル

ゴードン（Gordon, 2000：74頁）によれば、知識表現のデータモデルとして受け入れられたものは、いくつかある。次にそのいくつかを示す。

●**ルール**は、合理的かつ容易に人々に理解されると同時に、知識表現の枠組みに基づいた強力な機構でもある。ルールは、一般的には次の形をとる。もし属性Ａ１がＶ１の値をとり、属性Ａ２がＶ２の値をとるならば、属性Ａ３はＶ３の値をとる。

●**フレーム**は、情報と、それに関連したアクションの集まりであって、簡単な概念を表す。フレームを使うことで人を表すことが可能になったりする（簡単な方法では、その人の名前、生年月日と住所による）。フレームは複雑な知識を表現したり、必要に応じて作られたり編集されたりもする。

●**意味ネットワーク**は、人々に容易に理解され、自動化された処理システムにおいて用いられる。これは、企業の知識を保管する手段となりうることを意味する。単純なネットワークでは、節点は個々の項目で、リンクは項目間の関係を表す。

●**概念ダイヤグラム**は意味ネットワークと深い関係がある。概念ダイヤグラムもやはり節点と弧から構成され、節点と弧は似たような機能をもつ。概念ダイヤグラムは、相当に複雑な概念を記述する際に使うことができる。グラフィックな構造を採用した、知識表現の手法と見なすことができる（Sowa, 1984）。

●**アーキテクチャ**は、レヒティンとマイヤー（Rechtin and Meier, 1997：253頁）によれば、構成要素や、連結、制約といった点からみたシステムの構造である。アーキテクチャを作り出すことを、アーキテクティングという（図２・12を見よ）。アーキテクティングは、問題と解決のノウハウを新しいアーキテクチャに変換する。そこでは、すべての構成要素間にある緊張関係を調整し、バランスさせ、妥協するための努力をすることが目的となる(三六)。

アーキテクチャは、詳細な計画とは違う。それは、作られるべき主要な構成要素を同定する。しかし、それらがどのように作られるべきかは定めない(三七)。これが、意味ネットワークとの大きな相異点である。たとえば、意味ネットワークは、機械の中での部品の効果と、それらがどう相互作用するかを記述する。アーキテクチャは、システム全体としての機械、そのモジュールと相互作用を示すが、それらがどう相互作用するのかの詳細は示さない。したがって、複雑でシステムとしての相互作用をもつシステムの場合には、アーキテクチャは、「どのように」という点を無視し、複雑さの低減を可能にする。これが本書の文脈でのアーキテクチャの主な強みである。この理由から、複雑性とシステムとしての相互作用の観点からシステムを理解するためには、アーキテクチャは最も興味深いモデルと考えられる。

② データモデルとしてのアーキテクチャ

これまでのアーキテクチャの簡単な紹介に続けて、アーキテクチャの可能性についての感触をもってもらう必要がある。アーキテクチャについては、さまざまな異なる見解がある。おそらく、最も良く知られているのは、建築物のアーキテクチャであろう。加えて、アーキテクチャは、製品（製品アーキテクチャ）、ソフトウェア（ソフトウェアアー

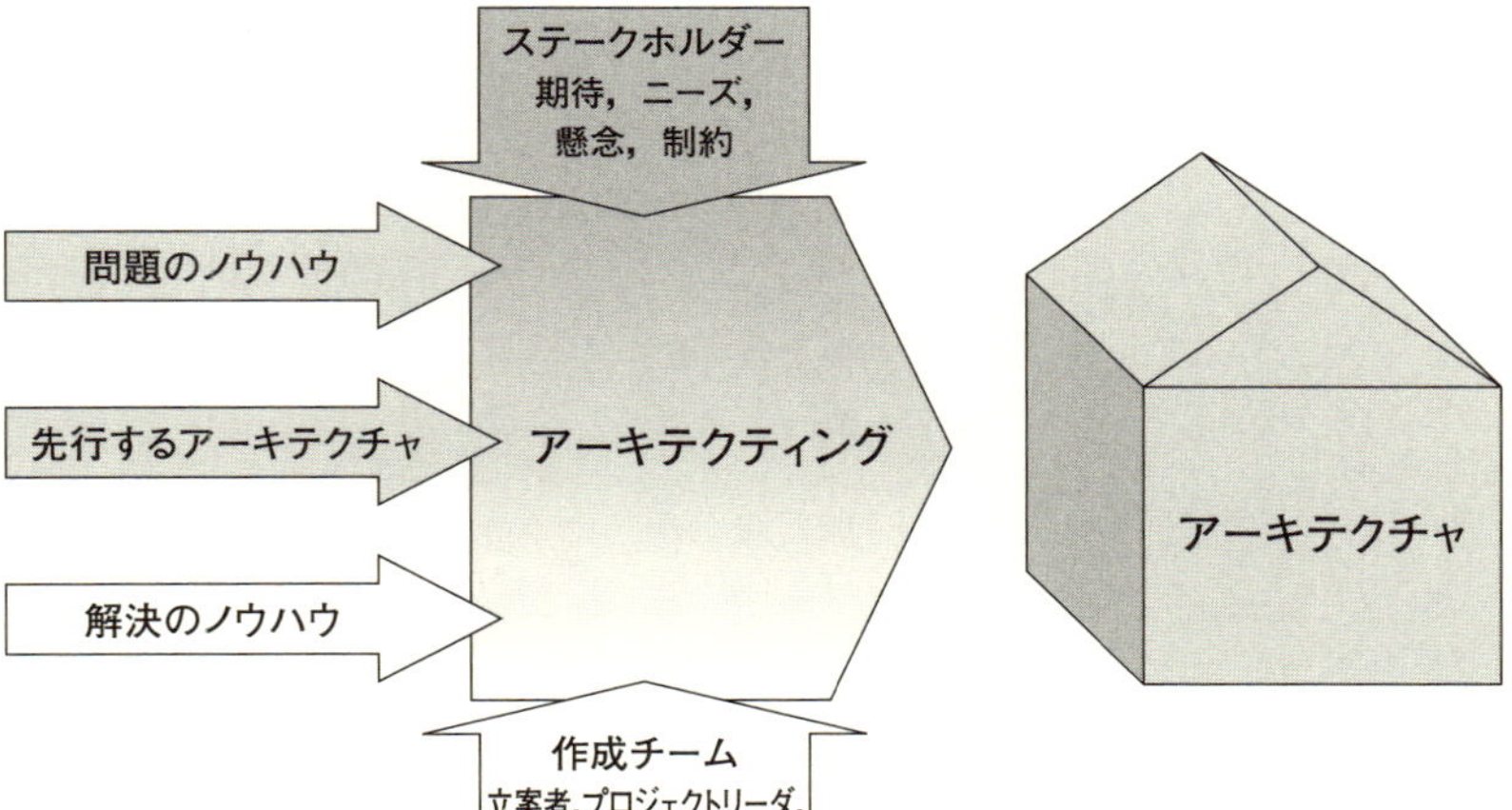

図2.12　アーキテクティング＝アーキテクチャの作成

キテクチャ）、組織（組織アーキテクチャ）、情報（情報アーキテクチャ）、さらには戦略（戦略アーキテクチャ）の設計、製造に使われる。以下では、戦略アーキテクチャについて、より詳しく述べる。

「戦略アーキテクチャ」という語は、主にハメルとプラハラト（Hamel and Prahalad, 1994：107頁〜）によって作られた。彼らの著作によれば、「戦略アーキテクチャとは、基本的には、新たな機能を開発するための高レベルの青写真であり、新しいコンピタンスの買収や、既存のコンピタンスの売却、顧客とのインタフェースの再構成といったものである。（中略）戦略アーキテクチャは、詳細な計画ではない。それは、構築されるべき主要な能力を定めるものだ。しかし、それらがどのように構築されるかを詳細に定めるものではない。（中略）戦略アーキテクチャは、未来をつかまえるためにまさに今われわれがなすべきことを定める。戦略アーキテクチャは、広範な機会へアプローチする計画である。戦略アーキテクチャによって問われるのは、現存する製品市場においてわれわれの収益やシェアを最大化するために何をなすべきか、ということではない。そうではなく、コンピタンスの獲得という観点から、これから出現する機会をめぐる競争の舞台において、将来の収益の大きなシェアの獲得に向けた備えとして、今われわれが何をしなければならないかである。（中略）戦略アーキテクチャは、永遠に続くものではない。遅かれ早かれ、明日は今日となり、昨日の先見は今日の平凡な知見となる。」戦略アーキテクチャは、予見性、広さ、ユニークさ、同意、行動可能性といった基準に照らして、常に開発されなければならない。これらの基準が満たされれば、戦略アーキテクチャは、地図と見なされる。しかし、地図に示されたルートを進むための燃料は、まだ決められていない。要約すると、「アーキテクチャを作る建築家は、まだ作られていないものを夢見る能力が備わっていなければならない。今はほこりっぽい地面しかない場所に立つ聖堂、谷間にまだできていない優美な橋などである。しかし、建築家は、夢を現実にどうやって変えるかの青写真をつくり出す能力をも備えていなければならない。」（Hamel and Prahalad, 1994：

107頁〜）

戦略アーキテクチャの目的は、次のようにまとめられる。

- **企業の戦略的ビジョンの概略を決める。これは、既存のコンピタンスと、新しい競争力の買収や開発を組み合わせることにより述べられる。**
- **コンピタンスへの戦略的集中を補強し、すべての戦略的意思決定（投資、投資の引揚げ、買収、提携など）が、コンピタンスを維持、開発していくという優先命題に整合することを保証する。**
- **一定の参照枠組、あるいは暗黙的な意思決定ルール、すなわち、「この行動や意思決定は、われわれのコアコンピタンスに貢献するか、あるいは損なうか？」を考慮し、組織行動（特にビジネス行動）を統制する。**
- **企業内の文化、構造、人的資源の管理、そして情報管理の調整を助ける。これを、統合と調整の道具として一定の参照枠組を提供することで行う。**
- **組織学習のやりとり（ビジネス開発の機会に焦点をあてた情報の流れ）を助け、企業全体での戦略的な意識を高める。**
- **スキルや技術における欠点の特定を可能にする。欠点とは、企業が新しいコンピタンスを構築する可能性を制限するものである。**

すべてのアーキテクチャにおいて、それが建築物のアーキテクチャであれ、戦略アーキテクチャであれ、アーキテクチャの概念として類似したものが使われるが、文脈固有な問題の解決のためには、そのアーキテクチャ固有なスタイルが使われる。図２・13に示される通り、アーキテクチャの概念は類似しているが、その結果、つまり個別のアーキテクチャタイプは異なっている。

アーキテクチャの概念は、どんな文脈に置いても同じである。それは、システムの構造、つまり構成要素や、結合、制約といったものに関連した構造を作ることに関連している。文脈固有なアーキテクチャの表現のみが違うのであって、アーキテクチャのタイプに特有な表現が使われる。たとえば、製品アーキテクチャでは、製品システムに構造を与え、組織アーキテクチャは組織システムに構造を与える。したがって、構造化の概念は同じである。しかし、文脈に固有なアーキテクチャの形式でのアーキテクチャの表現は、同じではない。したがって、アーキテクチャのタイプは、文脈に応じて変わる。

アーキテクチャ作成のスタイルには差異がある。アーキテクチャの構築者は、それぞれ異なるスタイルを使っている。それは、使われるルールによって定まる。図2・14に見られるように、アーキテクチャ作成のルールは、すべての文脈で共通なものも多い。より具体的には、ここで提示されたすべてのタイプで使われる、八つのアーキテクチャのルールがある。「複雑さを低減する」、「システムとし

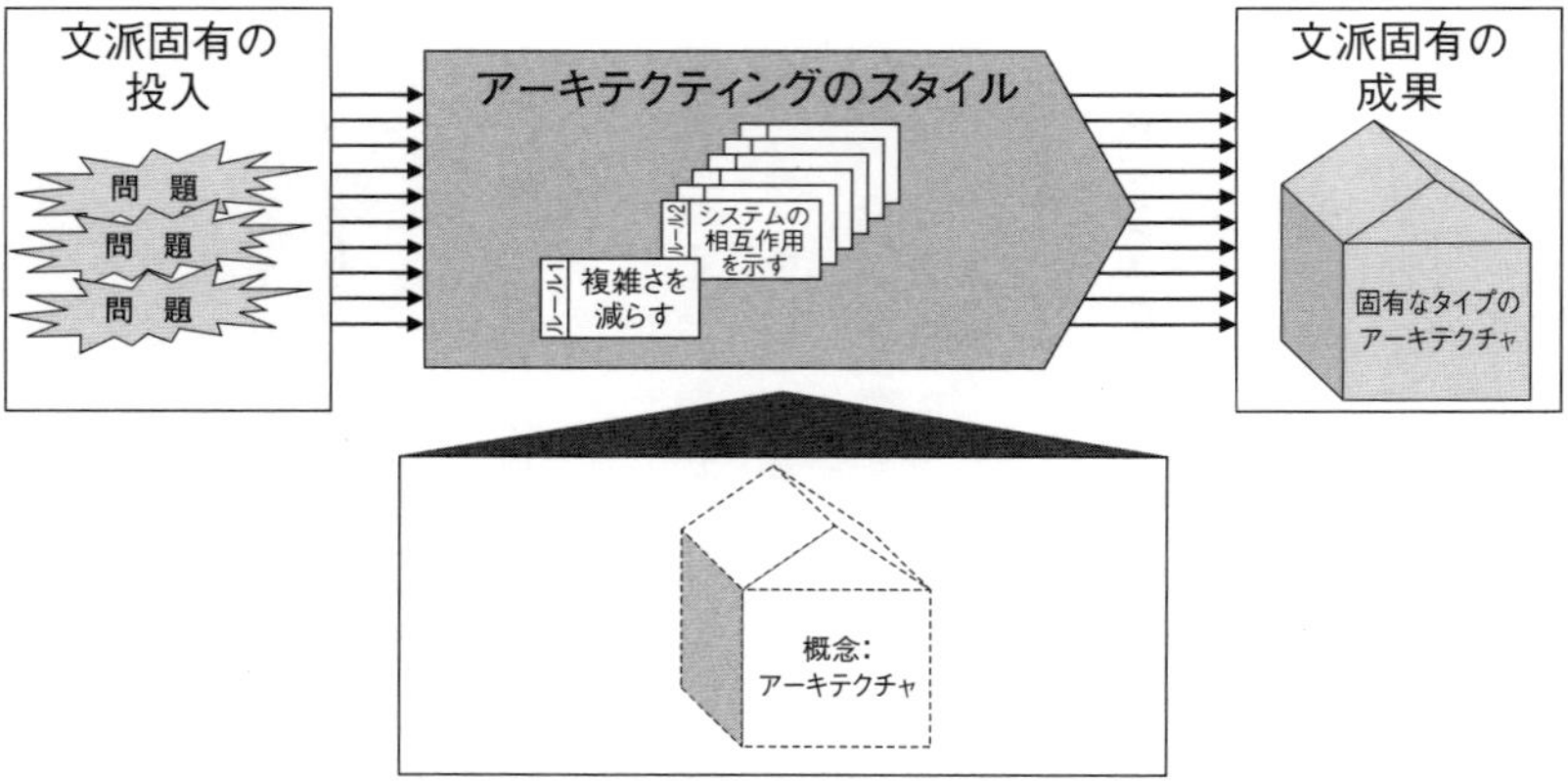

図2.13　アーキテクチャ概念の文派固有の利用

		アーキテクチャのタイプ					
		建築物 アーキテクチャ	製品 アーキテクチャ	ソフトウェア アーキテクチャ	組織 アーキテクチャ	情報 アーキテクチャ	戦略 アーキテクチャ
主要なルール	ルール 複雑さを低減する	×	×	×	×	×	×
	ルール システムとしての相互作用を記述する	×	×	×	×	×	×
	ルール システムの目的を定める	×	×	×	×	×	×
	ルール 概念を表現する	×	×	×	×	×	×
	ルール システムの要素を定める	×	×	×	×	×	×
	ルール 運用のインターフェースを定める	×	×	×	×	×	×
	ルール モデルにすべきシステムを定める	×	×	×	×	×	×
	ルール システムの一貫性を保証する	×	×	×	×	×	×
文派固有のルール	ルール 知識のギャップを同定する		×	×			×
	ルール タスクを割り当てる			×	×	×	
	ルール プロセス／フローを定める		(×)	×	(×)	×	
	ルール リソースの計画を立てる				×		×
	ルール システムを全体の見通しの中に置く	×			×		×

図2.14　アーキテクチャのタイプ

ての相互作用を記述する」、「システムの目的を定める」、「システムの要素を定める」、「概念を表現する」、「モデルにすべきシステムを定義する」、「システムの一貫性を保証する」、「運用のインタフェースを定める」である。すべてのタイプのアーキテクチャに八つの中心的なルールが現れることは、これらのルールがアーキテクチャのスタイルに依存しないことの現れである。しかし、少しのタイプのアーキテクチャのみで役割を演ずるルールもある。たとえば、「知識ギャップを同定する」というルールは、「製品アーキテクチャ」、「ソフトウェア・アーキテクチャ」、「戦略アーキテクチャ」の文脈でのみ用いられる。これらのルールは、付加的な文脈固有なルールである。筆者らは主要なルールを示したのであり、文脈固有なルールもすべて列挙したというつもりはない。既存のアーキテクチャの分析に基づいて分かることは、アーキテクチャのルールには、中心的なものと、文脈固有なものがあるということである。このことから、アーキテクチャの概念のより詳細な定義が得られる。

アーキテクチャの概念は、システムを、その構成要素、結合関係、制約によって構築するための手続きであり、固有の文脈に依存しない八つの主要なルール（「複雑さを低減する」、「システムの相互関係を記述する」、「システムの目的を定める」、「システムの要素を定める」、「概念を可視化する」、「システムをモデルとして定義する」、「システムの一貫性を保証する」、「運用のインタフェースを定める」）を満足するものである。

これに対し、アーキテクチャのタイプの定義は、次のようになる。

アーキテクチャのタイプは、アーキテクチャの概念を文脈固有に可視化した解決法であり、文脈固有な問題を、固有なアーキテクチャ・スタイルを使って解決するためのものである。このアーキテクチャのタイプは、一方で主要なルールにより、他方で文脈固有なルールにより定義される。

③　結論

アーキテクチャの概念は、現実のイノベーションシステムを、複雑性とシステムとしての相互作用の点から理解するという必要に答えるものである。加えて、図2・14に示されるように、アーキテクチャによって、複雑さの低減とシステムとしての相互作用の記述のみならず、より多くの機能が提供される。この点に関しては、シャート（Schaad, 2001）のイノベーション・アーキテクチャが、イノベーション・システムの複雑性とシステムとしての相互作用を表現するアーキテクチャを構築するために期待できる基盤となる。しかし、彼の文献には、依然としてイノベーション・システムに固有なギャップがある。つまり、**イノベーションに関連した知識を可視化することで、複雑性やシステムとしての相互作用を理解するための固有なアーキテクチャタイプが、依然として欠けている。**この溝を埋める必要がある。

ビジネスインテリジェンスの分野では、潜在的なイノベーションを確認するための方法を数多く見つけることができる。これは、定量的な方法によっても、定性的な方法によっても可能である。たとえば、機能的方法、イノベーション領域手法、コアコンピタンスに基づく方法などである。これらの方法は、潜在的なイノベーションを特定するには十分である。しかし、将来のシステムの進化を完全に理解するためのすべての潜在的なイノベーションをまとめあげるような概念は、まだない。プラハラトとハメル（Prahalad and Hamel, 1990）の戦略アーキテクチャの概念は、将来に向けてのそのようなモデルを作るための基礎となる。**将来のシステムの進化を理解するためのモデルが欠けていることは、文献に見られるもう一つのギャップであって、これを埋める必要がある。**

Ⅲ　結論：イノベーション戦略策定（理論編）

イノベーション戦略策定に関する文献に見られる、理論の現状をまとめると、明らかになった第一のギャップ（63頁）は、次である。

イノベーション・システムを理解し、イノベーション戦略を策定することができるようにするためには、イノベーション・システムの複雑性、システム的相互作用、進化は、十分に考慮されているとはいえない。

補足的な文献に見られる、溝を埋めようとするより詳細な研究は、シャート（Schaad, 2001）によるイノベーションアーキテクチャが、現実のイノベーション・システムの複雑性とシステムとしての相互作用を理解するための基礎となることを示した。しかし、より細かい溝（73頁）がアーキテクティングの領域には残っている。

イノベーションに関連した知識を可視化することで複雑性やシステム的相互作用を理解できるような、固有なアーキテクチャタイプが欠けている。

文献に示される定量的、または定性的方法は、進化を理解するための新たな成功の潜在力を特定する際の基礎となる。しかし、やはりこの領域にもギャップがあることが分かった（73頁）。

将来のシステムの進化を理解できるようにするためのモデルが欠けている。

第二の主要なギャップ（63頁）は、次であることが分かった。

構造的で実践指向的なイノベーション戦略策定プロセスが欠けている。

第三章　実務の現状

前章では、イノベーション戦略策定に関する研究の重要性について、理論上の観点から考察した。本章の目的は、同じトピックが現実にどう扱われているのかを明らかにすることにある。ねらいは、企業における実施状況を調べることではなく、このトピックに対する関心の深さを見ることにある。

アクション・リサーチ・プロジェクトの初期段階で実務担当者に聴き取り調査を行い、イノベーション戦略に関わる問題領域での実務的課題に注意を払った。本章では、これらのインタビューを取りまとめて、最後にイノベーション戦略策定に関する実務的な観点からの結論を述べる。

I　インタビュー

インタビューの対象には、イノベーション主導型の企業が選ばれた。特に、次の質問に対する回答を求める形で行われた。

- イノベーション戦略とその策定するプロセスは、実際に必要と考えますか?
- イノベーション戦略を明示的に策定する際に実際に使っている概念はありますか?
- イノベーション戦略策定のためのコンセプトをおもちですか?業界でのベストプラクティスに関係する概念にはどんなものがありますか?

●イノベーション戦略の策定に関して特にお考えをお持ちでない方にお伺いします。戦略策定のプロセスに関して、何に興味をもつことがありえますか？

聴き取り調査対象には、企業規模や業種が偏らないよう、多種多様な会社が選ばれた。選ばれた会社は、図1・3に示すとおりである。いずれも社名は変更してある。これは社名を公表しないことを条件に、インタビュー対象者からよりオープンな回答を引き出すためである。

以下の方々がそれぞれの会社のインタビュー対象者である。

●**ラバーテック**（インタビュー六件）：CTO（最高技術責任者）、研究開発ゼネラルマネージャー、四部門の各マネージャー
●**トール・レベニュー**（インタビュー二件）：技術開発・マーケティング担当責任者、生産・ビジネス開発マネージャー
●**オプティック・ダイ**（インタビュー二件）：CEO（最高経営責任者）、R&D担当重役
●**テクノ・ケミカル**（インタビュー一〇件）：CTO、九分野のR&D担当マネージャー
●**ハイテック**（インタビュー五件）：ゼネラルマネージャー（技術イノベーション）、企業開発担当副社長、研究開発マネージャー、最高技術責任者CTO、生産担当マネージャー
●**インフォ・エクスチェンジ**（インタビュー二件）：IT（情報技術）基盤開発担当責任者、新ビジネスソリューション担当責任者
●**ストックテック**（インタビュー二件）：CEO、研究開発責任者
●**ミクロ・システム**（インタビュー二件）：R&Dマネージャー、先端技術マネージャー

●ビルド・アップ（インタビュー一件）：企業技術マネージャー

また、イノベーション戦略の策定とその実施が不十分であることについては、ERFA会議で採り上げて議論された。その際、企業からは8社の参加があった（訳注：ERFA会議はチューリッヒ工科大学独自のしくみで、年数回開催の実務家との情報交換会である）。

この三二回におよぶインタビューとERFA会議における議論によって、イノベーション戦略策定の実施上の問題についてより深い洞察が可能となった。最も重視すべき問題は、多くの企業では、効果的かつ効率的なイノベーションのためのひとつの方向性を持ったイノベーション活動になっていないということだ。確かに、いくつかの企業では、全社的イノベーションあるいは事業単位ごとの個別戦略課題を統合することを重視して、イノベーション活動を行っている。にもかかわらず、彼らの回答によれば、そうした企業においてすら、イノベーションに関する戦略的なレベルでの考慮は十分なされておらず、ほとんどの回答は、イノベーションに関する戦略策定過程の様々な局面で困難に直面していると不満をもらしている。要約すると、最も重要な問題点とニーズは次のようになる。

1　イノベーション戦略の重要性

企業は次のように主張する。イノベーション戦略を通じてイノベーションの企図を明確に定義することができる。また、企業戦略の部分ないしは、ビジネス単位の戦略と見ることにより、イノベーション・プロセスにおける諸活動を、以下のことを通して一貫性ある連携をとりながら運用管理することが可能となる。

●明確な優先順位と活動の連携

●有効で能率的なイノベーション資源の配備（研究開発のインフラ、権利、特許、資金、知識など）
●責任の明確な規定
●ビジネスと技術と組織のイノベーションを組み入れた統合的イノベーションの考慮
●個々の戦略とそこから得られる成果について明確に狙いを定め、それらの比較を通じてイノベーション活動全体を戦略的にコントロールすること

インタビューで明らかになったさらに重要な点は、マネージメント・チームには、イノベーション戦略策定プロセスを通じて、考えうるすべてのイノベーション機会に目配りしながら、常にそれらの価値を判断することが求められるということだ。これには、イノベーションの成功と将来的な会社経営の成功を保証するため、将来にわたる企業の競争上の優位に配慮することも含まれる。

2　イノベーション戦略策定プロセスの欠如

すべての会社は、企業戦略または事業部戦略の略策定プロセスにおけるイノベーション活動について十分に考慮しなければならないと確信している。そして、将来の競争優位を得るためにイノベーション活動は本質的な意味をもつということも確信している。しかしながら、現実には、具体的なイノベーション活動を導き出す戦略は存在せず、イノベーション活動を統合的な形で考慮するための構造化された戦略策定プロセスも明示的には見出せなかった。一般に、R&Dのトップやミドルマネジメントは、社内の相互理解をアップデートするために個別の会議を開いて、イノベーション活動に関する必要な情報を集めている。残念ながら、これは、マーケティング・開発・研究の諸活動を含む、全体的かつ構造的に調整されたやり方とは言えない。このように構造化されたイノベーション戦略策定のプロセ

スが欠如していることには、以下の多面的な理由がある。

●イノベーション活動は全体的に理解することが非常に難しく、したがって、戦略策定プロセスを構造化した方法によって企画することは、受容されていない。

●開発活動はきわめて動的なものであり、したがって今日決定したことは、すぐに陳腐化する可能性がある。同時に、よく指摘されるように、意思決定はそれに関する知識が十分確立されていないなら、陳腐化も早い。

●いくつかの企業は、イノベーション戦略策定を支援するツールが不足していることを指摘している。また、他の企業では、戦略的意思決定のための戦略策定プロセスと戦略的方法論（たとえば、ポートフォリオ、ロードマップ、投資効果計算など）をもっていると回答しつつ、しかし、企業のイノベーション活動に関してあらかじめ構造化された情報は、現実のイノベーション戦略策定に適用するのは極めて難しいと述べている。

こうした議論から、企業はイノベーション戦略の重要性について理解していることがわかる。さらに、戦略プロセスに踏み込んで、統合的なイノベーション活動を試みる努力も見られたが、まだ要求される水準には達していない。いずれにしても、イノベーション戦略策定のための一定のパターンがあるとはいえない。こうした事実から言えることは、多くの企業にとってイノベーション戦略は重要であるが、同時に、戦略策定のプロセスが欠落していることであり、このことは、カンビル（Kambil,2002：8頁）の主張と整合している。

イノベーション戦略策定プロセスが切に求められていることとは別に、次のことは指摘しておく必要がある。企業の多くは、まったく新しいイノベーション戦略策定方法を必要としている訳ではなく、むしろ、現実の企業戦略ないしは事業部の戦略プロセスのなかに統合できるプロセスを必要としている。実務家としての彼らの主たる関心は、イノベーション活動に関する情報を構造化し、既存のツールを用いて既存の戦略プロセスを統合的プロセスにすることに向けられていると言えよう。

II　結論：イノベーション戦略策定（実務編）

本章の狙いは、実務家達の見方を通して、イノベーション戦略策定に関わるイノベーション主導型企業が抱える諸問題とニーズについて洞察を深めることにあった。実際、イノベーション戦略の策定は、イノベーション主導型企業の存立に関わる現実的関心事である。数社（一一社中）のインタビュー回答は、イノベーション戦略の策定方法がイノベーション主導型企業に極めて深い興味と関心をもって捉えられていることを示している。また、明らかに、イノベーション戦略策定に関してシステマティックに統合された概念は見出せなかった。したがって、ここでの結論として：

多くの会社は、イノベーション戦略の重要性を認めている。しかしながら、彼らは、明確なイノベーション戦略策定の方法論を持っていない。したがって、イノベーション主導型企業に対する構造化された実務家指向のイノベーション策定の方法論が、**現実からの要請**として求められていると言えよう。

この問題にソリューションを求めるなら、まず、問題のどこに焦点を合わせるべきか、要求されることは何かを明確に定義する必要がある。そこで次章では、この現実からの要請と、関連する領域の研究論文とを対比しながら、両者のギャップについて見て行くことにする。

第四章　二重のギャップ

本章では、イノベーション主導型企業のイノベーション戦略策定についての探求活動の中で、うまく行っているものと未完のものとの関係を確認する。つまり、本章のねらいは、この領域における理論研究にあるギャップと実践的現実にあるギャップという二重のギャップを簡潔に記述すること、ソリューションとなる概念に要求される諸事項をまとめること、そして、いくつかの作業仮説を提案することである。

I　イノベーション戦略策定における二重のギャップ

これまでの各章では、イノベーション主導型企業におけるイノベーション戦略策定に関する探究に存在するギャップについて、理論的観点と実践的観点から見てきた。実務家の声は、実践指向の戦略策定の方法論を望んでいる。イノベーション戦略策定に関する理論的研究には、実践指向の方法論は見られないが、たとえばイノベーション・アーキテクチャのような、これを補完しうる有望な基本概念がある。この状況は、次のふたつの二重のギャップを導く。これらは、文献においても実務においても見出されるという意味でふたつあり、それぞれが二重のギャップである。本書ではこれらふたつの二重のギャップを埋めようとするものである。

第一の二重ギャップ：イノベーション・システムのもつ複雑性、システム的な相互作用、および、その進化について理解するための概念枠の欠如。

第二の二重ギャップ：構造化された実践指向のイノベーション戦略策定プロセスの欠如、および、その実施例の欠如。

これらのギャップを埋めるために最初に必要なことは、可能なソリューションについての基準を定めることである。その基準は、既存理論研究として第二章ですでにまとめたものである。

- イノベーション戦略策定プロセスは、イノベーション・システムの複雑性、システム的相互作用と進化について理解をもたらさなければならない（62頁）。
- イノベーション戦略策定プロセスは、イノベーション・システムの方向の絞り込み、組織化、一貫性について理解をもたらさなければならない（62頁）。
- イノベーション戦略策定プロセスは、イノベーションに適する知識とは何か、統合的イノベーション、イノベーションの障害、イノベーションの新規性について理解をもたらさなければならない（62頁）。

本書の最後では、これら基準と同時に、実務家からのフィードバックも含めて、本書で展開するイノベーション戦略策定プロセスへの評価を述べる。

Ⅱ　作業仮説

理論編と実践編で示したこれらのギャップと洞察に基づいて、イノベーション戦略策定に関する作業仮説を定式化しておく。これらの作業仮説は、検証されるべきものではなく、研究課題への答えを見出すためのアイデアのガイドラインとして理解してほしい。三つの研究課題と、対応する三つの作業仮説を設定する。

研究課題一：どのようなモデル化が、イノベーション主導型企業固有の条件を**理解**できるような形で、**複雑でシステム的相互作用をともない、しかも進化的なイノベーション・システム**に対して可能だろうか？

作業仮説一：アーキテクチャの概念が、イノベーション主導型企業における、複雑でシステム的相互作用をともなう進化的システムという特性をよく理解するためのソリューションである。

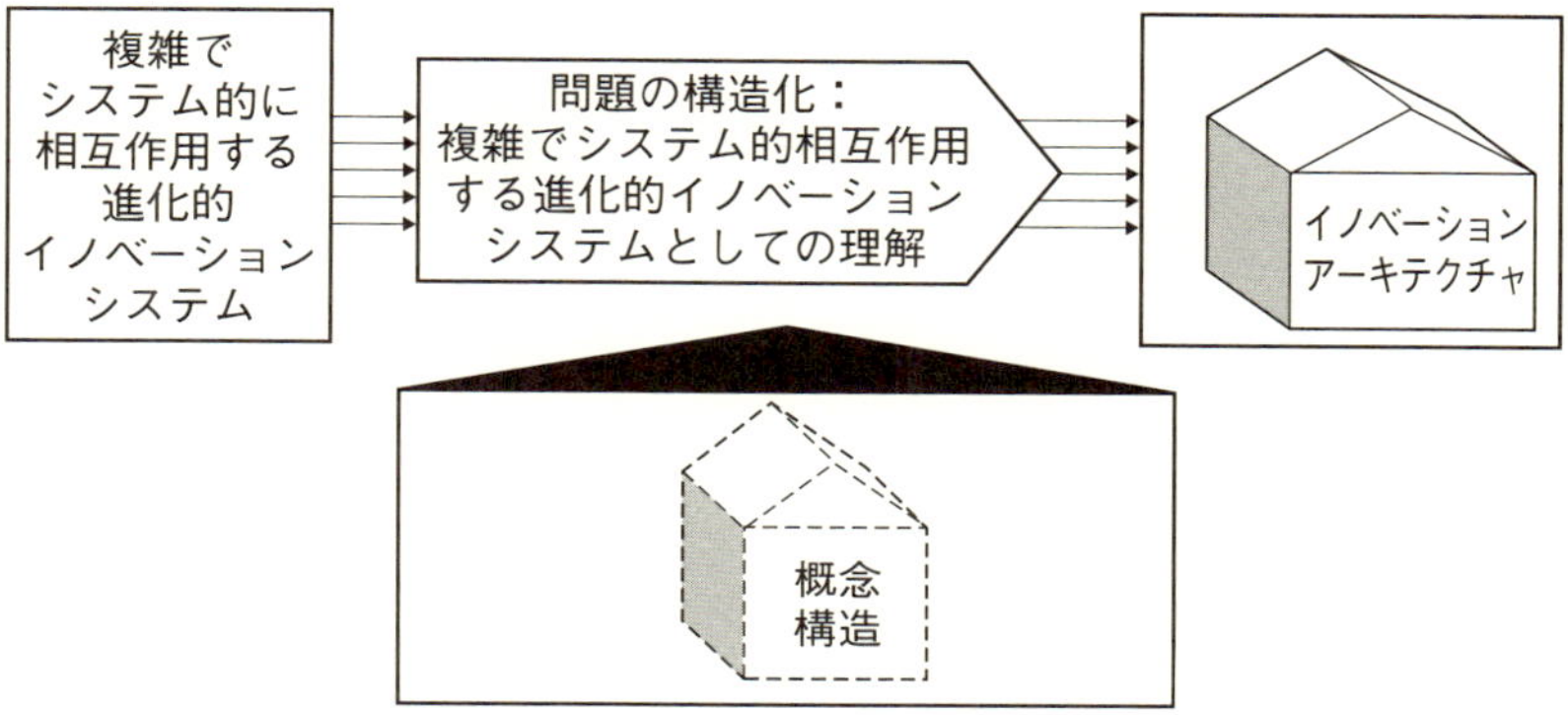

図4.1　作業仮説：複雑でシステム的相互作用する進化的システムとしての理解

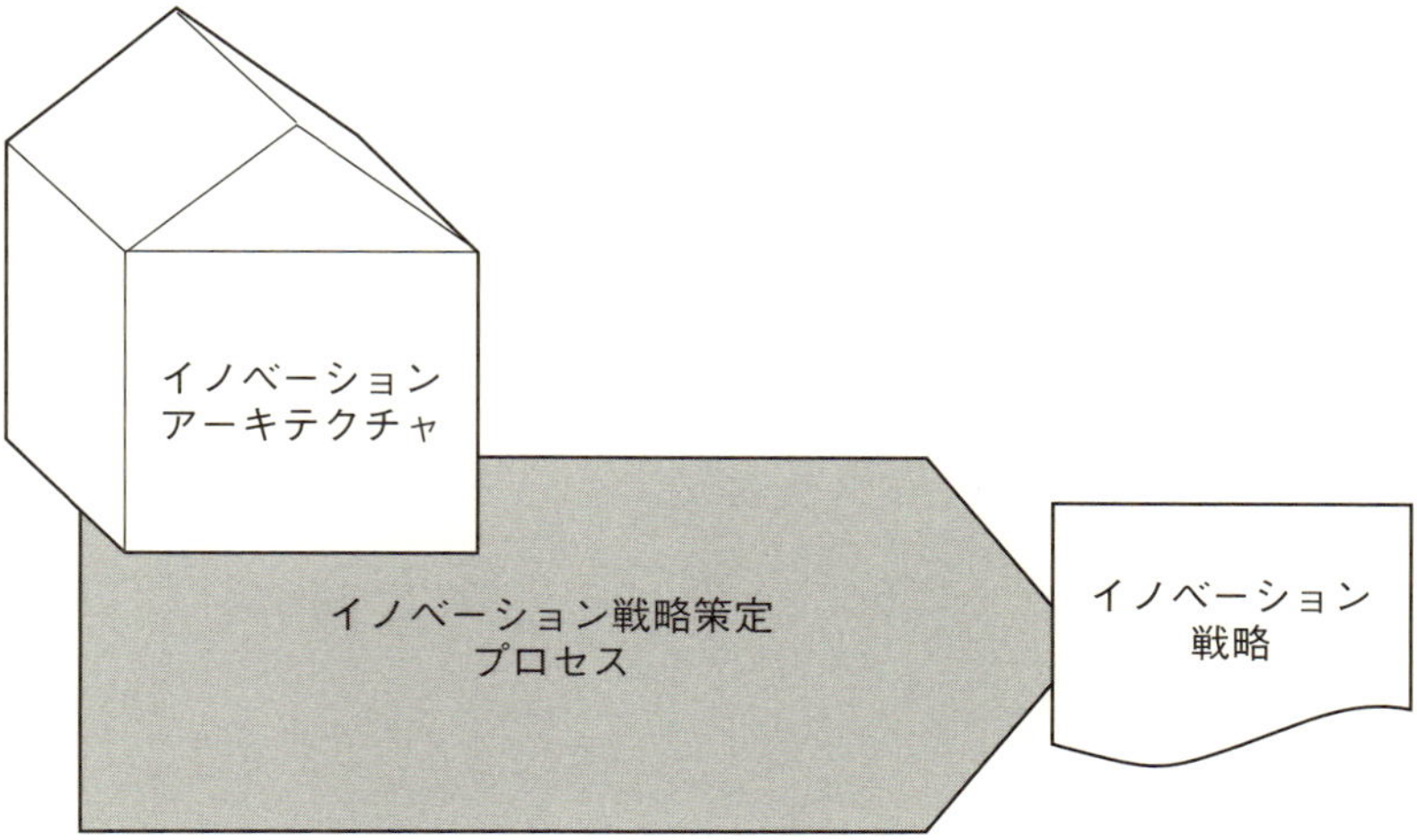

図4.2　作業仮説２：イノベーション戦略策定を支援するイノベーション・アーキテクチャ

研究課題二：どのような**設計**が、イノベーション・アーキテクチャを使った時に、イノベーション主導型企業で行う構造化されたイノベーション戦略策定に対して可能だろうか？

作業仮説二：イノベーション・アーキテクチャを適応的にイノベーション戦略策定プロセスで使うことが、イノベーション主導型企業がイノベーション戦略を策定するための支援となる。

研究課題三：どのような**実施**が、イノベーション戦略策定のコンセプトに対して可能だろうか？

作業仮説三：イノベーション主導型企業におけるイベーション戦略策定プロセスは、理論的プロセスのすべてを実施しさえすれば必ず実現できるという訳ではない。しかしながら、理論的プロセスを経由することで、欠落していた手順を見出して付け加えるための基礎を与えてくれる。これにより、企業は適切なイノベーション戦略を定めることが可能となるだろう。

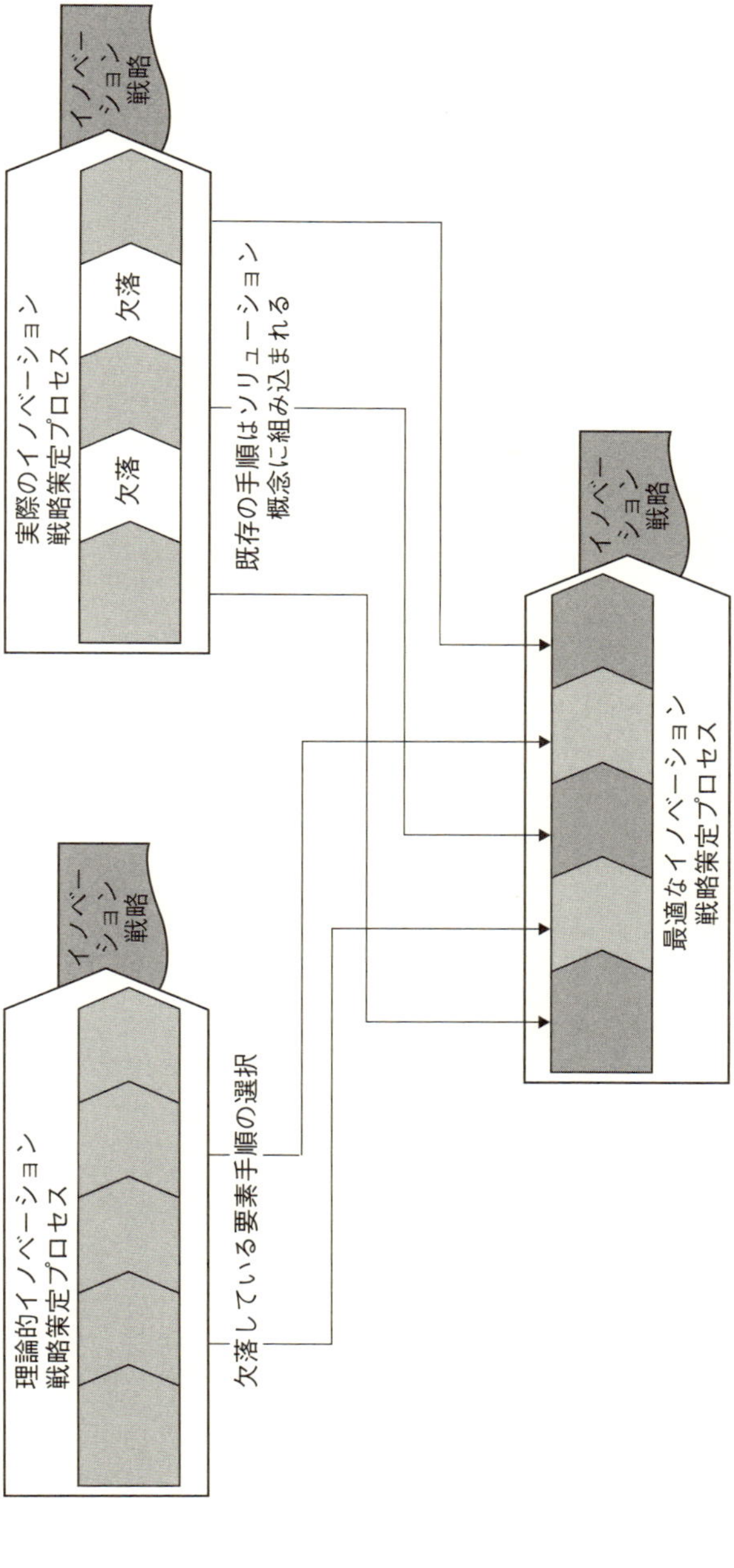

図4.3　作業仮説3：イノベーション戦略策定プロセス；会社固有の戦略策定プロセスを組み込む

第五章 コンセプト

前章では既存文献とビジネス実践において二重のギャップがあること、また、そのギャップがどこまでの幅をもつのかを見た。そして現状は満足な状態とはほど遠く、ギャップを狭める解決策にはなっていないことがわかってきた。したがって、本章でこのギャップを狭めるための概念を提示し、それによって第四章の三つの課題に答える。

第一の研究課題である「個別のイノベーション主導型企業のイノベーション・システムの要件を理解するための、複雑性とシステム的相互作用と進化のモデル」として、イノベーション・アーキテクチャの概念を提示する。第二、第三の研究課題であるイノベーション戦略策定プロセスの「設計」と「実施」については、前者は本章で、後者は次の第六章で説明する。イノベーション・アーキテクチャは第五章の主題である。イノベーション戦略策定はイノベーション・アーキテクチャを使って実行していくものである。

イノベーション・アーキテクチャとイノベーション戦略策定という二つの概念は、どちらもイノベーションの事例ごとに具体的諸側面を取り扱えるものでなければならない。その点は本書の理論を考察した部分で述べたとおりである。端的には、最も重要な側面は以下のものである。

- **全体的なシステムの複雑さとシステム的相互作用を、現実のイノベーション・システムを理解できるようにモデル化すること。そのイノベーション・システムの進化を可視化できるすることができ、その結果、イノベーション・システムの将来的発展に対するセンスを磨けること。**
- **アーキテクチャとイノベーション戦略策定プロセスとによって、イノベーション機会を評価できるようになると同**

時に、明確で方向感のある決定を一貫して行えるようになること。さらに、イノベーション戦略は、全体としてのイノベーション・システムを構成するために必要な組織をも含めて考える必要がある。

●アーキテクチャの中では、イノベーションに関連する知識を表現し、個々のイノベーション機会についてわが社保有の知識と社外にある必要な知識とを分けて認識できる必要がある。イノベーション戦略を開発していくために、この点は基本的である。さらに、すべての種類のイノベーションを新規性とその目的から考慮しなければならない。また、イノベーションへの障害にも注意すべきである（第二章参照）。

これらの側面を考慮に入れた概念が考えられた：イノベーション・アーキテクチャとイノベーション戦略策定プロセスである。

Ⅰ　イノベーション・アーキテクチャ

1　概要

複雑性、システムとしての相互作用、進化的という3つの特徴を持つイノベーションシステムをモデル化する方法は、アーキテクチャである。これは作業仮説1として提示した（第四章Ⅱ節）。より具体的に、シャート氏（2001：116頁）のイノベーションアーキテクチャを基にして図5・1のようにイノベーション・アーキテクチャのための解決策を設計する。特定の要求を満たすようにこのイノベーション・アーキテクチャを再構成していく。その詳細は次節にある。

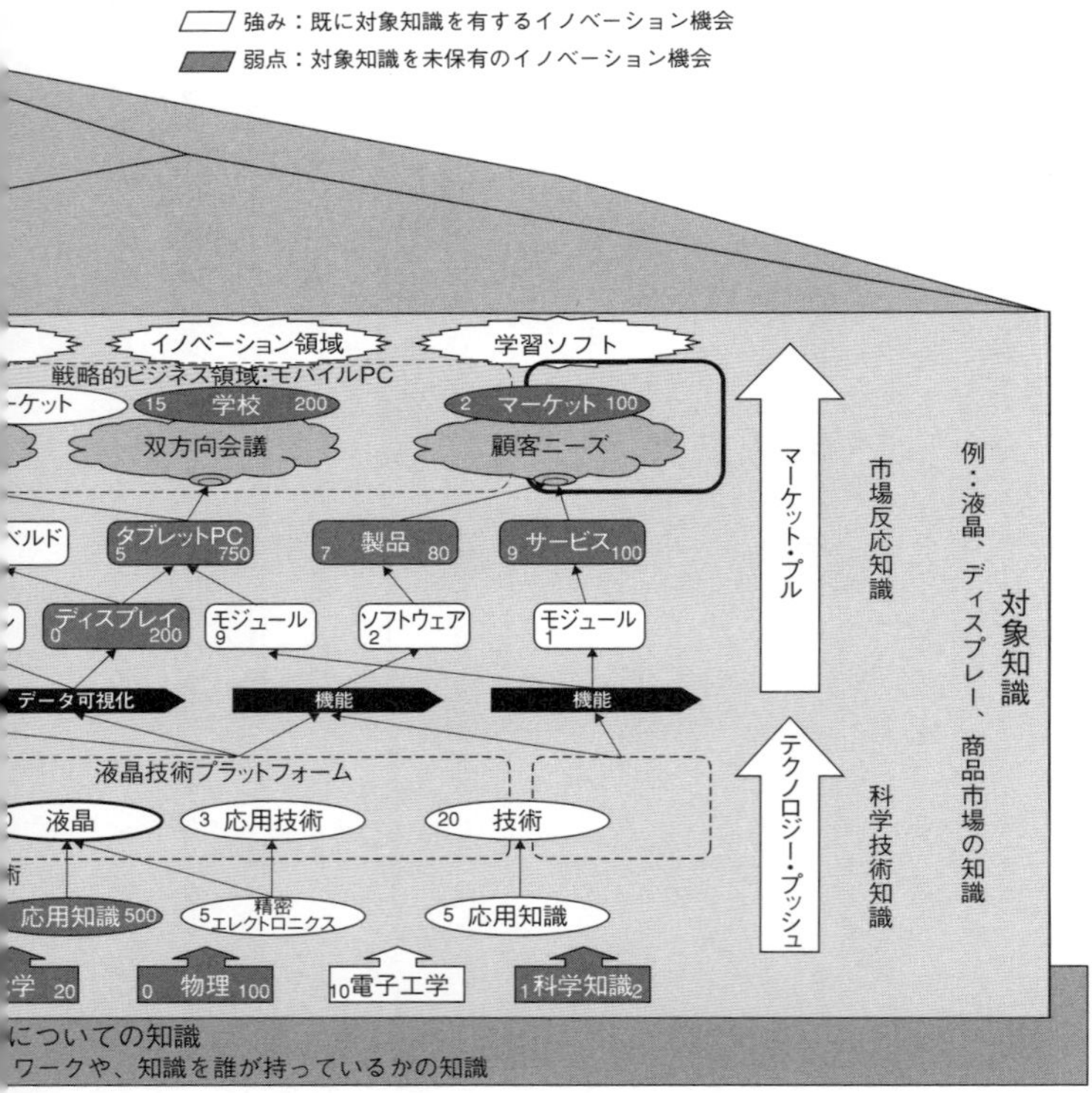
強み：既に対象知識を有するイノベーション機会
弱点：対象知識を未保有のイノベーション機会
イノベーション領域
学習ソフト
戦略的ビジネス領域：モバイルPC
ーケット
15 学校 200
2 マーケット 100
双方向会議
顧客ニーズ
ベルド
タブレットPC 5 750
7 製品 80
9 サービス 100
ディスプレイ 0 200
モジュール 9
ソフトウェア 2
モジュール 1
データ可視化
機能
機能
液晶技術プラットフォーム
液晶
3 応用技術
20 技術
応用知識 500
5 精密エレクトロニクス
5 応用知識
学 20
0 物理 100
10 電子工学
1 科学知識 2
マーケット・プル
テクノロジー・プッシュ
市場反応知識
科学技術知識
例：液晶、ディスプレー、商品市場の知識
対象知識
についての知識
ワークや、知識を誰が持っているかの知識

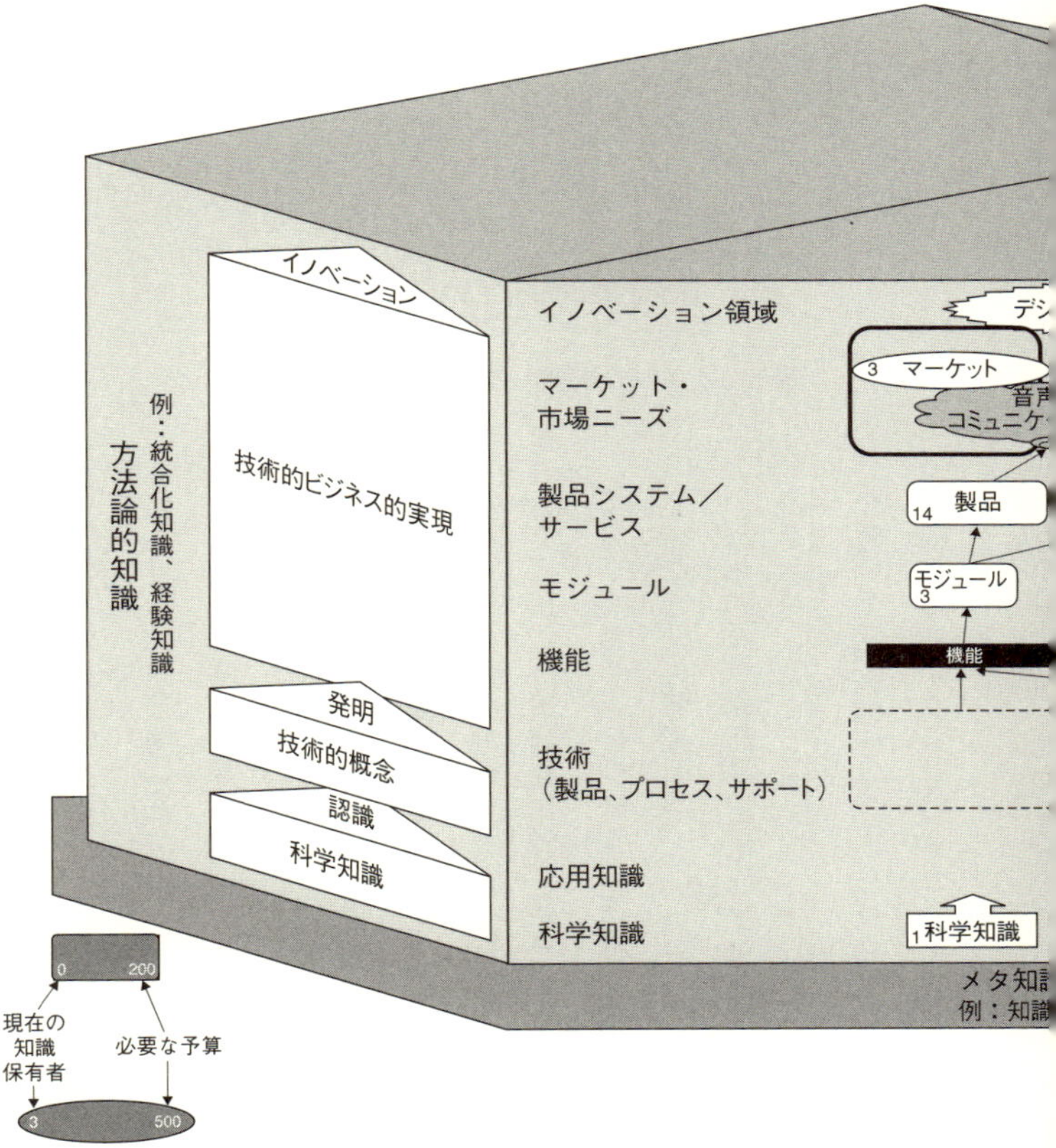

図5.1　イノベーション・アーキテクチャ

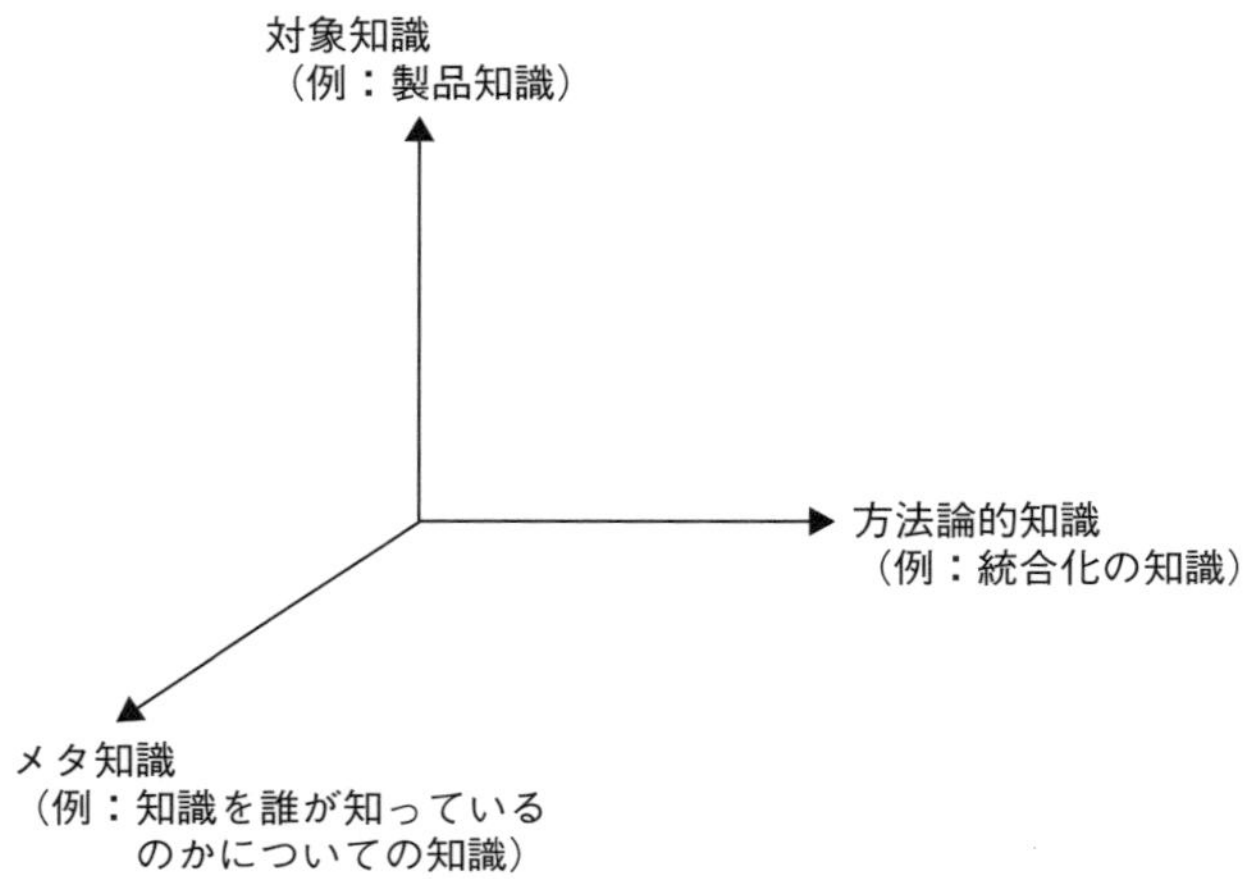

図5.2　3つの知識の次元

イノベーション・アーキテクチャはイノベーション・システムの三次元の家であって、建築物のアーキテクチャに似ている。建物の場合と違うのは、イノベーション・システムの場合の三つの次元が知識であることだ：対象知識、方法論的知識、メタ知識である（図5・2）。

これらの知識の三次元はワグナー（2002）が定式化した意味論における知識理解に基づいている。ワグナーによれば、人々がコミュニケーションする際には知識を受け渡している。人々がそこで受け渡しを意図しているのは、対象についての知識（対象知識）、行動についての知識（方法論的知識）、および、受け渡す知識の背景についての知識（メタ知識）である。ワグナーが主張するのは、これら三種類の知識グループの分類を用いれば、人々がコミュニケートしたい知識を分類できるということである。この観点に立てば、システムについての本質的知識もそのようにグループ分けすることが可能である。

具体的な対象知識の最たるものは、自分の環境の中の対象や情報についての知識である。イノベーションにおける対象知識は、顧客ニーズ、製品とサービス、モジュール、技術、適用された科学的見識ということになる。それと対照的に、方法論的知識とは行動や行動目的に適合するための知識である。つまり、どのように行動することで進めていくのか、開始するための具体的なタスクと段階は何か、タスクを完了するまでの段取りはどのようになるか、といったことについての知識である。したがって、方法論的知識によって、対象知識を生成し、変換や加工をして、受け渡すことが可能になるのである。メタ知識は、知識の出どころ、信頼性、重要性、受け渡しの可能性についての知識と同時に、知識を発展させて行くための認知能力をも包含する知識である（Wagner, 2002）。

これらの知識の三次元を組み合わせながら、方法論知識を使って、より一般的な対象知識に対して生成、抽出、組み合わせ、変更、統合、モデル化、適用、保存、受け渡しといったことを行い、その結果として対象知識は得られるものである。対象知識の流れをこのように理解することは、モノの生産と同様の流れになっているという比喩になっている。モノは生産の流れの中の段階で呼び方が変わり、原料から始まって、部品・部材、コンポーネント、組立品、完成品となっていく。段階間には様々な活動があって、ある段階から次の段階への対象を受け渡すプロセスを構成している。モノの流れの順は、活動の論理的流れによって表現されそれらがひとつの製造部門となる。各活動は（ほとんどの場合、製品自体から自然に）コンセプトデザイン、開発、工業的製造として設計されて製品へと向かう流れになる。同様に、イノベーションの場合も、（たとえば、製品や技術という）対象知識はイノベーション目的へ向かう論理的な活動の流れに沿って変換されるし、変換の内容によって活動の段階が表現される。各段階での生成、変換、受け渡しには、（分析技法、統合ノウハウなどの）具体的な方法論的知識が必要であり、それはまた、メタ的方法によってガイドされる（科学的推論、科学的モデル化、科学的移転可能性など）。

三次元の知識概念はイノベーション・アーキテクチャにとって本質的である。以下で各次元の知識を詳しく説明する。

2　対象知識

対象知識の次元では、対象知識とそれらの間のシステム的相互作用が可視化される。それら対象とは、市場、製品やサービス、モジュール、技術、応用知識、科学知識である。対象知識の構造化は知識深度の観点に基づいている（図5・3）。

知識深度というのは、シャート（Schaad 2001, 109頁）によれば、会社が新たな領域に向かってイノベーションに注力し、それら新領域を手なずけて新たな具体的製品に統合していくために、どこまで深く優位をきずいているかの指標になる。知識深度は対象知識の一般性もしくは具体性の程度である。知識深化が深いということは、対象知識が一般的であることを意味し、したがって個別製品の開発とは直接的な関連はない。その典型例は科

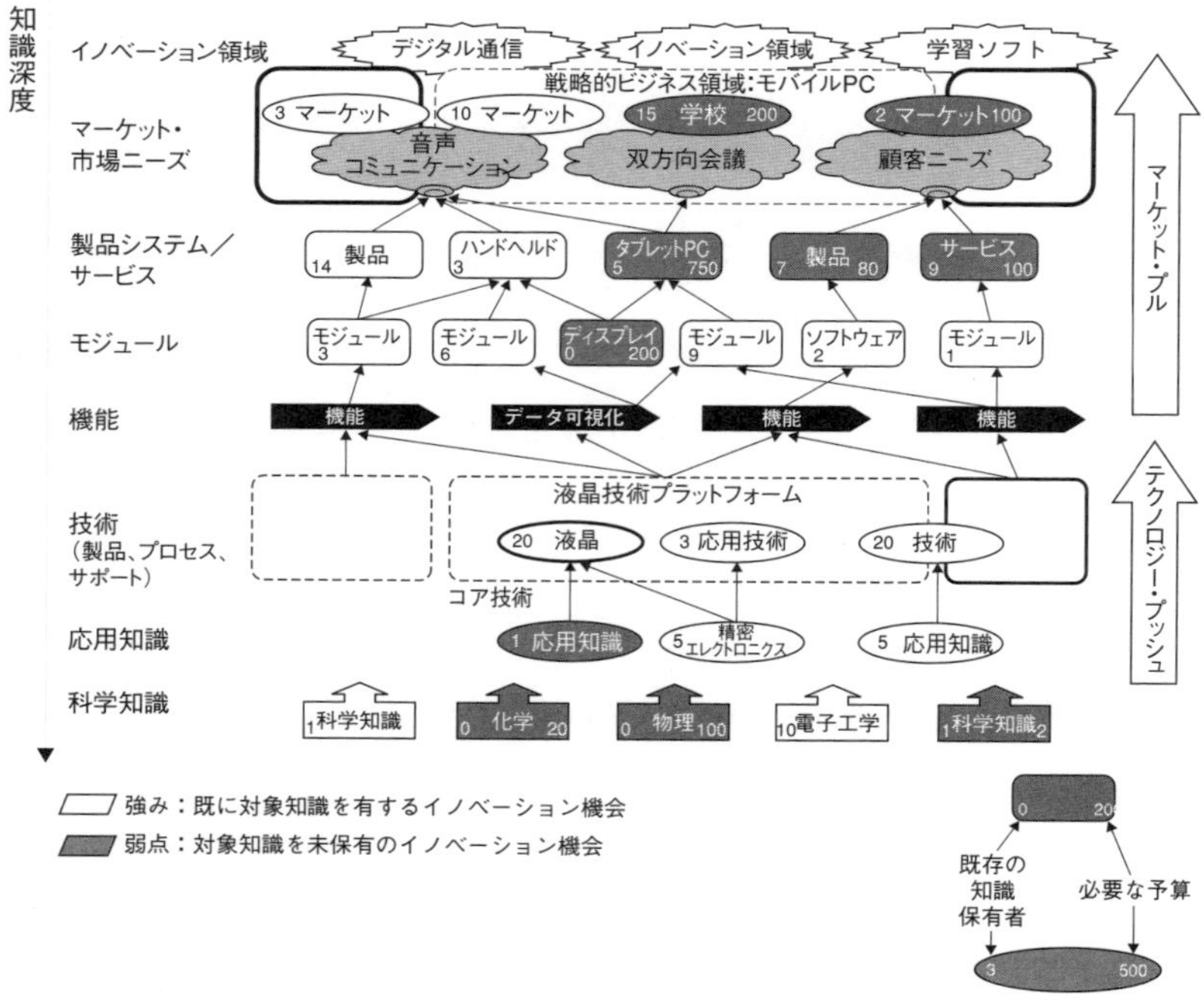

図5. 3　対象知識の次元

学知識である。逆に、対象知識において知識深度の具体性が高いことは一般性が低いことになり、対象知識が高度に特定的であって企業による特定製品の開発に直接的に結びついていることである。このような知識深度の程度によって図5・3の縦軸は構造化されている。それら構成要素を以下に詳しく説明する。

市場と市場ニーズについての対象知識は、現在の顧客や潜在的顧客の要求についての知識であって、最も具体的・特定的である。典型的なものとしてはマーケティングによって獲得してきた知識がある。これらの市場と市場ニーズをイノベーション・アーキテクチャの中で戦略的事業領域（ＳＢＦ）ごとに再度グループ分けする。これらのＳＢＦは会社の市場指向活動を機能別に分けた独立な組織を表すことになる（Meueller-Stewnts and Lechner, 2001：115頁）。ＳＢＦは三つの次元で定義すべきであるとアベル（1980）は指摘している：機能が顧客ニーズを記述し、顧客グループが具体的な購買行動を記述し、技術が個別機能を満たすような技術的ソリューションを記述するというものである。

製品とは、会社が保有する能力を使って提供する最終的な製品とサービスのことである（Treece, 1997参照）。製品は具体的な市場ニーズと関連し、イノベーション・アーキテクチャの中ではそれらの結びつきを直線で結合して表現する。製品はモジュールから構成されているが、モジュールは特定製品に限定されていない部品である。これらの部品はモジュラー性の原理にのっとって設計されるべきものである。モジュラー性とは、ひとつの製品アーキテクチャの中で同一インターフェイスをもつコンポーネント群であって、製品ファミリーのコンポーネントとして幅広い代替性を保証する仕組みである（Mikkola and Gassman, 2003：407頁）。これによって製品を多品種にでき、カスタマイゼーションを増やせるのである。ひとつのシステムの中のコンポーネントやモジュールの標準化が進めば、新製品開発や製造、サプライチェーン・マネジメントの長期戦略計画に合わせて、アウトソーシングも可能となる。さらに、モジュラー化は複雑な製品とプロセスを効率的に組織するひとつのアプローチであり（ボールドウィン&クラーク, 1997）、複雑なタスクをより簡単な小部分に分けて独立に管理できるようにすることが可能となる。モジュラー化によってコンポーネント生産を独立並行やそれに類した方法にでき（Orten and Weick, 1990；Sanchez and Mahoney, 1996）、さらに、製品ごとの完全性を損なうことなくコンポーネントの組み合わせを工夫することができる（Flamm, 1988；Garud and Kumaraswamy, 1993；Garud and Kumaraswamy, 1995）。イノベーション・アーキテクチャにおいても、製品をモジュールに分割できるときそれを考えることは原理的に意味がある。

技術は個別または集合的な知識であり、明示的なこともあれば暗黙的なこともある。技術は製品に関連することもプロセスに関連することもあって、自然科学、社会科学、また、工学的色合いの科学知識を基盤としている。技術は製品技術とプロセス技術とに分けることができる。**製品技術**は科学・工学原理を展開したもので、特定の効果とそれを起こすための方法を決定する。市場の観点からすれば、その特定効果が顧客ニーズに向けた機能を満たすことができる。たとえば「液晶技術」とは製品機能としての「データの可視化」を実現する製品技術である。一方、**プロセス技術**は既存の製品技術の配置の決定である。Ｒ＆Ｄプロセス技術はＲ＆Ｄ活動を行うために使われるもので、顕微鏡技術、ナノテクノロジー、原子レベルの技術を含むだろう。典型的なプロセス技術には、鋳造、フライス削り、亜鉛メッキ、ハンダ付け、表面直付けの技術といったものがある。さらに、物流や品質保証の技術もある。経営管理のプロセス技術には、オフィス・オートメーション関連技術があるし、インフラ関連のプロセス技術として、セキュリティ、エレベーター、エア・コンディション技術といったものがある。なお、これらの異なる種類の技術を再グループ化して戦略的技術プラットフォーム（ＳＴＰ）と呼ぶこともある。そのように構造化してまとめることで多くの技術を取り扱う際の複雑さを減らせるからである。戦略的技術プラットフォームは文献では技術分野とも呼ばれることもあるが、現時点でも将来でも、技術的な活動の領域として比較的に独立な部分と考えられる（Edward, 1989；Peiffe, 1992：65頁）。ＳＴＰは戦略的事業領域（ＳＢＵ）に対応するものである（Brodbeck, 1992：65頁参照）。ＳＴＰの定義では３つの次元を考えている：技術、理論、ノウハウである（Brodbeck, 1992：22頁～）。

応用知識と科学知識はイノベーション・アーキテクチャの知識深度では最も高いレベルにある。両者とも新技術、ひいては新製品を開発していく上での基礎となるものであるが、ひとつの点で決定的に異なっている。**応用知識**は、現在の問題に対する応用指向の知識探求という意味での応用研究（Picot, 1988）の結果である。**科学知識**とは基礎研究の結果であって、特定応用からは中立な新たな知識の探求である（Picot, 1988）。

図５・３のイノベーション・アーキテクチャを使って、イノベーション・システムを可視化し、理解することが可能である。イノベーション・アーキテクチャは対象知識間のシステム的相互作用を可視化する。そうすることで、既存のイノベーション関連知識（白いボックス）を統合するだけでなく、これから開発して具体的なイノベーション機会をものにしていく開発すべき知識（グレーのボックス）をも表していく。つまり、自社が既にもつ知識は強みであるし、弱みとしては、要求されるだけのレベルに達しておらず将来的なイノベーション活動の焦点が示されるのである。

機能とイノベーション領域との統合もイノベーション・アーキテクチャで表現される。**機能**が対象知識の次元で統合される理由は複数ある。第一に、機能によって技術と製品・モジュールを特定ソリューションに依存しない形で中立的に結合する。それは、抽象化レベルでのソリューション指向の製品開発と、効果指向の技術開発を調整するという戦略的方向づけることに役立つ。これによって**テクノロジー・プッシュ**と**マーケット・プル**との握手を保証することが可能になる。第二に、機能は新たな事業領域や新たな技術プラットフォームを同定し統合することを可能にし、潜在的なチャンスの概観を与えてくれる。第三には、機能を定義することは戦略的な決定であり、それは将来の取り組みの方向性を与えるということである。たとえば、電子レンジ製造会社が電子レンジの機能を「食べ物をあたためる」機能の実現と見るなら、マイクロ波技術を規定しているだけでなく、食品ビジネスでの製品という戦略的報方向を含んでいる。一方、同じ会社が電子レンジの機能を「（水分子という）極性分子を回転させる」ことだと定義することを決定するなら、その定義は、マイクロ波技術のより基本的な技術的効果である。こちらの定義の方が、食品ビジネスよりはるかに広い戦略的方向を可能にしている。このように、機能はイノベーション・アーキテクチャの中心的な要素なのである。

機能はイノベーション管理、とりわけイノベーション・アーキテクチャにおいて中心的であるので、ここで機能の理論を紹介する。

機能は操作についてのソリューション中立的な記述であり、入力変数と出力変数の間の制約条件を記述する（Meier, 2002：6頁）。ビーダーマン（Biederman, 2002：39頁）は、機能は「製品が実際にすること」の記述だと主張する。製品が実際にすることを分析する際に、システム技法に由来するブラック・ボックスで一つの機能を表す方法が用いられる（Daenzer and Haberfellner, 1999）。シグナル変換の物質やエネルギーなどの、入力と出力の間の因果的な対応関係をとらえようとするものである（Meier, 2002：6頁）。機能は言葉で表現する。その際、対象を広くとらえて入力値とし、「電力を送る」のようなきわめて具体的な動詞であらわした動詞とを使って記述する。だが、この基本原則だけではなお込み入った状況になりうる。そのため、抽象化と詳細化のレベルが対象システムに適切になるように定義しなければならない。

抽象レベル：ＶＤＩ（1996：5頁）ではこの文脈において次のような提案をしている。機能は図５・４の現実ドメインで定義してはならない。なぜなら、具体的なソリューションについてのバーバルな記述に陥ってしまうからである。そうではなくて、機能はイコンドメインと記号ドメインの境界に当たるレベルで記述すべきである。記号ドメインで定義を決着させようとしても、機能定義が抽象的なものになりすぎてしまう。

詳細レベル：ＶＤＩ（1996：3頁以降）によれば、図５・５に示すような詳細レベルによって機能を定義できる。主要機能として、製品が実際にすることを記述する。たとえばハンマードリルであれば物質の除去が主要機能である。主要機能が働くためには、エネルギー供給のような追加機能がそれをサポートする必要がある。これらの二つのカテゴリーを主要機能群としてまとめることができる。二つのカテゴリーを合わせて製品の「現在」状況と「将来」目標を表しているが、主要機能群レベルでは、概念的なソリューションを規定しているわけではない。基本機能は詳細機能に分けられる。たとえば、「物質の除去」の機能を、「物質を分離する」、「細かくする」、「取り出す」のように詳細化できる。ここまで詳細化することではじめて、ドリルを使用するというソリューションを事前規定したといえる。このように、機能定義の詳細レベルはニーズにぴったりあてはまるものでなければならない。もし製品のコンセプト全体を再検討しなければならない場合に

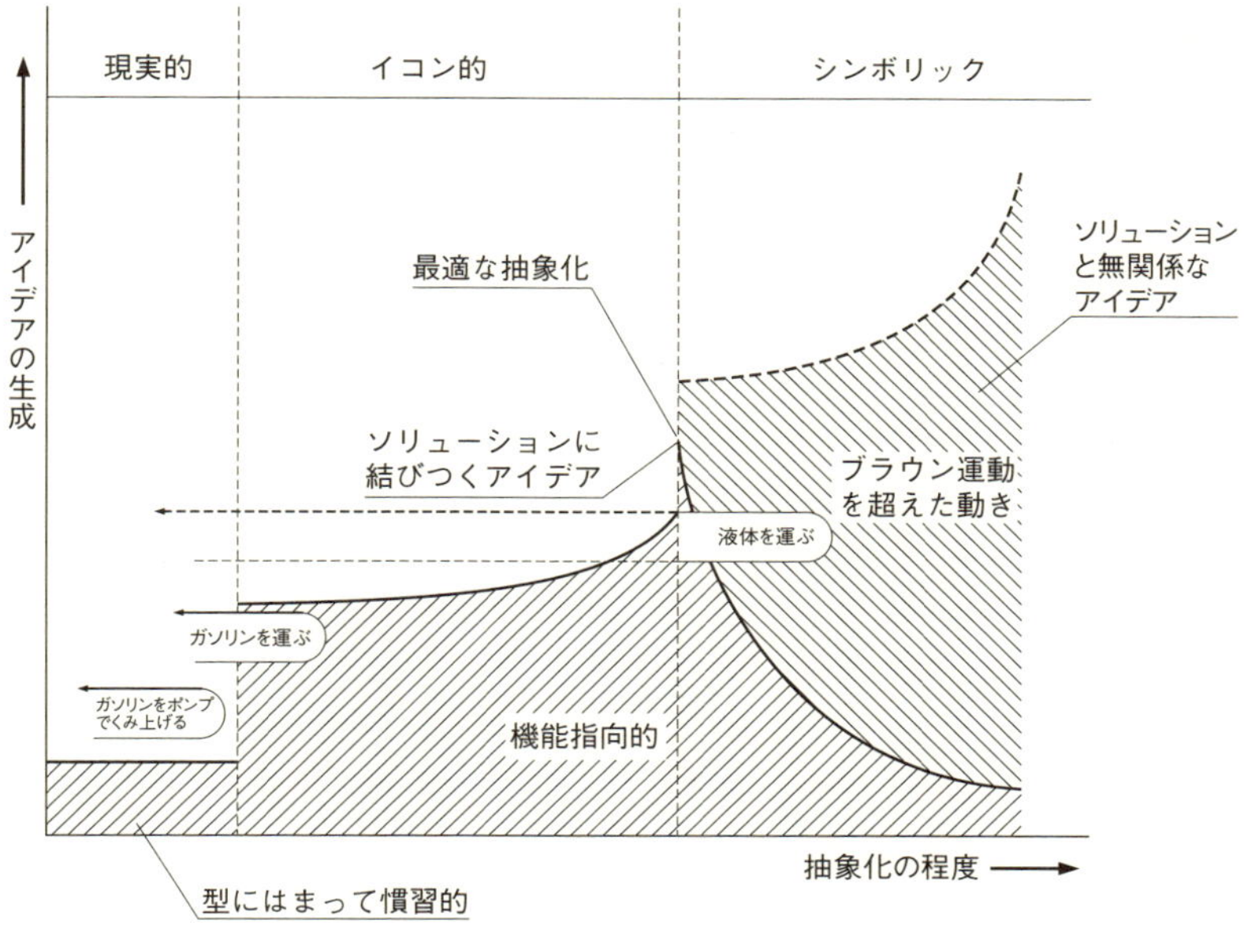

出典：VDI (1996 : 5), 許可を得て複製

図5.4　アイデア生成を 2 つの次元で見る

は、レベルは詳細化しすぎてはいけない。逆に、製品の要素を再設計する必要があるなら、機能を詳細化しなければならない。

　このような基本的なガイドラインによって機能を定義してことの非常に大きなメリットは、抽象的記述を得ることである（Pahl and Beitz, 1993：1頁）。こうしたメリットはつぎのような場合にあらわれる（Meier, 2002：5頁）。

- ●予断や固定観念を避けること
- ●あいまいな全体機能を、簡明なサブ機能に構造化すること
- ●製品というソリューションと物理的効果を結合すること
- ●製品ソリューション群の開発の方向性の手掛かりとなること
- ●開発実行の優先順位を定めること
- ●実現する構造を簡潔にすること（最小構造の原理）
- ●機能・価値分析によって市場での売れ行きの分析を行うこと

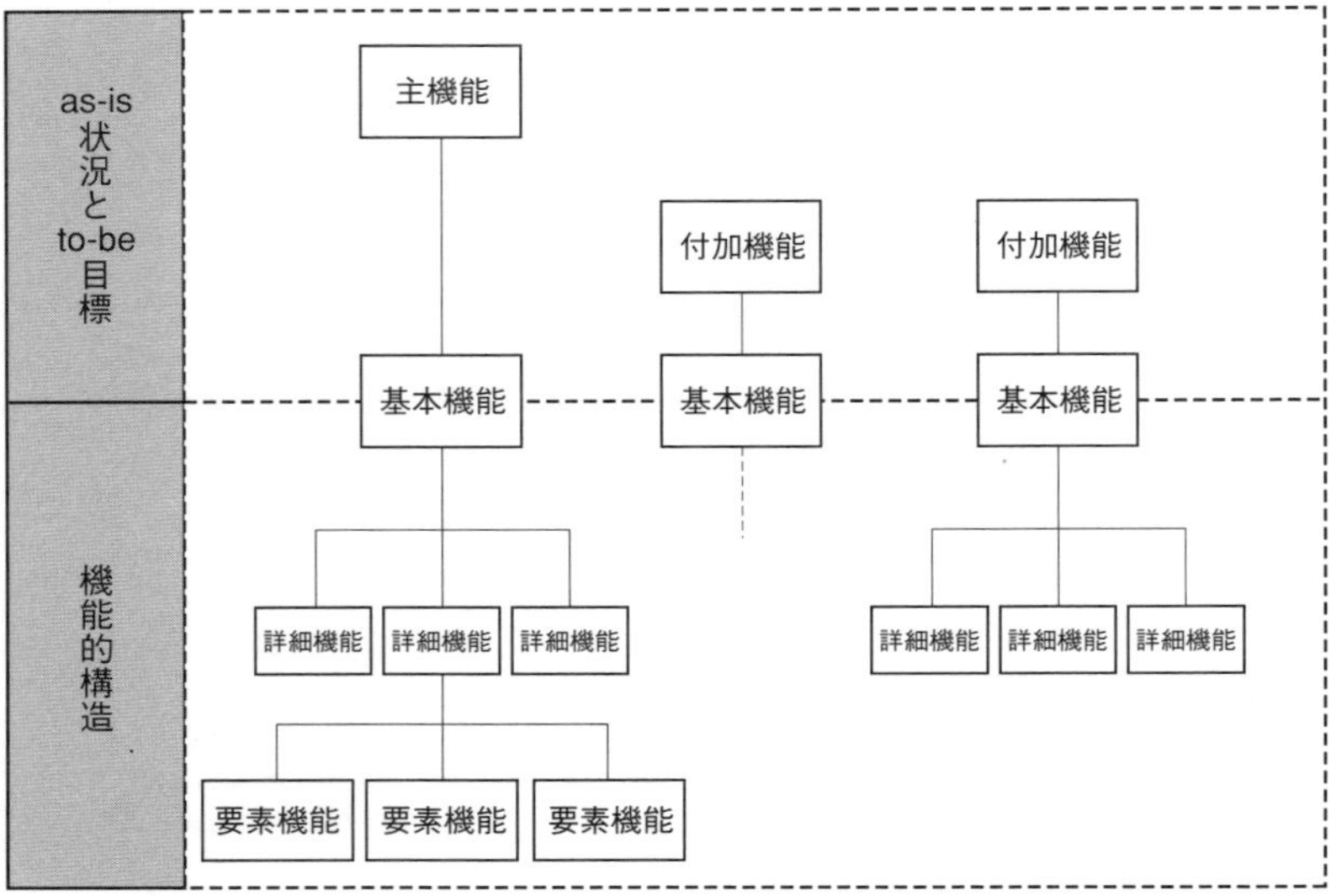

図5.5　機能のツリー

●ソリューション発見のプロセスを継続してより多くのソリューションを見つけること

このように、機能を多面的に種々のタスクのために使っていくことが可能であり、最後には新ソリューションを同定する。こうしたことは、いいかえれば、新たな可能性や成功を同定する方法だとも見ることができる。したがって、機能に注目する方法によって新しい成功ポジションを同定することが、続く節での焦点となる。

こうした機能中心のアプローチは、ある機能が満たす顧客ニーズから成る未開発市場の分析を通じて、新たな事業領域を同定することを可能にする。また、このアプローチによって十分には普及してない技術プラットフォームでの複数の新興技術が同一の機能を果たすことを理解できる（Pfeiffer et al., 1997：71頁）。たとえば、カメラの機能は視覚イメージの保存である。写真産業以外での新たな事業領域を同定するための質問は「他の誰が視覚イメージを保存するか」である。ひとつの答えは、コピーを取りたい人はこの機能をほしいかもしれないというものであり、したがって、コピー機械の分野が新規事業領域となり得るだろう。新たな技術領域を同定するための問いは「ほかのどんな技術を視覚イメージの保存に使えるだろうか。」である。もしわが社の過去の技術が光化学技術であれば、新たな技術やデジタル技術がこの機能を果たすことができるだろう。こうしたプロセスによって、ビジネス環境でタイムリーに大きな変化をとらえることに役立つ。

イノベーション・アーキテクチャの中の機能を定義する作業にとって有効な三つの重要ガイドラインがある。

（1）　**機能の定義は製品の性質に関連させる。**プロセス指向の製品については、機能はプロセスの流れの中での別個の作業プロセスを表している。また、製品がプロセス指向でないときは、機能は製品を構成するモジュールを表現する（図5・6）。

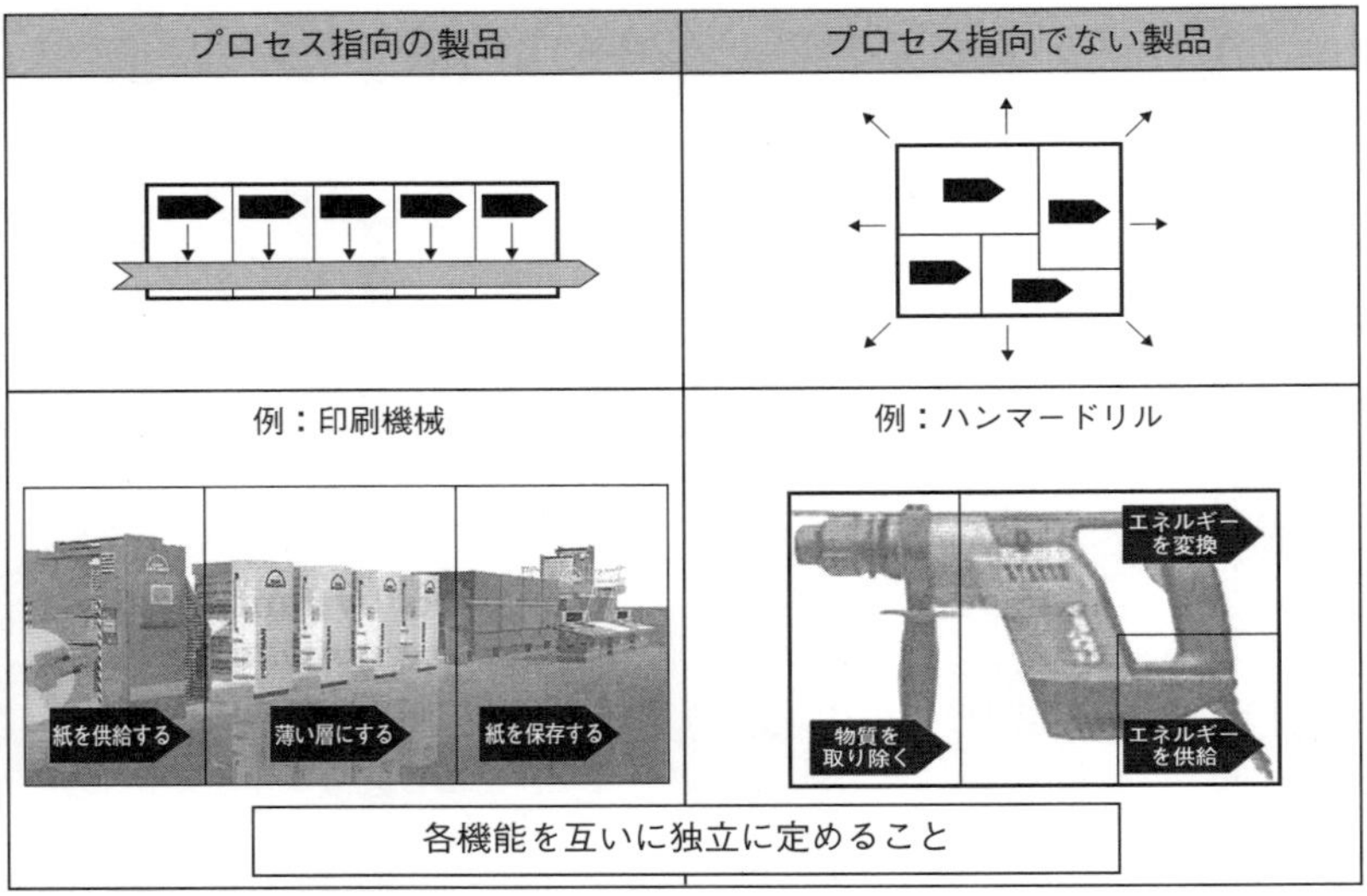

図5.6　機能の定義を製品特性と関連させる

（2）**機能の定義は技術的方向性の決定に関連させる。**規範的意思決定の流れでイノベーション・アーキテクチャを作成する場合には、機能はより一般的、抽象的で、特定ソリューションに独立となる。一方、オペレーション決定の流れでイノベーション・アーキテクチャを使うときには、方向付けの道具として使い、詳細で具象的なソリューション指向になる（図5・7）。

（3）**機能の定義は企業の戦略的意図に関連させる。**企業が市場指向性が強く、特定顧客のニーズに応えようとする場合には、機能がその顧客ニーズを満たすように戦略的意図を明確にする必要がある。一方、企業が技術志向層が強く、ひとつの技術によっていくつかの市場のいろいろな顧客のニーズに応えようとしている場合には、機能の定義はその技術が実際に行うことを表現すべきである（図5・8）。

イノベーション領域は二つの主要タスクがある：イノベーション領域は第一に、新たな、しかし、関連のある戦略的事業領域や技術プラットフォームを同定するため

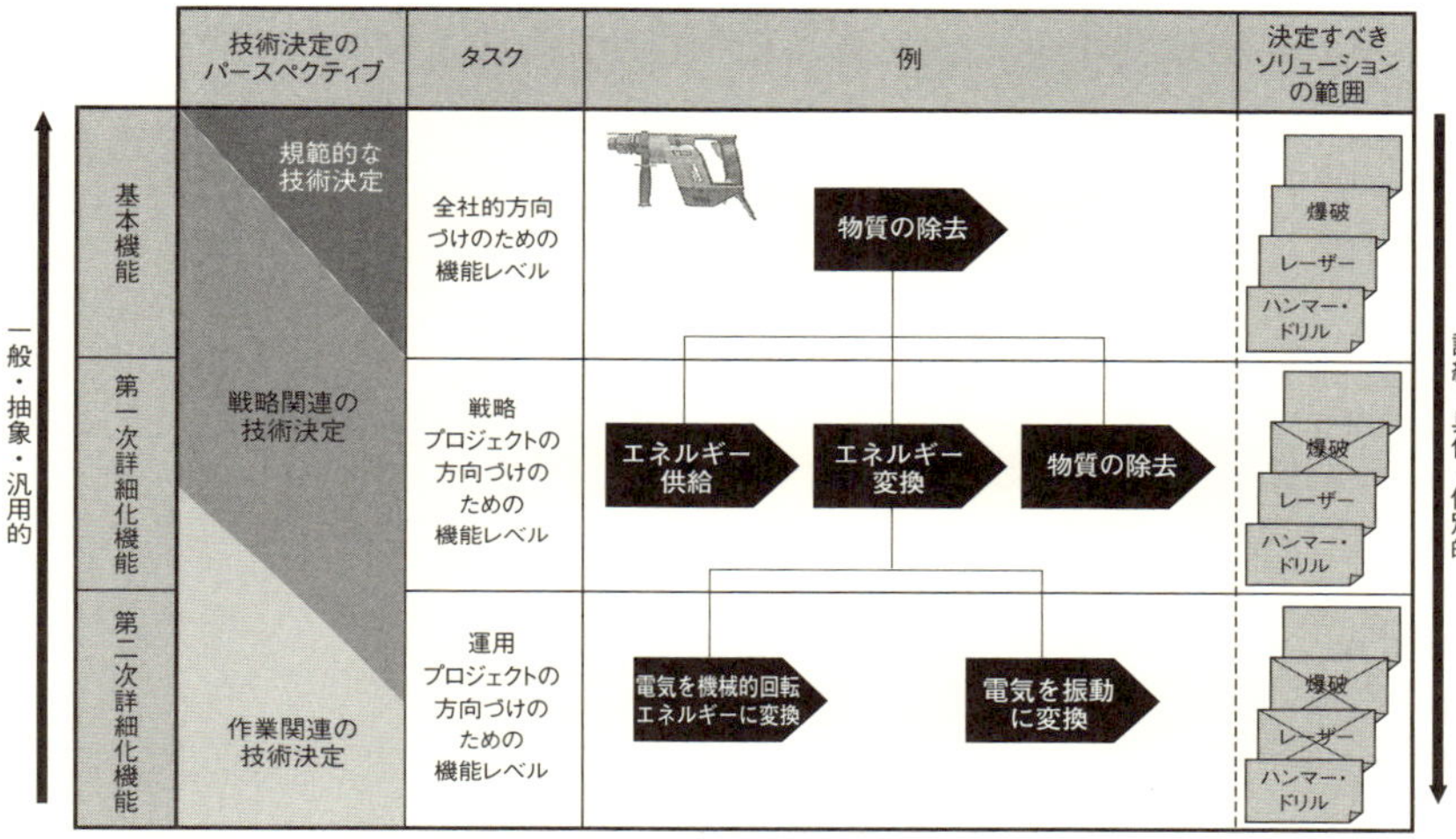

図5. 7　機能の定義を技術的方向性の決定に関連させる

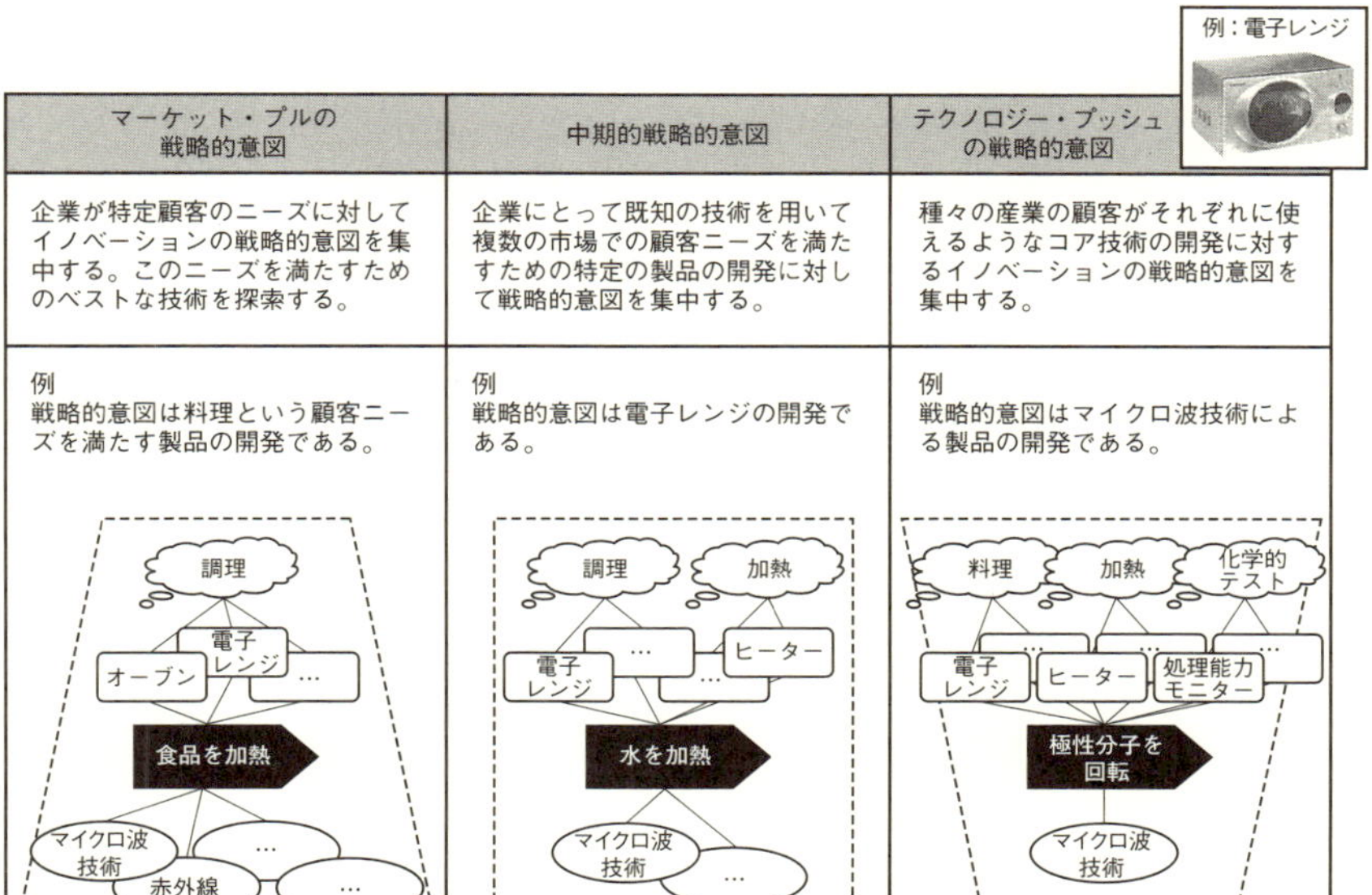

図5. 8　機能の定義を企業の戦略的意図に関連させる

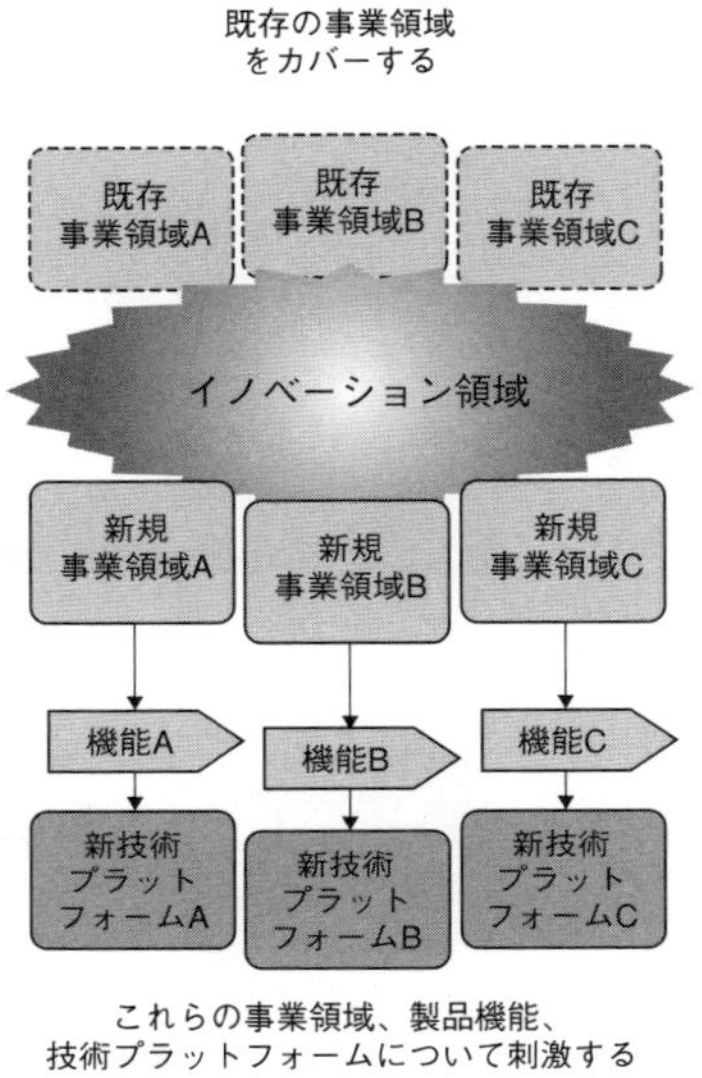

図5.9　イノベーション領域

のツールである。第二に、企業のインテリジェンスによって探索する分野を定義するための経営の方向付けツールである（図5・9）。イノベーション領域を定めることは新たな成功の可能性を同定しようとしていることであるとラングは述べている（Lang, 1998b）。ここでのイノベーション領域とはおおづかみの事業分野であると理解できる（Silverstein, 2003：111頁）。例として、「携帯電話」という事業領域を、「モバイル・コミュニケーション」というイノベーション領域として定義できる。同様に、「カラー塗料」はイノベーション領域としては「工業的コーティング」と変化できるだろう。このように事業領域を広くとらえることが関連するイノベーション領域の発想を促進する（Silverstein, 2003：111頁）。したがって、イノベーション領域開拓でのマネジメントのねらいは、顧客ニーズ、製品機能、技術プラットフォームを深く検討して、少なくとも一つの次元で未知のものを見出すことになる（Schlegelmich, 1999）。

特に満たすべき四つの基準は次のようになる（Schlegelmich, 1999）。

●イノベーション領域は、少なくとも、新たな事業領域か、新たな製品機能か、新たな技術プラットフォームのどれかを含んでいる可能性がある。
●イノベーション領域は競争優位を表出している。
●イノベーション領域は自社の自律的なイノベーション可能性を表現する。
●ひとつのイノベーション領域は別のイノベーション領域とは独立である。

そのようなイノベーション領域はしたがって、一方では新たな成功のポジションを見つけるための創造的探索の出発点であり、他方では、インテリジェンス活動で将来も観察を続けるべき対象である（Savioz, 2002）。

ここまで述べたことに加えて、イノベーション・アーキテクチャは**定量的主要指標値**を統合する機会を用意して全体をより詳細に理解することに役立つ。図5・3が対象知識次元の指標値の例であって、各対象の左端にはそれについての知識保持者数を示してある。右端にはその対象知識を開発していくための予算を示してあって、全体として比較統合ができる。これらのキーポイントとなる数字は他の定量的情報によってより完全にできる。たとえば、開発予定期間やR＆D費用率が考えられるが、何がキーポイントかは、会社特有のビジネス文脈と必要性による。

3　方法論的知識

方法論的知識の次元は科学研究における認識の生成に必要な知識や、科学的認識を技術的に概念化した発明にしていくための知識や、その発明を技術的およびビジネス的実現手段によって市場に導入するための知識といったものを可視化する㈠。その様子を図5・10に示す。この図は概念的であって、方法論的知識のありうるレベルを例示するものだ。当然ながら、ある会社では科学的研究レベルをもたないことがあるだろうし、逆に、技術的概念化レベルが応

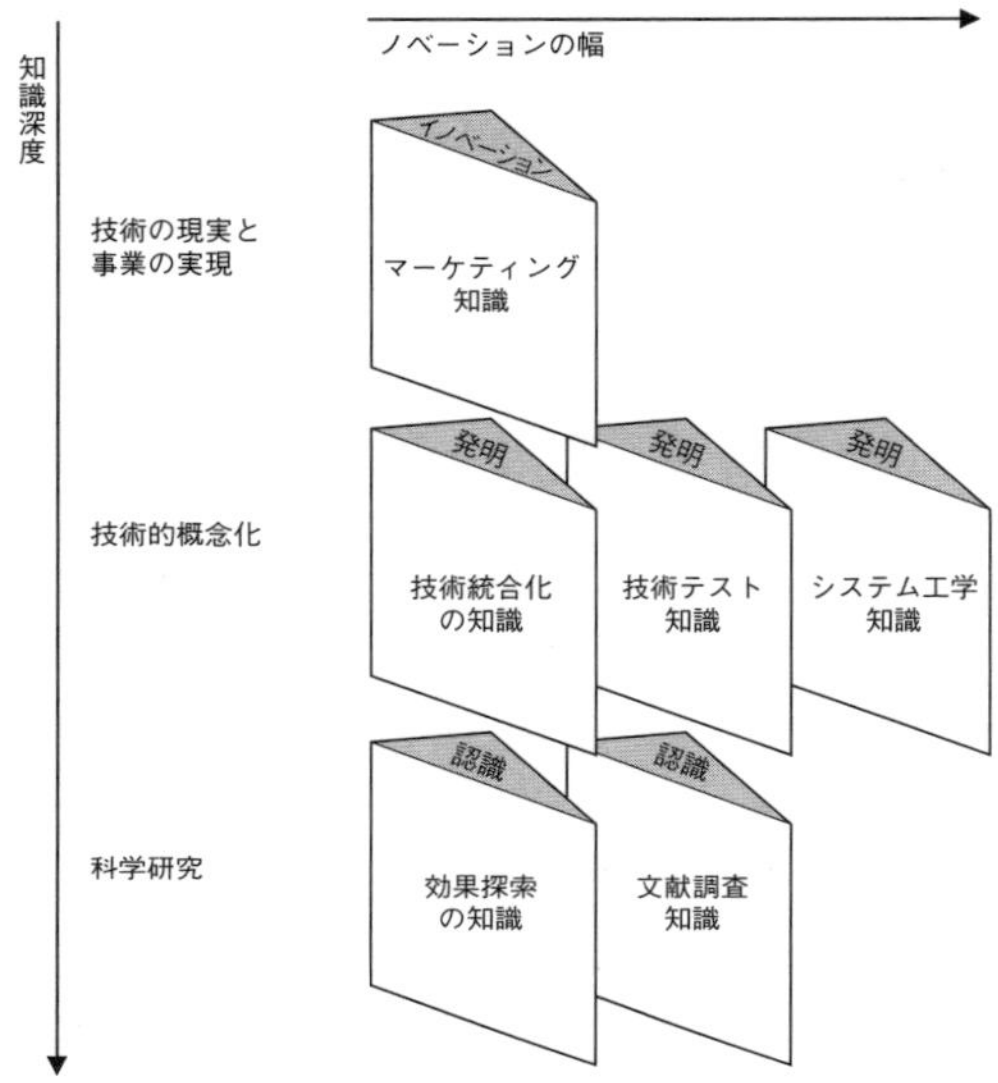

図5.10　方法論的知識の次元

用研究レベルと技術開発レベルとに分かれている場合もあるだろう。したがって、ここでのレベル数は、知識深度である対象知識の次元のレベル数になる。

方法論的知識の次元において、縦方向のイノベーションの知識深度と、横方向のイノベーションの幅が可視化される。イノベーションの幅というのは、行動するための知識や、行動に反応するための知識の多様性のことである（図5・10参照）。たとえば、研究も実際に行っている会社では、科学研究を有用な実験結果へつなげるように探求する知識を持っていなければならないし、同時に、既存の実験結果の文献を探索する知識も持つ必要がある。（訳注：この会社の状況はカスケードとセグメントという言葉によって、「イノベーション・アーキテクチャの科学研究から技術的概念化への方法論的知識を表すひとつのカスケードが、科学研究での実験探索と文献探索という二つの方法論的知識のセグメントに分割されている」と表現される。）これがこの会社の科学研究でのイノベーションの幅である。

図5・11は、対象知識と方法論的知識の一貫した組み合わせを表現している。

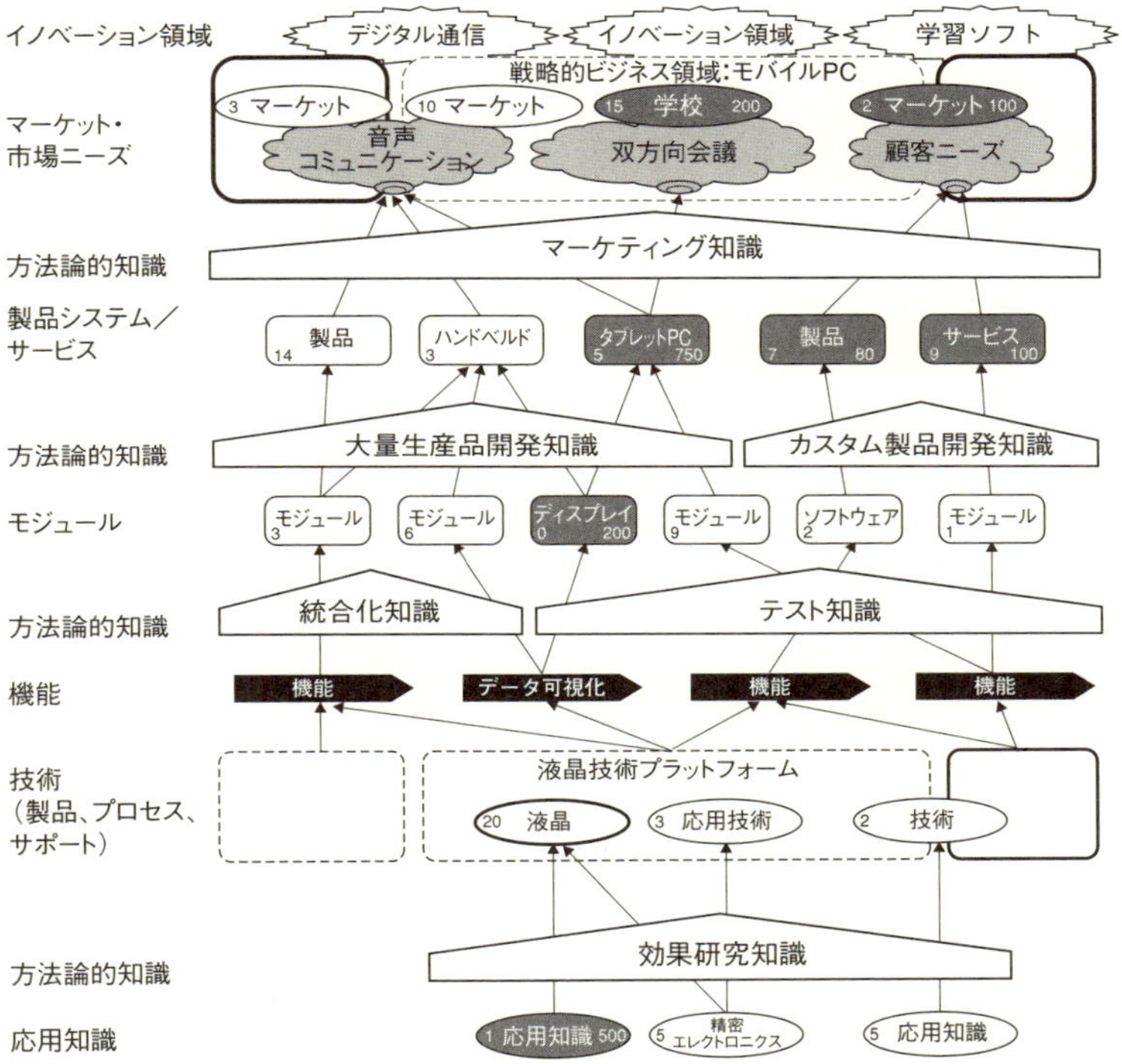

図5.11　対象知識と方法論的知識を含めたイノベーション・アーキテクチャの例

4　メタ知識

メタ知識はイノベーション・アーキテクチャの基盤である。対象知識と方法論的知識についての知識である。人によってはメタ知識がすべての知識カテゴリーの中で最も重要であるとしている（Ward, 1998：10頁）。ワードによれば会社内のメタ知識を同定するには必ず次の四つの問いに答えなければならない（Ward, 1998：12頁以降）。

- 「誰」を知る（例：まわりにいるだれが液晶技術を知ってますか。）
- 「どのようにして」を知る（例：われわれは新たなイノベーションのアイデアをどのようにして得ましたか）
- 「どこで」を知る（例：知識を最新に保つには、どの会議に出席すべきですか）

● 「なぜ」を知る（例：この立場の文化的価値は何でしょう。障害は何がありますか。ビジョンは何になっているでしょうか）

いずれの場合でも、効果的な知識というものは適切な対象知識と方法論的知識との組み合わせをどう実行するかという知識である。それによって決定や判断に役立つ情報が得られることになる（Ward, 1998：13頁）。

メタ知識をイノベーション・アーキテクチャに統合するためには、具体的なメタ知識と一般的なそれとを識別する必要がある。具体的なメタ知識は、イノベーション・アーキテクチャの中の個別やグループの特定の対象知識や方法論的知識に常に結びついているものである。この種のメタ知識はイノベーション・アーキテクチャに直接的に統合できるようなある種の仕様決定カタログ的な情報を含んでいたり、また、種々のアーキテクチャ内の対象を詳しくしていく目的で使えるドキュメントとして用意されている。一方、一般的メタ知識の方は全体としてのイノベーション・アーキテクチャに関連する。したがって、このメタ知識は特定の対象知識や方法論的知識についての決定に使える情報を追加することはなく、むしろ、会社がどのようにして一つのシステムとしてイノベーションを展開していくかについてを表明する。

両方のグループのメタ知識は五つの側面をもつ。

● **知識の出どころ**（例：液晶技術の知識は関連会社のＸＹからのものであり、社内ではミュラー博士が専門家である。）
● **知識の信頼性**（例：雑誌ＸＹはナノテクノロジーの分野での新たな知見の記載における信頼性が高い。）
● **知識の重要性**（例：タブレットＰＣに搭載された液晶の技術知識によって今後5年間での大きな見返りを手にし得る。）
● **知識の進化**（例：液晶技術の知識は有機ＥＬ技術に置き換えられていくだろう）。
● **新知識を開発する認識能力**（例：わが社の開発部門はタブレットＰＣを開発する能力はないが、競合他社にはある。）

5　結び

イノベーション・アーキテクチャはイノベーションに適合する知識（対象、方法論的知識、対象知識）の相互関係を統合することによって、イノベーション・システムの複雑性とシステム的相互作用を可視化する。さらに、、イノベーションに適合する知識を計画し、適切な機能やイノベーション領域を定義し、したがって新たな可能性のある活動領域を同定可能にすることを統合することがイノベーション・システムの進化であることが理解できる。

図5・12にまとめたように、イノベーション・アーキテクチャはイノベーション・システム内に強み（保有知識）と弱点（知識ギャップ）を可視化していて、意思決定の基礎となる。事業領域や技術プラットフォーム、イノベーション領域や機能の定義を通じて戦略的方向性を与え、戦略的な経営の基本的ツールとなるのである。イノベーション・アーキテクチャはまた、イノベーション管理に関わるマネジメントに対して、可能なイノベーション機会の影響を、それぞれのカスケードごとに、つまり方法論的知識ごとにつぶさに検討することを要求する。したがってイノベーションのチャンスを詳細に展開して分析することを助けるわけである。最後に重要なこととして、イノベーション・アーキテクチャは、企業のコア・コンピタンス（中核能力）を示す一種の戦略アーキテクチャ[二]である。つまりコンピタンスは―対象知識、方法論的知識、メタ知識という―知識の束として理解されるのである。しばしば、これらコンピタンスは組織学習から結果する能力として記述され、競争優位と利益をもたらす（Teece et al., 1997）。

イノベーション・アーキテクチャのこうした多面性にもかかわらず、―他のマネジメントツールの場合と同様に―定期的に更新し続けていくべきことを指摘しておく。そうしないと、特筆すべきような優位性は得られないのである。優位性を保証するためにはいくつかの基本的な指針がある（図5・13参照）。

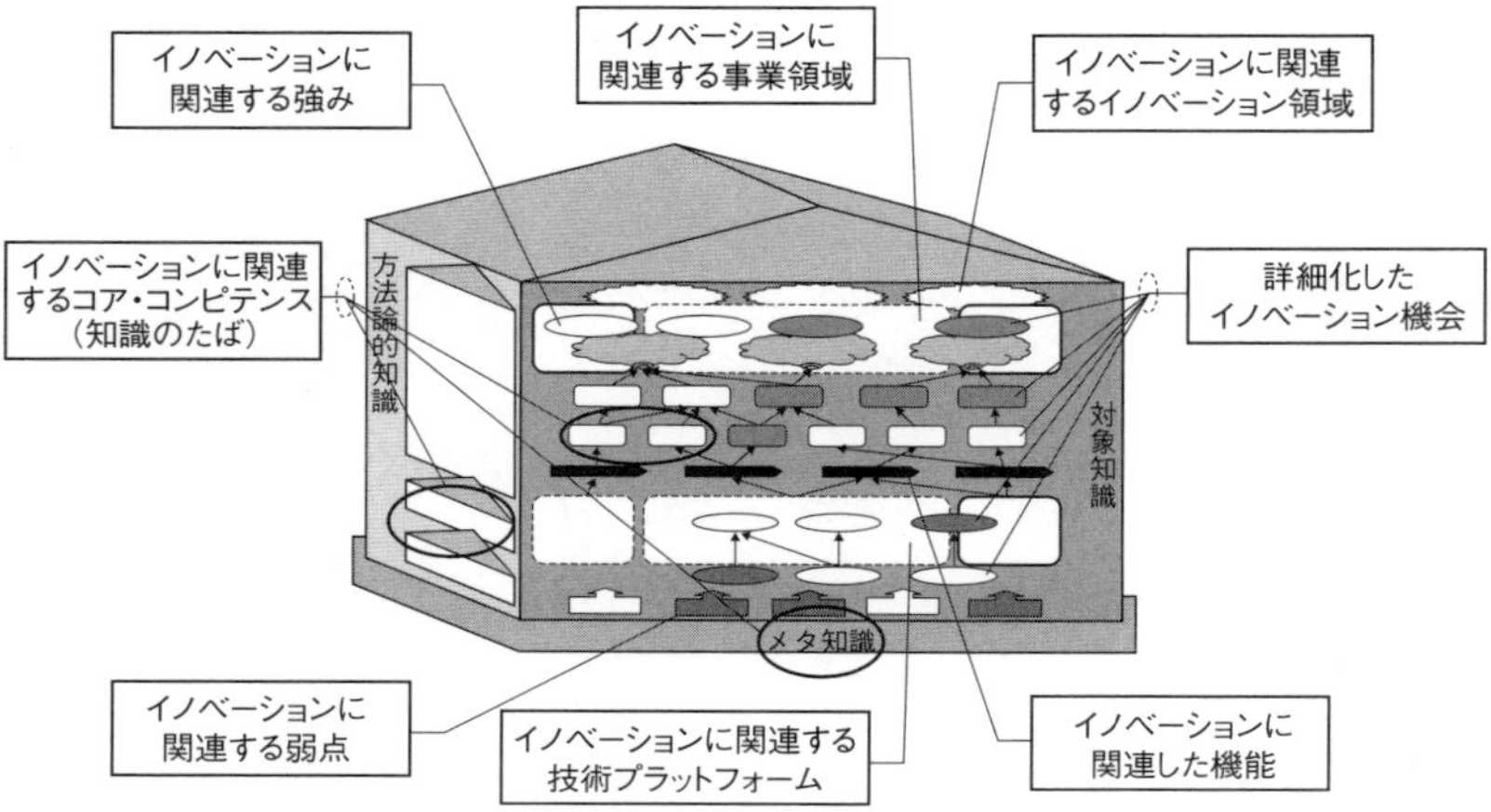

図5.12　イノベーション・アーキテキチャの主要効果

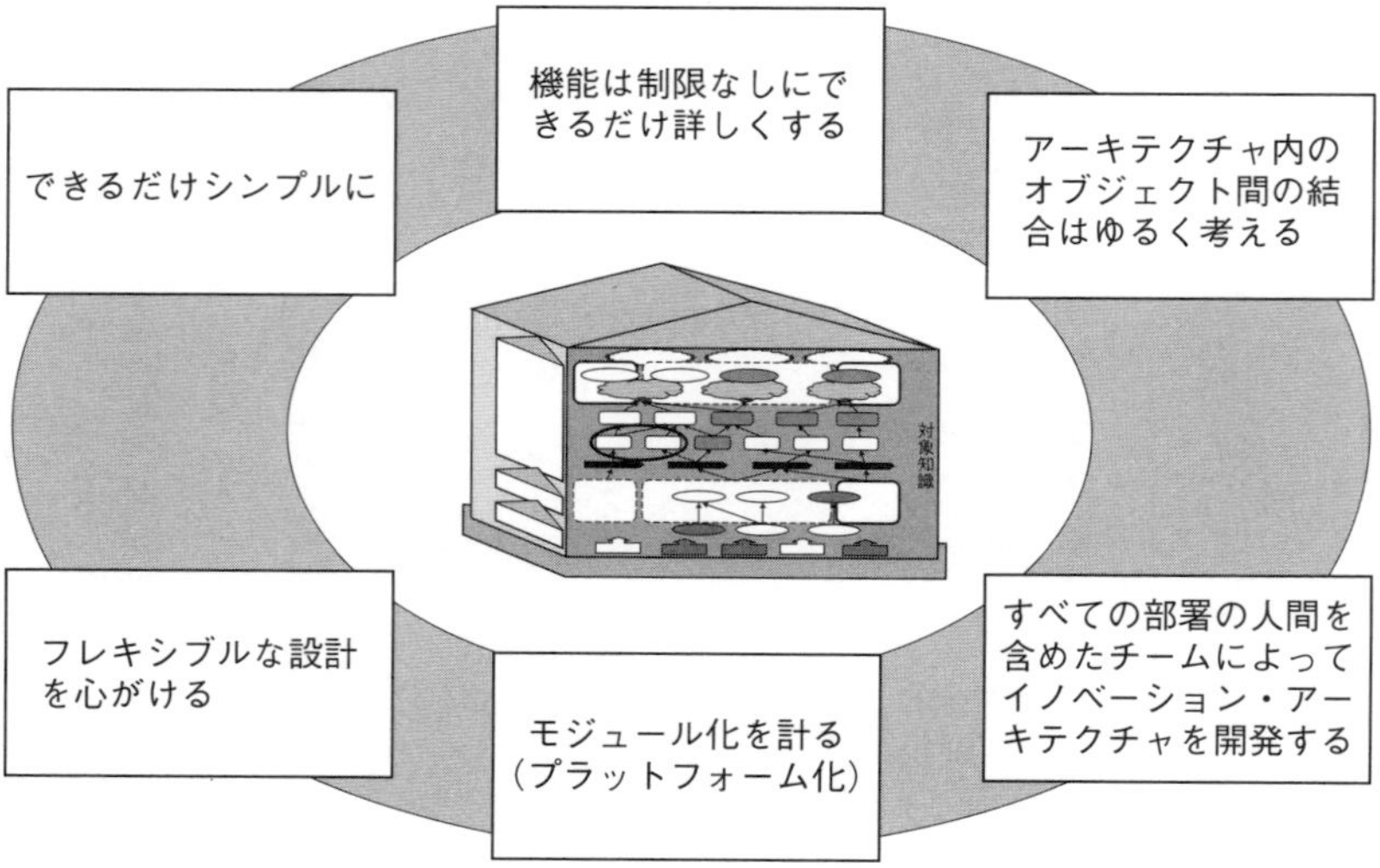

図5.13　イノベーション・アーキテキチャ作成時の設計指針

●イノベーション・アーキテクチャはできるだけシンプルに設計すること。したがって、すべての詳細事項を入れ込もうとするのではなく、戦略的決定に関連することがらだけを組み入れて統合するように努める。
●機能については制限なしで詳しくすべきである。もし機能の記述をあまりに制限すると、開発活動も非常に制限されてしまう。機能の記述の詳細化が不足して抽象レベルにとどまっていれば、戦略的方向づけにも同定にも使えない。
●対象間の関連はルーズでよく、対象に関する決定をその対象だけを考えて自律的に行えるようにする。あまりに関連付けをタイトにすれば、そうした決定をその対象についてだけの考慮ではできなくなる。
●イノベーション・アーキテクチャはフレキシブルであるべきである。つまり、一方では（パワーポイントのような）イノベーション・アーキテクチャを描いたツールを使って短時間で統合を変更できる必要があるし、他方では、そうした変更・統合作業に先立って思考によって設計がなされるべきでもある。
●イノベーション・アーキテクチャはそれぞれのカスケードにおいてモジュラー構造の原理で統合すべきである。これによってR&Dが各対象から他の目的にも展開できるというレバレッジを効かせられるようにする。
●イノベーション・アーキテクチャは、全体的観点からのイノベーション機会を考慮するための、細部にわたる可視化のためのツールでもある。だから、アーキテクチャ作成に当たっては、マーケティング、開発、研究、それぞれを担当する社員を統合していく必要がある。

要約すると、イノベーション・アーキテクチャはイノベーション・システムを理解し、戦略的決定の準備をするための強力なツールである。戦略的決定はイノベーション戦略策定プロセスの中で行われる。これが、次の節の主題である。

本節ではイノベーション戦略策定プロセスの設計と実施についての第二、第三の研究課題へのひとつの答えを用意する。その際、第二、第三の作業仮説と関連させてイノベーション・アーキテクチャを利用していく（第四章参照）。

Ⅱ　イノベーション戦略策定プロセス

1　概要

イノベーション戦略策定プロセスを作成する前に、まず、策定プロセスを企業がもつ価値と統合させておく必要がある(三)。それによって他のプロセスとの結びつきが明らかになり、全体的で統合された戦略策定プロセスが可能になってくる。全体的統合像を図５・14に示す。

規範レベルにおいては、主要な決定は企業の長期目標と整合しているべきである。これには一貫した企業目標の展開とイノベーション目標の導出が必要となる。同時に、組織に浸透している企業文化への配慮も欠くことができない。企業文化には、従業員が集合的に保持している価値が含まれる、たとえば、従業員がどのように会社の目標をとらえているか、環境に対する企業の姿勢、自己変革やイノベーションへの企業の能力の定義に顕示されている。規範レベルで問題となるのは企業の将来にとって重要となる長期計画だけではない。だれがその決定を行うのかということも本質的である。この問いは企業内の上位の意思決定構造を含んでいる。規範レベルにおいて指針となるのは有意味性である。有意味性の基準は、組織の成長可能性、生活の質、人格形成のような社会的人間的価値に本質的貢献を行いうる製品やサービスを生み出す可能性である。

戦略レベルでは、企業目標とイノベーション方針を総合的戦略へと変換することが要点であり、戦略的インテリジェンスに基づくものとなる。戦略的インテリジェンスは、後述するとおり、一方で企業の情報要求を系統だてて明確

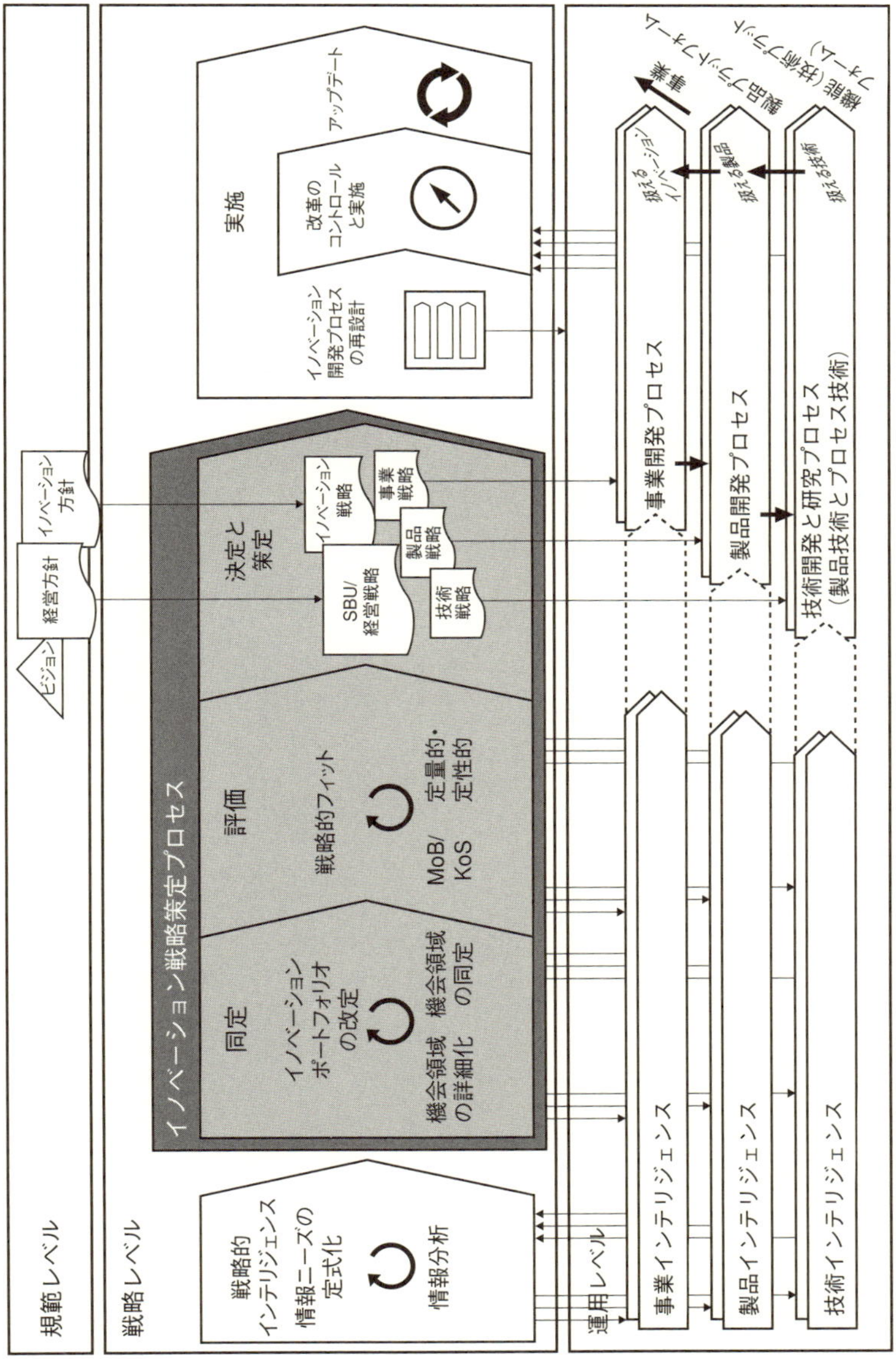

図5.14　組織内の価値明示化プロセス

にし、他方、その情報を分析してイノベーション戦略策定プロセスの開始段階にもなる。このインテリジェンスのプロセスは（118頁の）「同定」段階から開始し、まず、現在状況を理解するためにイノベーション・ポートフォリオを改訂し、新たな機会領域を確定し、そして何度もそれらの機会領域(四)を詳細化する。「評価」段階では（126頁）イノベーション機会を戦略的フィット分析によって評価し、定性的評価や主要数値による定量的評価を行い、そして「内作・外作／維持・売却」の方向を設定する。この評価を次の段階であるイノベーション戦略の決定と策定の基礎とする（146頁）。経営戦略と整合するように策定されたイノベーション戦略を得たことをもって、策定プロセス自体は終了である。しかしそれにもかかわらず、イノベーション戦略を次の段階で実施して行くことも、なお戦略的タスクなのである（152頁）。この「実施」段階においては、まず第一に本質的なのは、イノベーション展開プロセスの運用を設計し直して「組織が戦略にしたがう（Chandler、1962）」ことで新たな戦略的要求に向けたものにすることである。第二には、実施は必要とあれば変更やコントロールされなければならず、第三に、外部環境や組織内部での大きな変化が起こったら見直すことである。

最後に、運用レベルにおいては、短期的な目標にかなう文脈で実践できるように戦略を変換する責任を負う。たとえば、計画にしたがって必要な人員、財源、機材が配分された具体的なR&Dプロジェクトにおいては、運用管理が強調されるのである。ここでのポイントは、「正しく行うこと」であって必然的に効率が問題とされる。このような運用レベルにおいては、シャート（Schaad, 2001：104頁）の概念に基づいていくつかのカスケードとセグメントに対応して、個別のイノベーション・プロセスを配置する。つまり、各セグメントをイノベーション・プロセスとして組織内の責任単位とし、セグメント分けされたカスケードはたがいに独立な活動のグループとする。図5・14では事業領域、製品、技術領域というカスケード群に分割されている。対照的に、ひとつのプロセスを分割することがカスケードのセグメンテーションを導くことも起こる。たとえば、ひとつのビジネス・カスケードがあって、二つの市場Aと

企業概要	PIXEL AG
2003年収益	売上高20億ユーロ。税引前利益180万ユーロ。従業員数10,500人。
本社	スイス、チューリッヒ市、チューリッヒ城通り18。
事業領域	デジタル・カメラ
ビジョン	「見た瞬間をとらえ共有する」
ミッション	デジタル写真におけるわが社のコア・コンピテンスをもとに、顧客へのフル・ソリューションを提供する。したがって、この方針に沿って、決定的瞬間をとらえ共有するためのすべての機能を提供する。
経営方針	アマチュア向けデジタルカメラの世界市場で第2位となること、売上高を25億ユーロとし、その10%を税引前利益とすることを戦略目標とする。これを実現するため、収益の中核に手を入れること、現在の活動を発展させること、テクノロジー・プッシュでイノベーションをねらい、全体的な成長機会をとらえていく。

図5.15　仮想的企業ピクセル社の概要

Bに対応しなければならない場合を考える。組織行動として考えれば、異なる市場への対応は当然別々のプロセスが必要となるので、このカスケードはAとBに対応して2つにセグメント分割しなければならない（図5・34参照）。なお、この場合、市場AとBのためのビジネスを展開する二つのプロセスの相互作用は非同期的なので、戦略レベルにおいて方向付けと調整がなされる[五]。

本書の主題は「構造化したイノベーション戦略策定」なので、以降は図5・14のバリュー定義プロセスの中の戦略レベルに焦点をおき、イノベーション戦略策定プロセスの三つの段階を詳しく記述する。戦略策定の説明の全体的一貫性を保つために、「戦略的インテリジェンス」と「実施」段階についての節を設けて述べるがそれらは深くは立ち入らずに一般的レベルの説明とする。

戦略策定プロセスの実務的理解が可能になるようにするために、ピクセル株式会社という仮想会社を例題に用いる。この会社がイノベーション戦略策定プロセスを通してどのように進めるかを示して、実務的観点から示すデモンストレーションとする。以下の節を通じてピクセル社の例は右上にＰＩＸＥＬのロゴを示すことにする。図5・15はピクセルの概要である。

2　戦略的インテリジェンス

戦略レベルでの戦略的「インテリジェンス」ステップは継続的な仕事であって、その役割は、情報の収集、分析、応用についての戦略的管理の方向付けを行うものである。ここでの情報とは、組織の全般的環境にとっての機会や脅威に関連する事実やトレンドであり、今後の戦略策定プロセスをサポートするために使われる（Savioz, 2002：33頁参照）。公表論文／特許引用頻度分析や、Sカーブ分析やあるいは、デルファイ法（六）などのインテリジェンス用ツールを使ってこれらの事実やトレンドを発見することは戦略的インテリジェンスの仕事ではなく、運用インテリジェンスの内容となる。むしろ、情報要求を明確に定め、サンプルされた情報を歴史的に分析するのが戦略的インテリジェンスのタスクである。

こうした管理タスクをサポートするツールとしていわゆる機会ランドスケープがある（Savioz, 2002：123頁以降；Savioz, 2003：193頁以降）。それはコンピテンシーに注目して情報領域への要求を管理するものである。機会ランドスケープはアレン（Allen, 1997）のゲートキーパー・アプローチに基づいており、企業の環境における事実とトレンドの組織知識ベースを構成する。企業のコンピテンシーとなる手段はこの知識から導き出すことが可能である。次ではザビオツ（Savioz, 2003）の機会ランドスケープを段階を追って説明する。

まず第一に、現在手持ちの知識ドメインの在庫一覧を作成する。同時に、将来有望な関連ドメインを追加・補足する。このような現状と将来の知識ドメイン決定には、トップダウンとボトムアップの二つの方法がある。トップダウンの場合は、戦略的知識エリアとその構成要素となっている知識ドメインを、トップによって設定されている全社的戦略から、可能な限り導き出す。ボトムアップの場合は、（研究開発、マーケティング、製造などの）異なる部署からの社員と、様々なレベルのマネジメントが集まって会議を行い、ブレインストーミングによって、関連する知識ドメイ

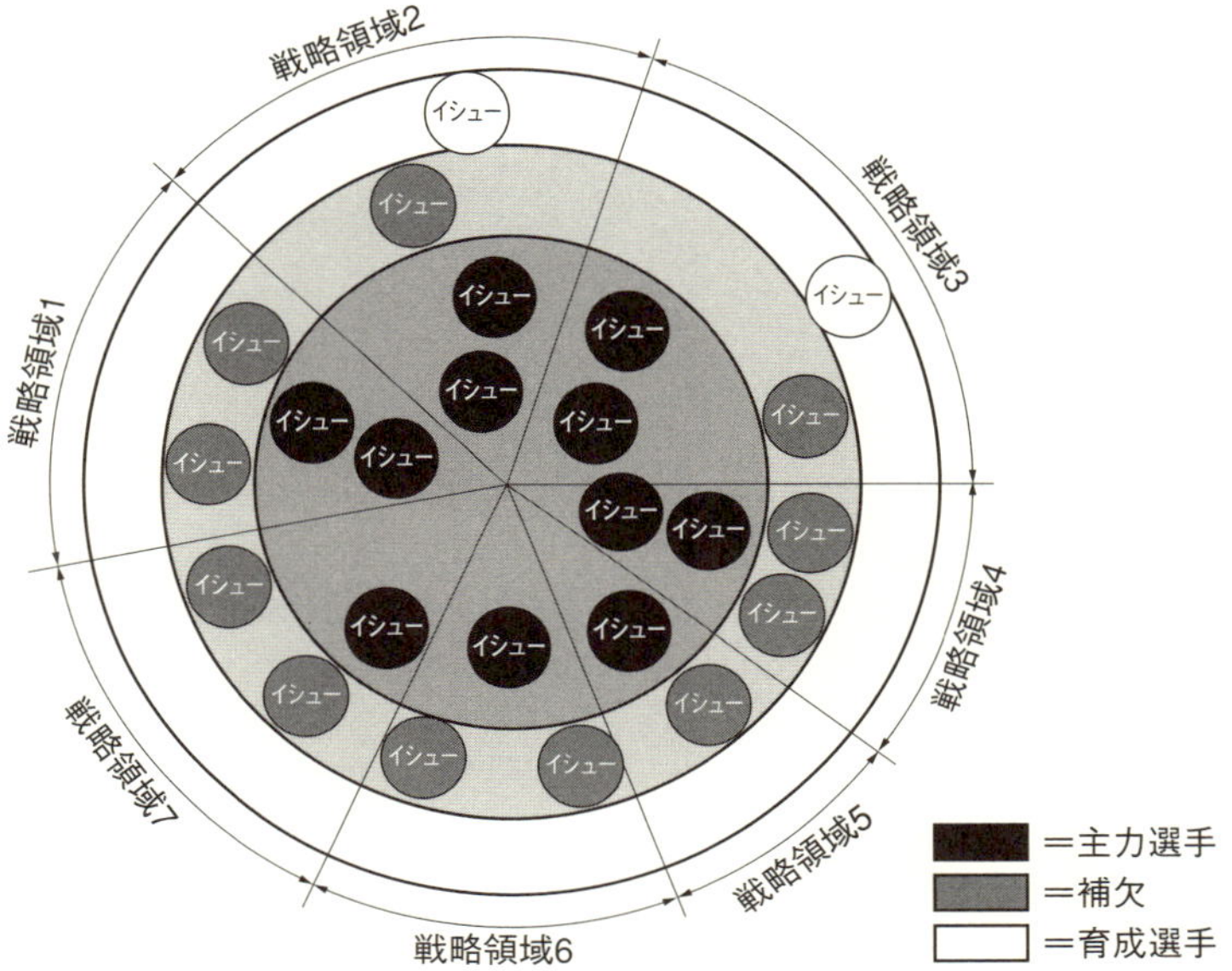

図5.16　機会ランドスケープによる可視化

ンを決定し、取りまとめ、承認する。知識ドメインは次には知識領域に細分化する。

知識ドメインには、育成を開始すべき将来的コンピタンスに対応するものもあれば、すでに社内に保持していて、一層の整備努力を重ねさらに展開するべきコンピタンスもある。いかなる瞬間でもすべての知識領域が等しく重要ということはないので、どこまでひとつひとつを深く見るかは決定すべき事項である。

つまり、コンピタンスへの関連がすでに認められている知識ドメインについては集中的に検討するが、単なる可能性として挙げられた知識ドメインは概観するのみである。機会ランドスケープは検討の深さを三段階に分けて予測するものである：「主力選手」、「補欠」、「育成選手」の順に集中する。

こうした可視化によって機会ランドスケープに表情が生まれる。それによって透明性が増しコミュニケーションが促進される。良い可視化は三つの特徴をもっている：完全で、簡潔で、維持していけるものである。そうした例として図５・16を示す。知識ドメインは「イシュー」として表現してある。

機会ランドスケープは組織がもっている組織環境に関しての事実とトレンドの知識ベースである。それは不連続性への警報システムでもあるし、活発なアイデア発生装置でもある。したがって、機会ランドスケープは基本的な戦略的インテリジェンス・ツールであり、トレンドや社内からのアイデア、顧客ニーズや戦略的要件、競合他社の動きといったものをイシューとして整理してくれる。ピクセル社の場合のそうしたイシューとしては、たとえば、七〇〇万画素のカメラまたは一二〇〇万画素のカメラが挙げられる。このように、機会ランドスケープは、イノベーション戦略策定プロセス中の「同定」段階へ向けたひとつの理想的な開始点なのである。

3　同定

同定段階の目的は新たな機会領域を同定することである。そうした機会領域の同定を行うためにまずはじめに必要なことは、「イノベーション・ポートフォリオの更新」ステップで戦略的インテリジェンスで得た情報を理解することだ。これはたとえば、種々のトレンド、アイデア、戦略的要件、顧客ニーズに基づくものであり、機会ランドスケープの中の各イシューとしてまとめられる。これらのイシューはイノベーション・アーキテクチャの中に統合して位置づけられる（89頁）。後には、「機会領域の同定」ステップにおいて、創造性技法を用いて、新規の有望イノベーション機会領域を探索する（102頁）。同定段階の最後には、機会領域を詳細化して会社のイノベーション・システムへのインパクトを理解できるようにする。したがって、必ずしもあまり構造化されていない事実とトレンドに基づいて、結果として、すべての見込みのあるイノベーション機会を含めた形の構造化されたイノベーション・アーキテクチャを構築することとなる。以下では、「同定」段階の中の三つの状態について詳しく述べる。

①　イノベーション・ポートフォリオの改訂

機会ランドスケープは戦略インテリジェンスの結果と経営戦略・事業戦略を表現する。その機会ランドスケープを用いて、とりかかりのたたき台のイノベーション・アーキテクチャを作成し、実際のイノベーション・システムを理解してイノベーション・ポートフォリオを更新する。機会ランドスケープの中のイシューは、開発すべき具体的知識のアイデアを表現していて、したがって、それらイシューはイノベーション・アーキテクチャの中のカスケードの中に組み入れられる必要がある。たとえば、もしタブレットＰＣの知識を開発することについてのイシューが含まれていれば、そのイシューを製品のカスケードに組み込む必要がある。また、イシューが液晶の開発に関わるものであれば、技術カスケードとするのが妥当だろう。すべてのイシューは異なるグループへ分類される：市場、製品、モジュール、技術、応用知識、および科学知識がある。なお、ここでの注意として、会社によっては科学知識や応用知識の活動がなかったり、また、すべての製品がモジュール構造をもつのでもないことである。そうした場合は、それらのカスケードは表現されていなかったり、無視しうる。

機会ランドスケープのイシューを分類した後にそれらを線で結ぶことで、イノベーション・アーキテクチャのたたき台を作る。ここに来て、いくつかのイシューはどこにも線で結べないことがありうる。機会ランドスケープの中に欠けているイシューがありうるからである。その理由は二つある。まず、機会ランドスケープに書かれたイシューは今後の開発を要するものだけであって、すでに過去に開発完了しているものは入ってこないことである。次に、機会ランドスケープはインテリジェンス活動の結果からサンプリングするツールだからであって、戦略的インテリジェンスの見地から重要とみなされなかったイシューは機会ランドスケープに出てこないことになる。たたき台のアーキテクチャにはこうしたイシューも含めて全体的な統合を図っていく。ピクセル社の場合の例では図５・17のようになる。

第一版のイノベーション・アーキテクチャ下書きを使って、機能、イノベーション領域、事業領域、技術プラットフォームをここで定義する(八)。これらの要素(九)の定義はイノベーション戦略策定プロセスの非常に重要なステップである。機能とイノベーション領域のここでの定義が、これに続く新たな技術プラットフォームとビジネス分野を同定して行くときの方向性を定めるからである。機能の定義の粒度が荒かったり細かすぎたりすれば、また、会社を適切に表現してない場合は、不正確な戦略の方向が定義されてしまう。事業領域と技術プラットフォームの定義は、他の詳細的な要素をまとめて、やがて諸イノベーションの順位付けのためにカテゴリー分けしていくときに決定的な役割をもつ。そのため、これらの要素の定義にあたっては、イノベーション戦略の決定に関わるすべての人々のコンセンサスをとりながら行うべきである。

図5・18は、ピクセル社の場合に、同定したイノベーション領域と機能をどのようにイノベーション・アーキテクチャに統合していくかを示す。イノベーション領域はこの段階ではビジョンと同義である。また、表現された機能は、デジタルカメラの機能がほとんどである。

「イノベーションポートフォリオの改訂」のためのチェ

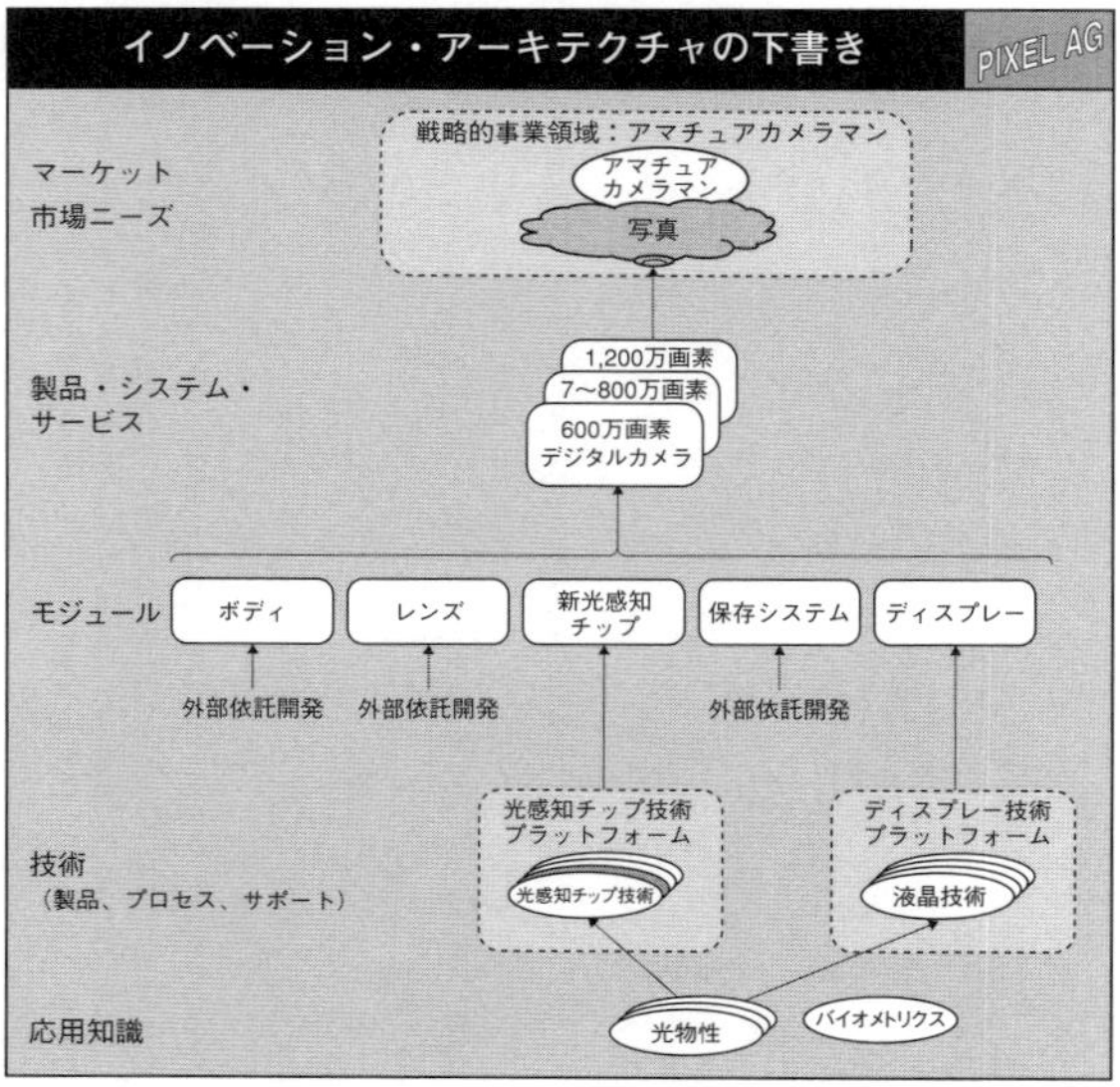

図5.17　ピクセル社のイノベーション・アーキテクチャの下書き

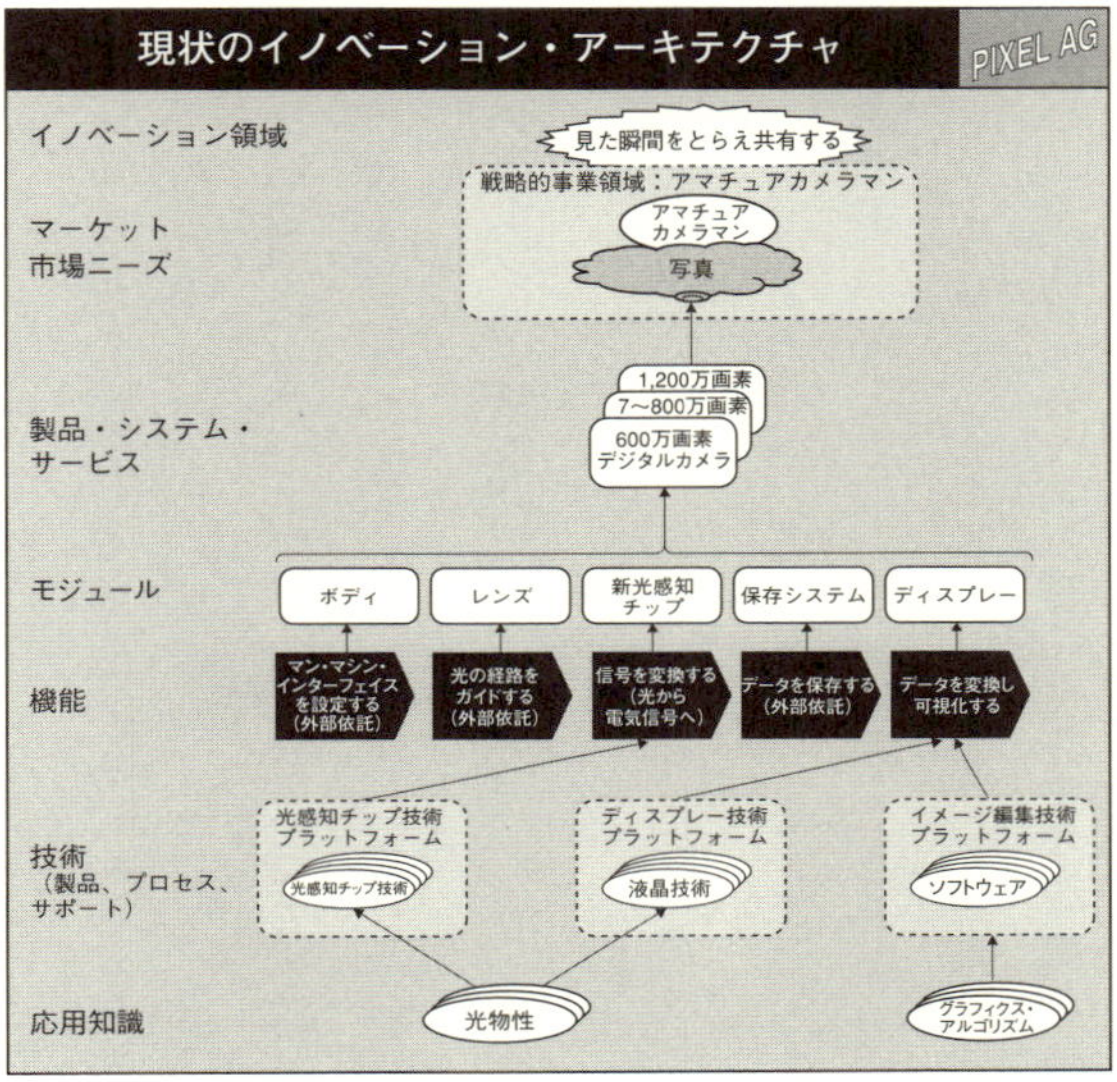

図5.18　ピクセル社での現状のイノベーション・アーキテクチャ

ックリストは次のようになる。

- ●全社的な戦略や戦略的事業単位（SBU）を統合したか。
- ●顧客ニーズを詳細に分析したか。
- ●製品、市場、ビジネス、技術のイノベーションに関係するトレンドをすべて調べたか。
- ●競争相手の新製品や技術を分析したか。また彼らの将来的戦略ポジションはどこにあるか。
- ●内部的アイデアを同定する際にゲートキーパーが参加したか。
- ●機能、イノベーション領域、事業領域、技術プラットフォームの定義は、わが社のニーズにとって適当か。

もしこれらの問いに対してすべてイエスであれば、次には新たな機会領域を体系的に同定することができる。

②　機会領域の同定

前段階はサンプリングと定義であったが、対照的にこの段階は創造的・発見的である。イノベーション領域と機能から、新たなビ事業領域と新たな技術プラットフォームを同定する。といっても、具体的技術や製品を同定するのではない。それはすでに戦略的インテリジェンス段階で行った。そうではなく、特定のイノベーションを将来開発できるチャンスをもてるような、有望領域を同定したいのである。

この目的のために、会社内のイノベーション・システムに関わっているゲートキーパたちを編成しなおした会議を設定するのが、機会領域を見出すために適切である。この会合ではブレインストームや、マインドマップ、ディスカッション66、メソッド635などの、種々の創造技法を用いることができる(一〇)。これらの方法を用いる場合、発想の質は問題ではない。メンバーからのアイデアの量が、創造性を強いるのに本質的に効くのである(一一)。会合はふたつの部分で構成すべきである。

●イノベーション領域分析(一二)：イノベーション領域の初期的定義に基づいて、初期的に事業領域を定義すべきである。たとえば、ピクセル社の場合、「見た瞬間をとらえて共有する」というイノベーション領域によって、完全な新製品ソリューションとして、デジタルカメラにサービスを付加して、写真をサーバにアップロードして加工したり、管理したり、送ったりということができるようにすることを同定可能になる。

●機能分析(一三)：イノベーション・アーキテクチャに定義された諸機能に対して、各機能を果たすにはどういう技術プラットフォームが必要かとか、どんな事業領域がそういう機能を必要とするか、という問いに答えなければならない。ピクセル社であれば、「データを可視化し変換する」という機能から同定しうる技術プラットフォームとして、平坦な表面上へのデータ発射ビーム技術がある。

同定された機会領域は会合の最後でラフに評価する。ただし定量的な評価は的はずれであって、機会領域の中に現実的にフィットするものがあるかどうかを定性的に評価するのである。そうした可能性のある機会領域は後でイノベーション・アーキテクチャの中に取り込む。

「機会領域の同定」段階へのチェックリストは次の通り：

●すべてのゲートキーパーがこの同定会合に参加したか。

●ゲートキーパーたちは準備的に定義された機能と機会領域について十分な情報を持っていて、新たな機会領域群を定義できたか。

●機会領域群をすべてイノベーション・アーキテクチャに組み入れたか。

この時点までで新機会領域群がイノベーション・アーキテクチャに組み入れられた。しかし、評価を行うためにさらに詳細化される必要がある。

③　機会領域の詳細化

ここまででまだ、イノベーション・アーキテクチャは不完全であり、アーキテクチャ内のオブジェクトの粒度はそろっていない。したがって、この段階の目的はイノベーション・アーキテクチャの中のすべてのオブジェクトを同一レベルの詳細度にすることである。これを三つの側面を考えることによって実行する。

第一に、同定した機会領域それぞれについて事業領域に合った市場と顧客ニーズを見出すことによって、また、技術プラットフォームに合った製品とプロセス技術を見出すことによって詳細化していく。そしてこれら個別オブジェクトを既存のオブジェクトに結ぶか、それができなければ、欠けているオブジェクトを見つけて統合していく。

ピクセル社の場合（図5・19）、特別な小型ビーム技術と、「ダイクロイック物理」の科学知識が必要とされた。さらに、写真を管理するためのホームページを増設するという完全なフル・ソリューションを開発するためには、写真をサーバに送るための「無線LAN」モジュールが要求される。これらモジュールはさらに別の技術を必要とする。さらに、このフル・ソリューションを販売する場合にはスタンダードとフレキシブルのバージョンを用意する必要があって、スタンダードは写真愛好家向けであり、一方、フレキシブル・バージョンはプロ写真家向けのまったく新しいビジネス領域となる。

第二に、イノベーション・アーキテクチャは対象知識に関して完全にする必要がある。このため、各オブジェクトについて既に社内知識になっているかどうかのレベルから見て評価する。図5・19のピクセル社の場合には、これを二種類の要素で区別をしている：（一）社内に対象知識がある場合は白いオブジェクトとして表し、強みとする。そして（二）社外にしかない対象知識は灰色のオブジェクトを使って、会社の弱点を表す。この二種類の区別をもっと詳しくすることもできる。たとえば、会社が保有する特定の対象知識だけを特別に表現するようなことも可能である。対象知識を何通りに区別するかは必要に応じてイノベーション・アーキテクチャに導入できる。

第三に、イノベーション・アーキテクチャは方法論的知識とメタ知識に関しても完全でなければならない。方法論的知識は図5・19にあるようにイノベーション・アーキテクチャの中に組み入れることができる。メタ知識については、イノベーション・アーキテクチャの中に組み入れて可視化する方法は限定的であり、たとえば、アーキテクチャ内のオブジェクトの中に、キーとなる数値で定量的に示されていたりする。知識の出どころのような他のメタ知識は、別途の文書として用意する必要がある。したがってメタ知識をすべて確定しようとするのではなく、会社の特別な必要や、評価段階につながるものを取り出すということを目標にする。

こうして「同定」段階の最後にでき上がったイノベーション・アーキテクチャは、図5・19のように、完全な形のイノベーション・アーキテクチャとして構築されたものとなる。次の段階（評価段階）では各オブジェクトが問題とされていくので、方法論的知識とメタ知識は二義的な重要性となり、しばしば、以下では必要以上の複雑性を避けた

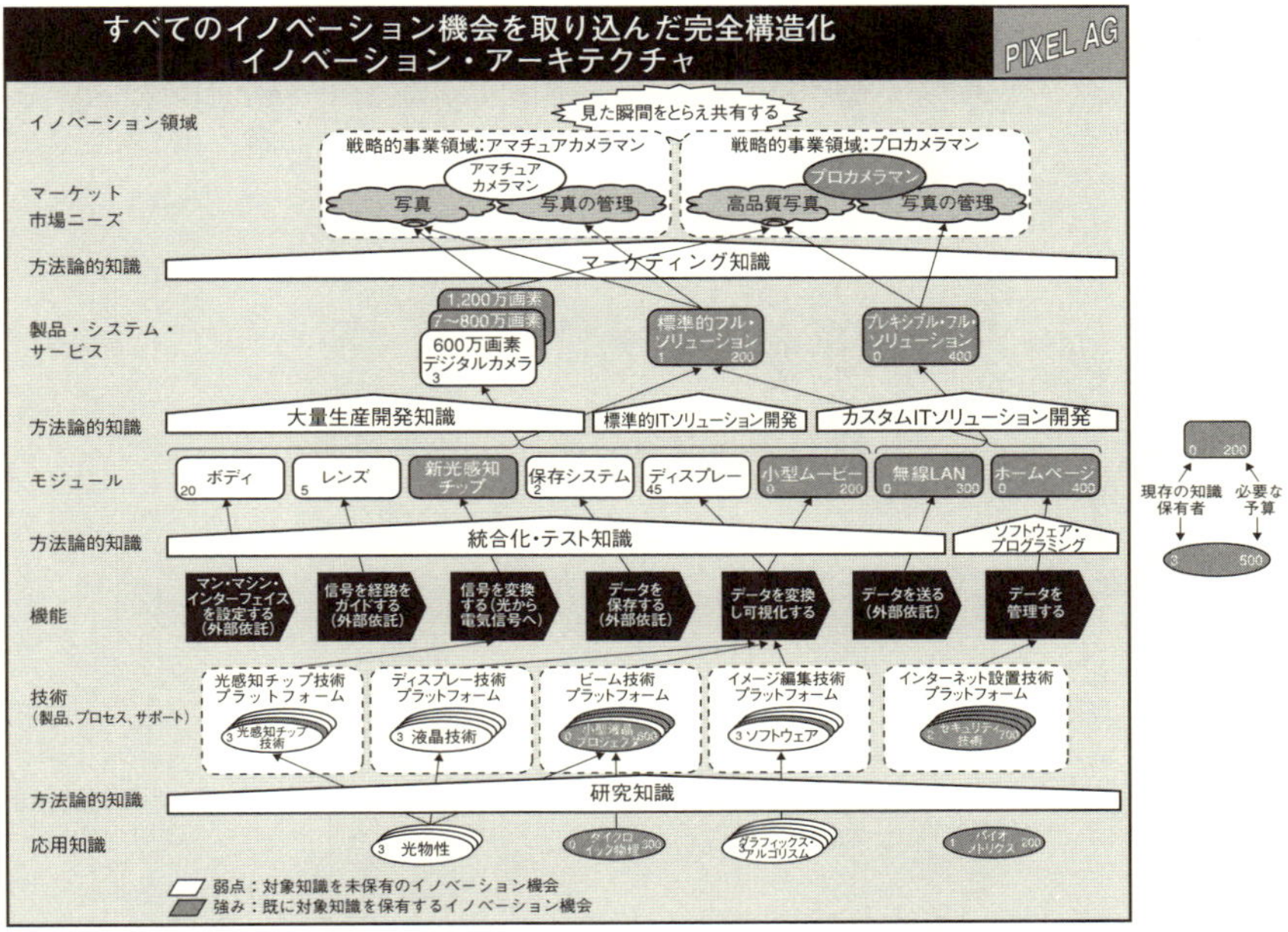

図5.19　ピクセル社のすべてのイノベーション機会を取り込んだ完全構造化イノベーション・アーキテクチャ

モデルとしてイノベーション・アーキテクチャを利用するため対象知識だけを用いることにする。方法論的知識とメタ知識については後に評価段階で触れる。

「イノベーション領域の詳細化」段階のまとめのためのチェックリストは次のとおりである。

- 同定したすべての機会領域を市場や製品、モジュールや技術、応用知識や科学知識のカスケードにおいて詳細化したか。
- アーキテクチャ内のすべてのオブジェクトがシステム的相互作用を保証するように組み入れられたか。
- イノベーション・アーキテクチャに組み入れる対象知識のレベルを、強みと弱点が可視化できるように統一したか。
- 方法論的知識とメタ知識を分析し、イノベーション・アーキテクチャに適宜組み入れたか。

イノベーション・アーキテクチャを完全にした後では，イノベーション・システムの複雑性とシステム的相互作用と進化性を明確に理解できるように仕上がっているはずである。ここまでくると十分に構造化されているので，次節で説明するようなイノベーション・システムの評価を行える状態となっている。

4　評価

「評価」段階の目的は，将来的なイノベーション対象とそれへの活動を集中化させる道筋とについての一貫した決定を用意することである。したがって，ゲートキーパーの情報やイノベーション・アーキテクチャに描かれたすべての可能領域も考慮に入れて評価を行う。はじめに「戦略的フィット評価」を行い，つぎに「定量的および定性的評価」を行い，最後に，「内作・外作／維持・売却についての評価」を行う。これら三つのステップは循環的なものであり，その目的は戦略的決定を提案するためにイノベーション・アーキテクチャを使っていくことである。

①　戦略的フィット評価

戦略的フィットの評価の目的は，会社内の価値創造システムと企業環境の中で，複数のイノベーション機会間の整合性を達成することである。論理一貫性を評価する際に，ポーターの提唱した（Porter, 1996：70頁），三種類の戦略的フィットのタイプがある。

- 一次フィットは各活動間の基本的な整合性である。これはイノベーション戦略策定の文脈では，イノベーション機会間での整合性を意味する。
- 二次フィットは互いに企業内で活動どうしが強めあう効果を持つことであり，イノベーション・アーキテクチャのイノベーション機会が、企業内部の活動全般と調和的なことである。

●三次フィットは行動の最適的効率化に向けた活動相互の強化効果を超えた、業務構造選択の最適化である。これは、イノベーション戦略の文脈では、将来に展開していく企業の内外の全体的環境の中にイノベーション機会を調和させて行くことである。

このように、企業が自社の活動システムについて二次フィットや三次フィットを達成していればいるほど、優位性の維持がそれだけ可能になる。というのは、そうしたフィットは外部から見ても解きほぐせないような業務の結合であって容易に真似できないからである（Porter, 1996：70頁）。

三種類の戦略的フィットの認識に基づき、それぞれに適用可能なツールがある。いずれもイノベーション・アーキテクチャと関連させたものである。以下で説明するのは企業のための完全なツールセットというのではなく、むしろ、各企業のニーズ合わせて完成されていくべきものである。

一次フィットのためのツール：一次フィットを達成するために、イノベーション・アーキテクチャ自体がイノベーション機会相互の整合性を確保していくためのツールである。一般的には、「機会領域の詳細化」段階でこの整合性が得られている。なぜなら、イノベーション機会どうしが全体的に相互作用があるかを確認し、各カスケードのオブジェクトが線で結ばれているからである。

さらに**機能関連法**を使うこともできる（Biedermann et al., 1998：549頁）。このツールはマーケットプル的活動と、テクノロジープッシュ的活動を取りだしてそれらの調和を図ろうするものであって、多くの著者によればかならずマスターすべきものである（たとえば、Leenders and Wierenga, 2002；Sounder, 2004）。より具体的には、機能関連法は顧客ニーズと製品技術が製品機能の上にどのように位置しているかに基づく。この点を最適に決めることができるのはマーケティングとR&Dの人たちで、その際には、製品技術由来の機能が個々の顧客ニーズに応えられるかどうか、また、顧客が要求する機能をR&Dがもっている製品技術で満たせるのかといったことに答えることになる。この機能関連法を図5・20のように、機能のレベルで技術サイドを市場サイドに結びつけるやり方で、イノベーション・アーキテクチャの中で実行する。

二次フィットのツール：二次フィットをもたせて、したがって、企業全体にフィットするためには、**成功要因（KSF）分析**を行う。このツールの目的は企業の成功要因を分析することである。成功要因は、主要消費要因（顧客の購入決定に影響する要因）、主要購入要因（小売りに影響する要因）、および成功への主要要因（企業を競合相手から差別化する要因）から成っている。たとえばピクセル社の場合は、図5・21のように、プロカメラマンに対する消費要因として、ホームページを変更してプロカメラマンのシステムに適合するようにし、公の場でプロとしての認知度を上げるようにすることが重要になる。カメラショップからの購入要因としては、最終的には、ホームページを作り替えていくとともにITサポートを実施していくことである。成功への要因は、個客マーケティングとイノベーションを活発に行うことである。

これらの成功要因の三つのカテゴリーをさらに詳細化していき、企業にすでにある、あるいは、企業がもつべきコンピテンシーになるようにする。たとえば、重要消費要因の「ホームページを独特のシステムに変更する」ことについては、企業のR&D部門ではフレキシブルなホームページ編成ソフトを開発し、かつ、カメラショップへのITサポートを提供しなければならない。したがって、これら必要なコンピテンシーは、イノベーション・アーキテクチャの中の必要な知識であることにほかならず、対象知識のどれかと一致するはずである。もしそうでないときにはイノベーション・アーキテクチャを変更する。

戦略の二次フィットを達成するための第二のツールは、**コア・コンピタンス分析**である（Prahalad and Hamel, 1990）。コア・コンピタンスは競争優位性の主要部分であるので、イノベーション・システムがそれを強化する必要がある。したがっ

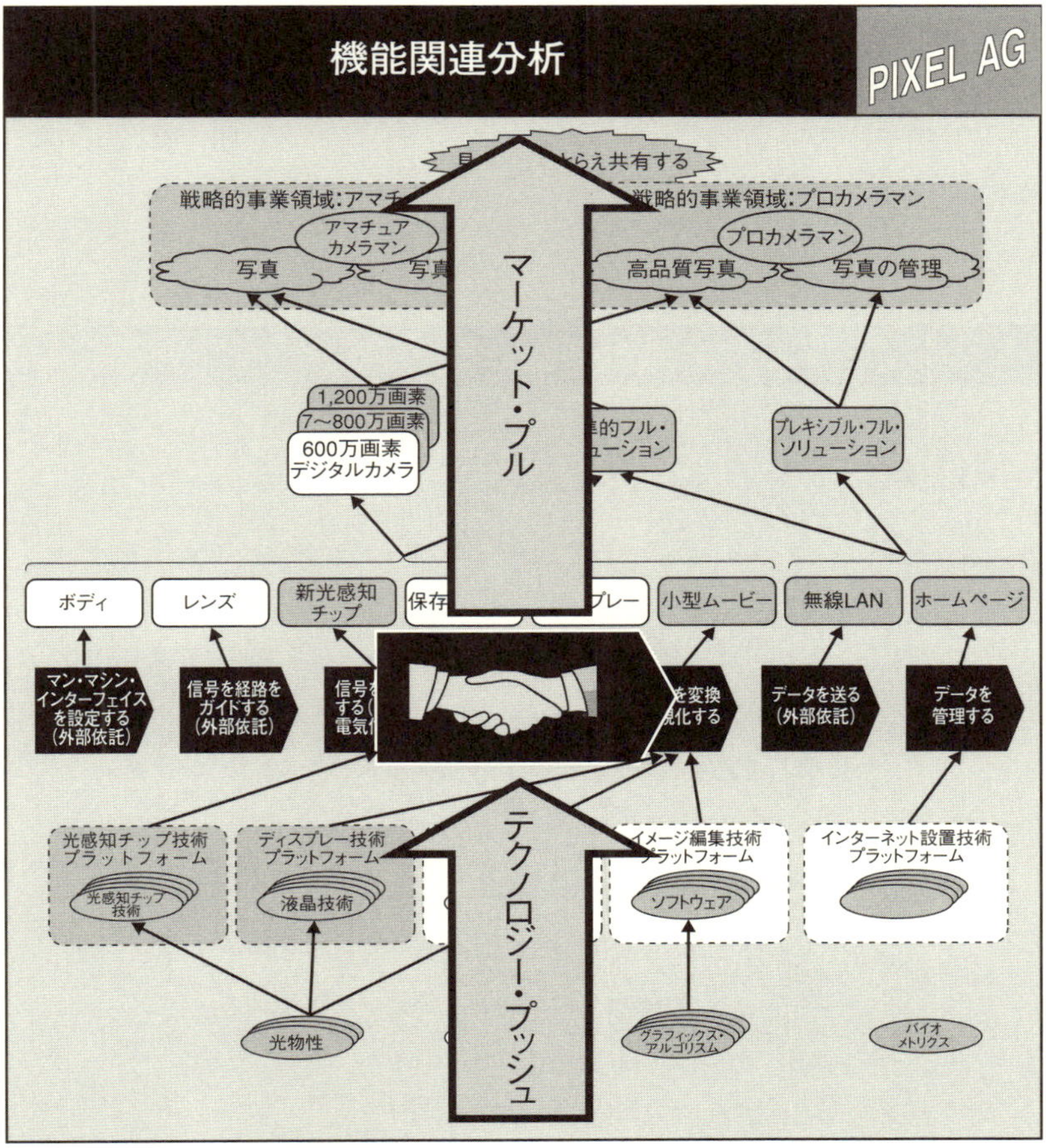

図5.20　ピクセル社の機能関連分析

て、コア・コンピタンスを強化するイノベーション機会は、将来もコア・コンピタンスである可能性も高いわけだから、他のイノベーション機会よりも価値があることが多い。なので、イノベーション・アーキテクチャの対象知識は、企業全体から見たコア・コンピタンスの路線に沿ったものでなければならない（図5・22）。

このとき注意すべきことは、方法論的知識とメタ知識がコンピタンスと、とりわけ、コア・コンピタンスの方向に沿っていることである。それによって、イノベーション機会の内容は企業とフィットし、二次フィットが保証されることになる。

三次フィットのためのツール：三次フィットは、イノベーション機会を将来的に最適に実現できるように、企業環境の展開とイノベーション・システムのベクトルを合わせることである。

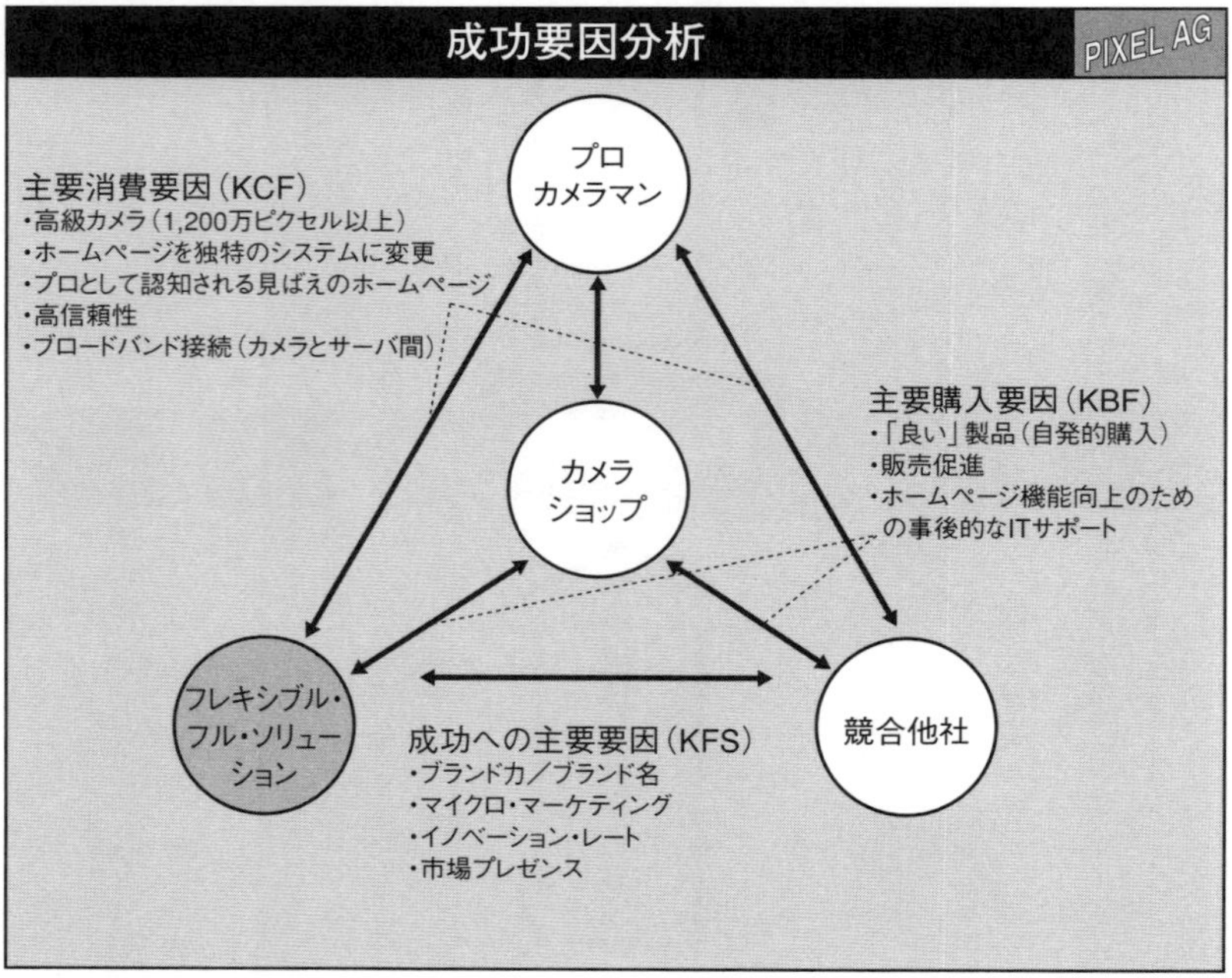

図5. 21　ピクセル社の成功要因分析

シナリオ技法（Holt, 1988：139頁）は、いくつかの代替的未来を理解するためのとっかかりとなるツールである。起こりうるイベントとそこから考えうる状況を検討することで実施する。したがって一つの試みとして、現在から始めていくつかのイベントが引き続いて起こったときを、将来状況がどのようになるかについてステップ・バイ・ステップで示す。シナリオ技法のねらいは将来の展開に備えておくことである。つまり、将来においては意思決定者にとって多くの選択が可能であるが、あらかじめ複数シナリオを想定することで全体として最も満足できるシナリオを選択をしようとするのである（一四）。シナリオ技法を、特に市場環境と技術的環境に適用すれば、将来像をよりシャープに描くことが可能となる。その将来像はイノベーション・アーキテクチャの中のイノベーション領域に沿ったものになっているはずである（図5・23）。

結果として得られたシナリオにおいて次の問いに応える必要がある。

- **今後の五年から十年後の顧客は誰になるか。どの顧客のニーズに応えるのか。顧客ニーズは今後五年から十年でどのように変化していくか。どの製品に影響するか。**
- **市場の構成はどのように変化するか。セグメントの変化の方向性はどうなりそうか。地域別の違いは何か。**
- **市場のトレンドとしてどのようなものがあるか。**
- **サプライヤの位置づけはどうなるか。サプライヤが川下統合をする可能性はあるか。**
- **今後五年から十年で技術的発展がビジネスをどのように変えていくか。生産プロセスではどういった変化がありそうか。情報やデータの流れはどう変わるか。**
- **誰が競争相手になりそうか。これまでの五～十年間で彼等はどう変わってきたか。競争相手はどんな戦略的方向性をもっているか。国際展開する際の重要ポイントは何か。**

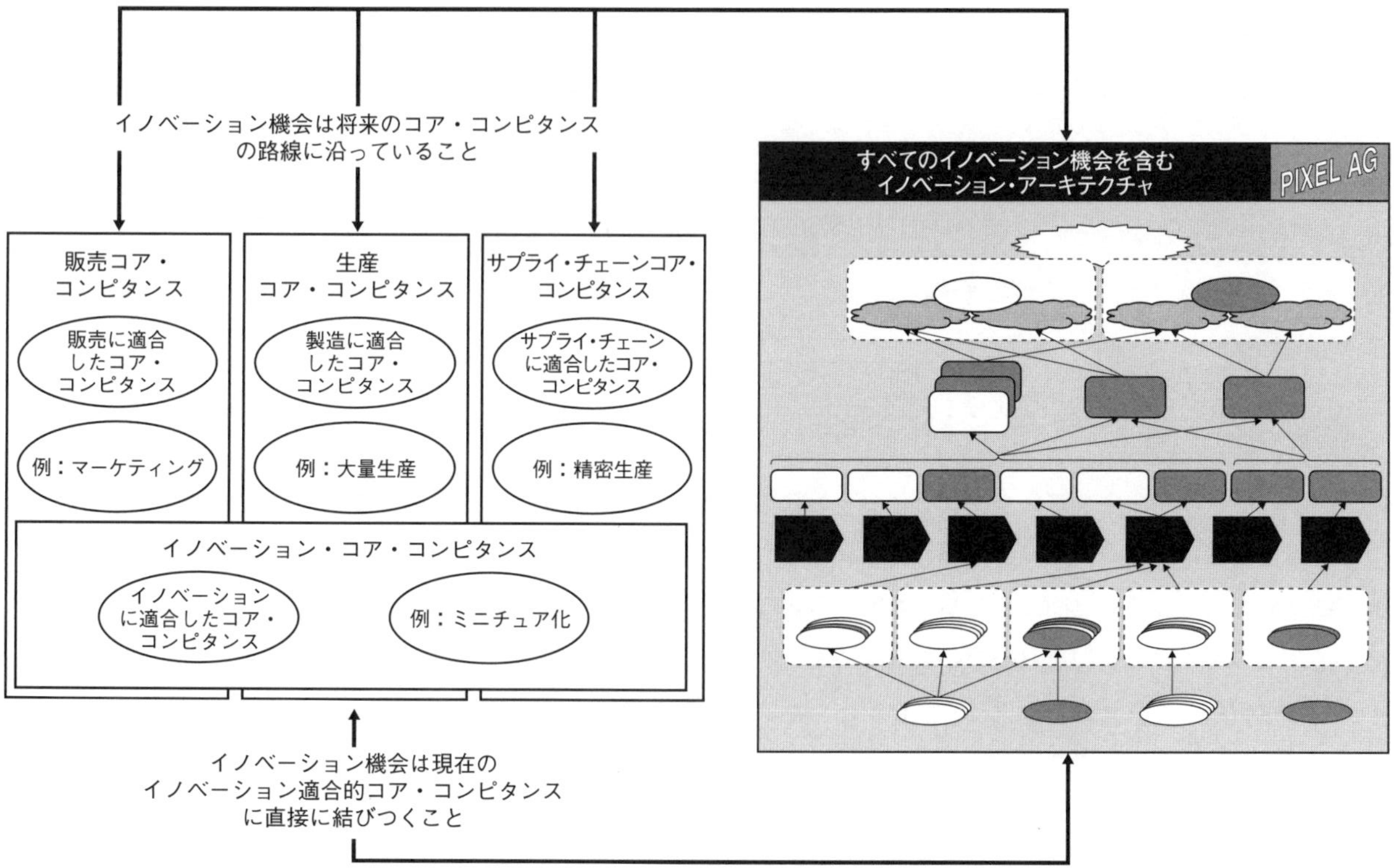

図5.22　ピクセル社のコア・コンピタンスの分析

●他の制約は何か。将来的なコンピタンス、環境要因、および労働力にねざした明白な制約はあるか。

これらの問いかけから見て、この文脈ではシナリオ技法がポーターのファイブ・フォース・モデルと同等のツールであることが明白である。したがって、企業がイノベーションを展開して将来の競争優位を獲得するために、この技法が基本的であることを理解できる。

三次フィットのための二つ目の技法は、**市場ポートフォリオ分析**である。どの市場への投資が賢明かを理解することがその目的である。マーケット・ポートフォリオ分析としていくつかの異なる概念がある。マッキンゼーの「ポートフォリオ・マトリックス」と、ボストン・コンサルティング・グループの「製品マトリックス」の二つの概念がよく使われるようである。「マッキンゼーのポートフォリオ・マトリックス」は、自社の競争力と市場の魅力度の分析に基づいて、製品系列と製品多角化プロジェクトとの相対的ポジションを決めるのを助ける。したがって、それは「新たな事業領域への多角化についての決定においても、また、資源配分（と除去の可能性）の戦略的決定においても分析の基盤となる」（Holt, 1988：247頁）。対照的に、「ボストン・コンサルティング・グループの製品マトリックス（Henderson, 2003：42頁）」は、「相対的な市場シェアと市場の成長パターンに基づく製品系列の相対的ポジションを決定することを助け」、したがって、それは「製品系列の維持や組み換えについての戦略的決定の分析基盤となる」（Holt, 1988：250頁）。市場ポートフォリオ分析の結果は―ボストン・コンサルティング・グループの方法でもマッキンゼーの方法の場合でも―イノベーション・アーキテクチャのイノベーション領域と完全に方向性がそろっている必要がある（図5・24）。

三つの戦略的フィットをまとめるにあたっては、チェックリストとして、次のような問いに肯定的に答えられなけ

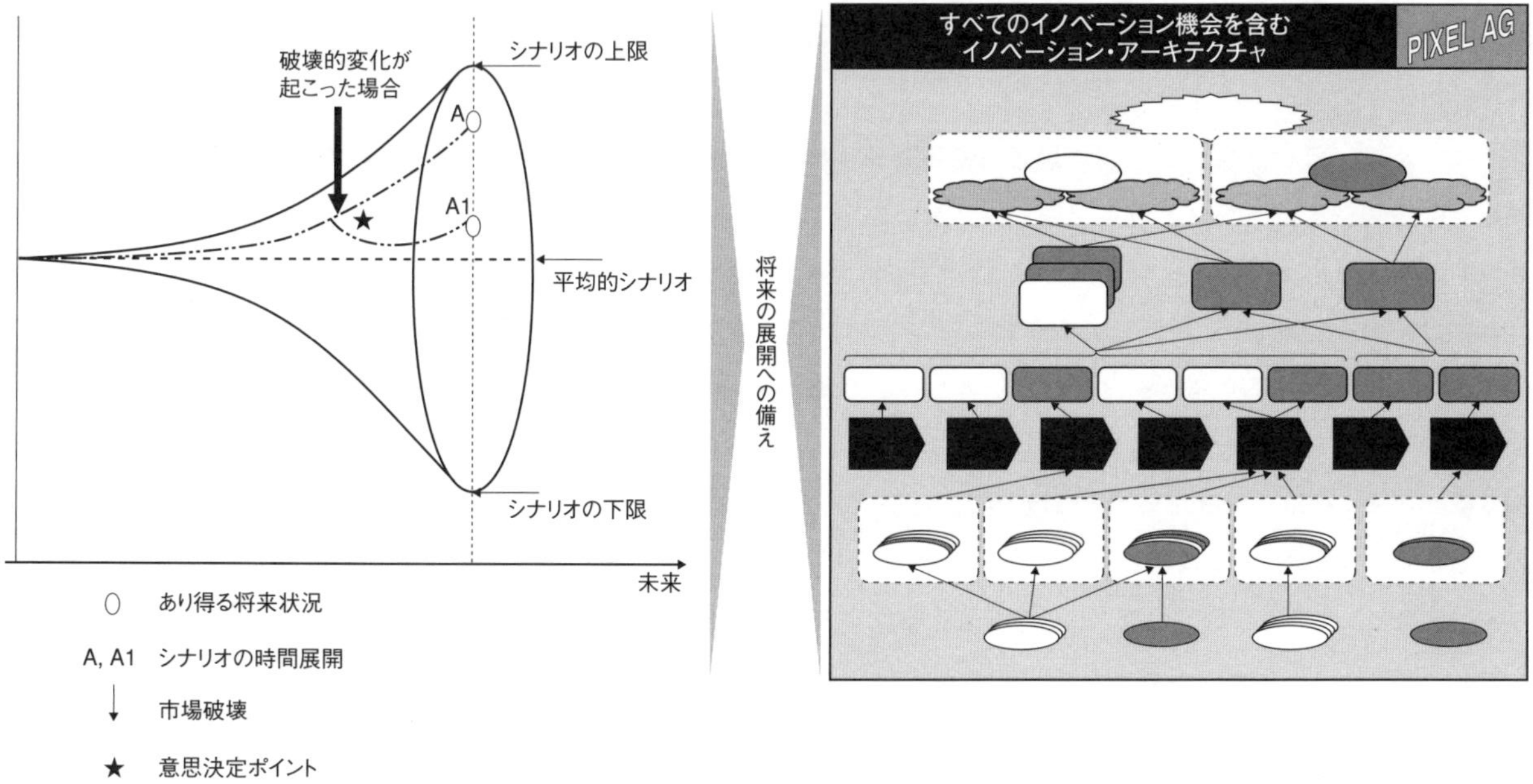

図5. 23　ピクセル社でのシナリオ技法

ればならない。

●それぞれのイノベーション機会は全体的一貫性、特に、マーケット・プルとテクノロジー・プッシュの間のフィットを損なっていないか。

●イノベーション領域はたがいに強化するか。また、企業内活動がコンピテンス、特にコア・コンピテンスを強化するか。

●イノベーション機会は、想定した種々シナリオの中で、将来へ向けた仕事を最適化するか。

●イノベーション機会は企業戦略や事業部戦略とベクトルがあっているか。

評価がここまで進むとイノベーション機会はフィットに関して分析が済んでいる。この後はさらに、定量的評価と定性的評価を行う必要がある。

② 定量的評価と定性的評価

定量・定性分析ではイノベーション機会のフィージビリティ（実行可能性）を知識と時間の側面、および利益の面から判定していく。そのために三つのツールを用いる。さらに、全体的にとりまとめるためにダイナミック技術ポートフォリオについても説明する。

知識のフィージビリティ評価は、**知識ギャップ分析**がよいツールである。その分析の結果、マネジメントはどこに新たな洞察を求め、時間とエネルギーを振り向けるかについての示唆を得ることができる（Krogh et al., 2001：431頁）。しかし、あわてて知識ギャップを埋めようと投資する前に、知識が社外にあるのか、または社内で用意して行けるのか、さらに、戦略的重要性を考えて社内で開発していかなければならないかどうかを決定しなければならない。こう

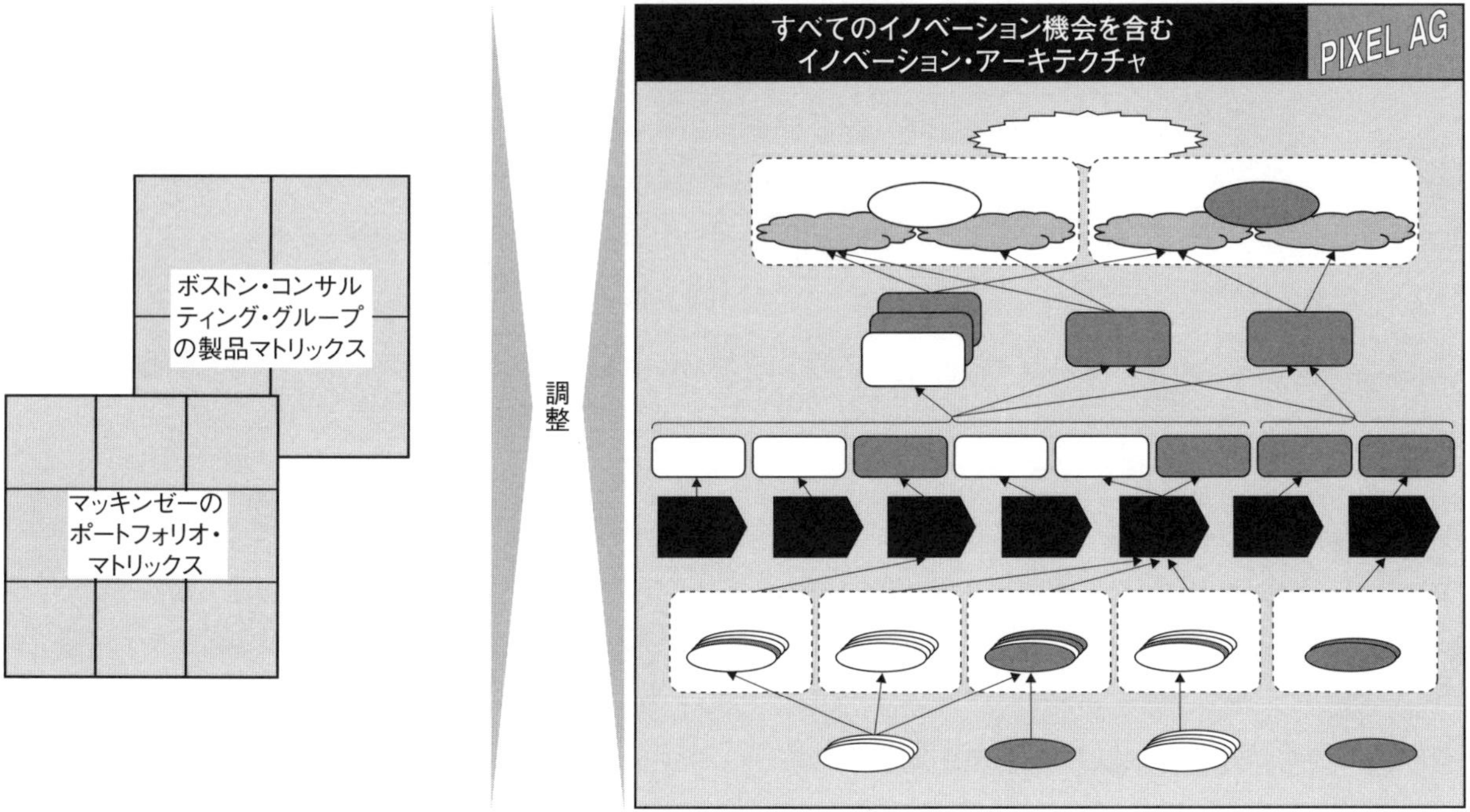

図5.24　ピクセル社の市場ポートフォリオ分

した解答を組み合わせることで、個々の知識ギャップを扱う方向が見えてくる。イノベーション・アーキテクチャと組み合わせれば、知識ギャップ分析を各オブジェクトや方法論的知識やメタ知識について、少なくともオブジェクトのクラスタについて試みて、具体的なイノベーションのための知識を開発する方向を探るべきである。

たとえば、ピクセル社ではインターネット技術の知識をまったく持っていなかった。同時に、社内でその技術を育成していくことは現状では不可能であり、社外技術として存在した。けれどもこの技術は社内での育成が非常に重要であって、それによって競争優位性を維持できるのであった（図5・25）。

時間に関してフィージビリティを確保するには、**イノベーション・ロードマップ**（十五）を使うことができる。それは技術と製品と市場の組み合わせを示す計画表である。したがって、イノベーションション・ロードマップは、時間軸に対して基本的なイノベーション領域の開発時期を描いていく。ロードマップは将来イメージを理解するのを促して、R&Dとマーケティングが時間的歩調を合わせるのを助けたいわけである。イノベーション・アーキテクチャを使えばロードマップを作るのに困難はない。図5・26に示されるように、未開発・未完了の対象知識を時間軸に沿って取り出してくればよい。イノベーション・ロードマップは、技術や製品のR&Dの終了期限を市場への投入時期との関係を表示することで、厳密に指定する。さらに、イノベーション・アーキテクチャを使えば、何かの開発に遅れが発生したときの影響関係を吟味することにも有用である。イノベーション・ロードマップの別の優位な点は、現時点からの所要時間の積み上げ計算をしていくことで、顧客要求に基づく市場投入時期を変更するチャンスを用意することである。

イノベーション機会による収益性を確保するために、収益性分析に続いて**資源配分**をする必要がある。イノベーション・アーキテクチャに基づいて、多くのオブジェクトと方法論的知識とメタ知識に対して、人的資源や財源という資源を配分することで行っていく。配分する資源の数を管理可能範囲におさめるためには、適当な大きさの資源ごと

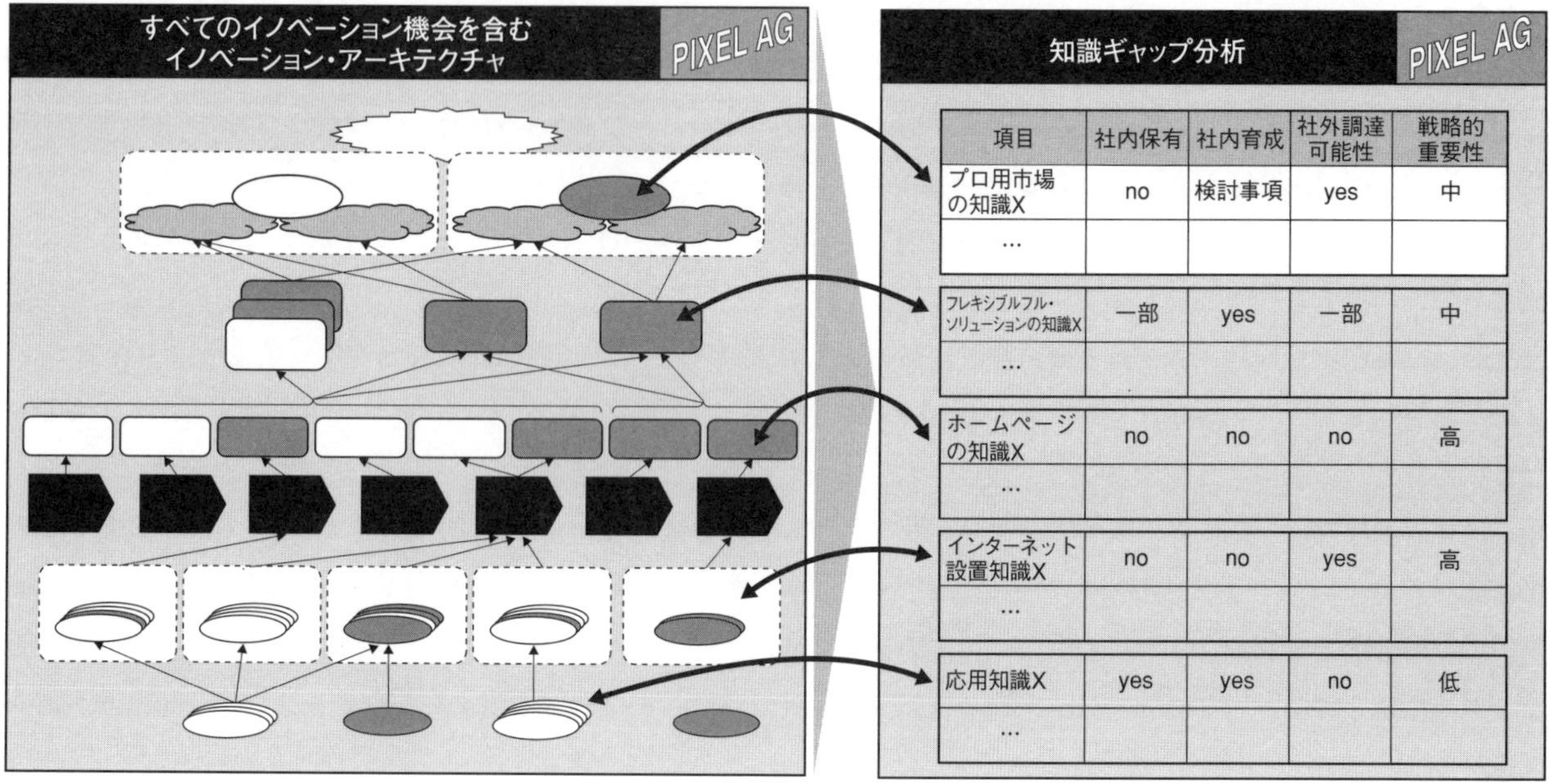

図5. 25　ピクセル社における知識ギャップ分析

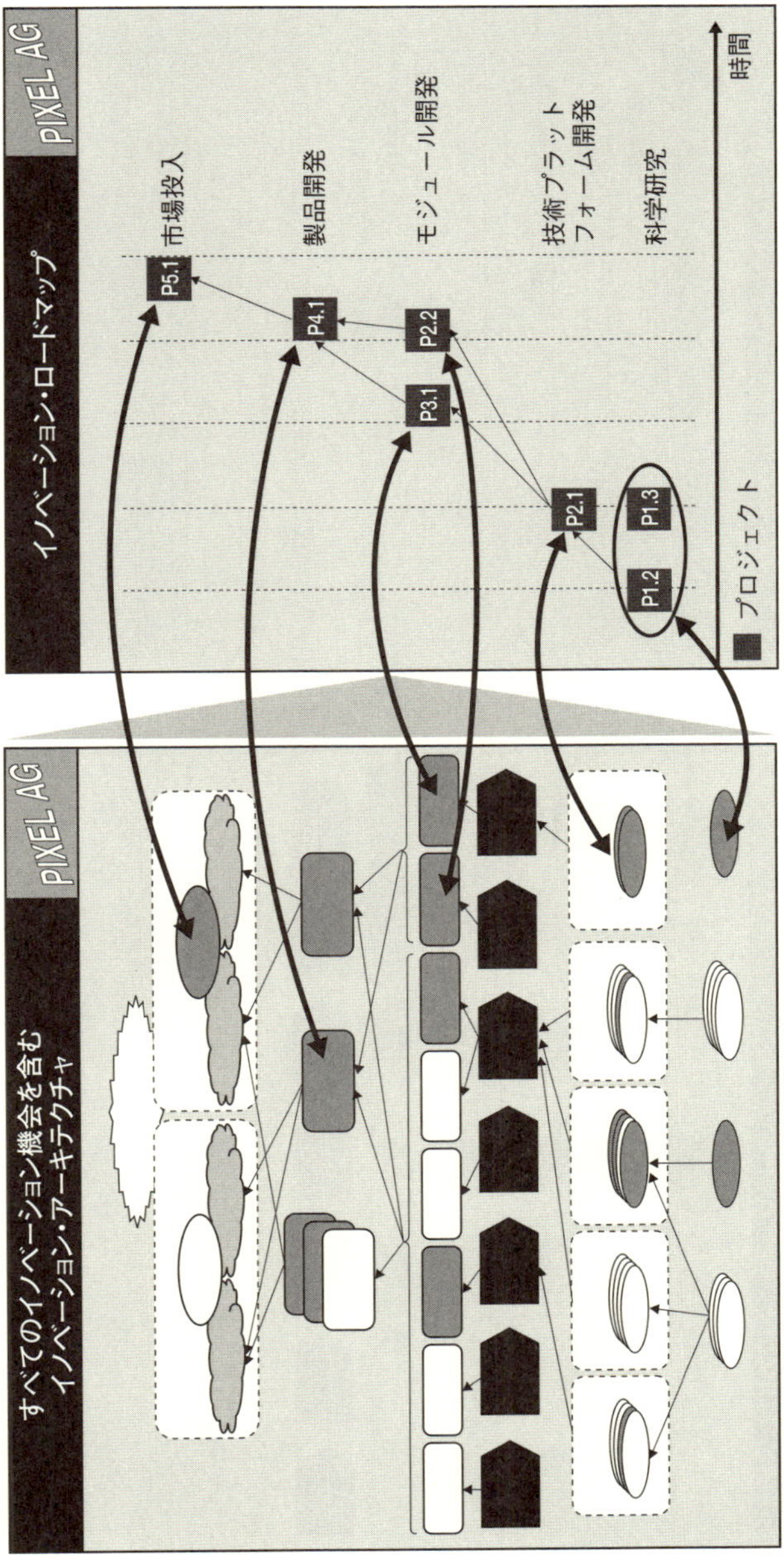

図5.26　ピクセル社でのイノベーション・ロードマップ

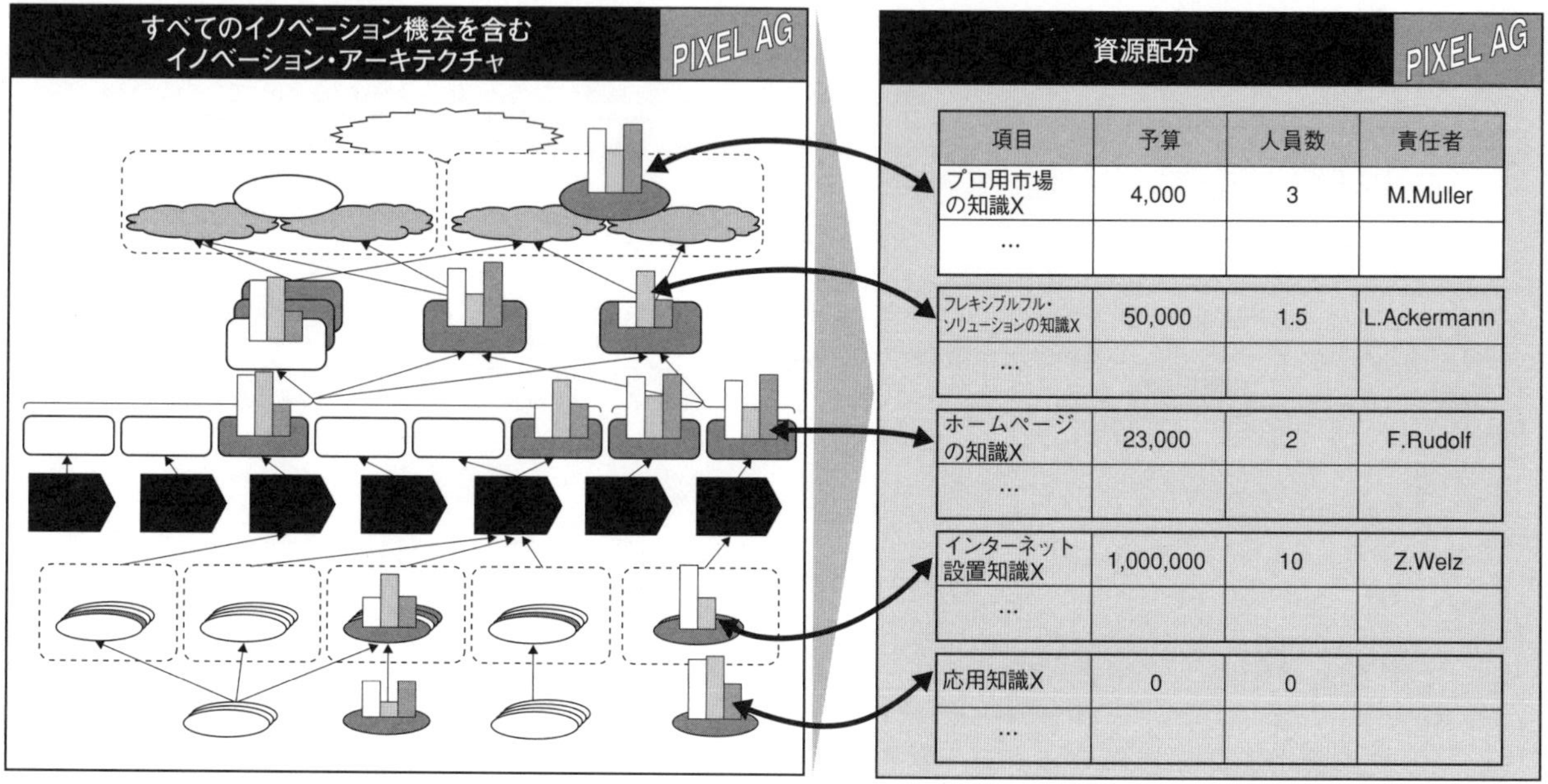

PIXEL AG

項目	予算	人員数	責任者
プロ用市場の知識X	4,000	3	M.Muller
...			
フレキシブル・ソリューションの知識X	50,000	1.5	L.Ackermann
...			
ホームページの知識X	23,000	2	F.Rudolf
...			
インターネット設置知識X	1,000,000	10	Z.Welz
...			
応用知識X	0	0	
...			

すべてのイノベーション機会を含むイノベーション・アーキテクチャ

図5. 27　ピクセル社の資源配分

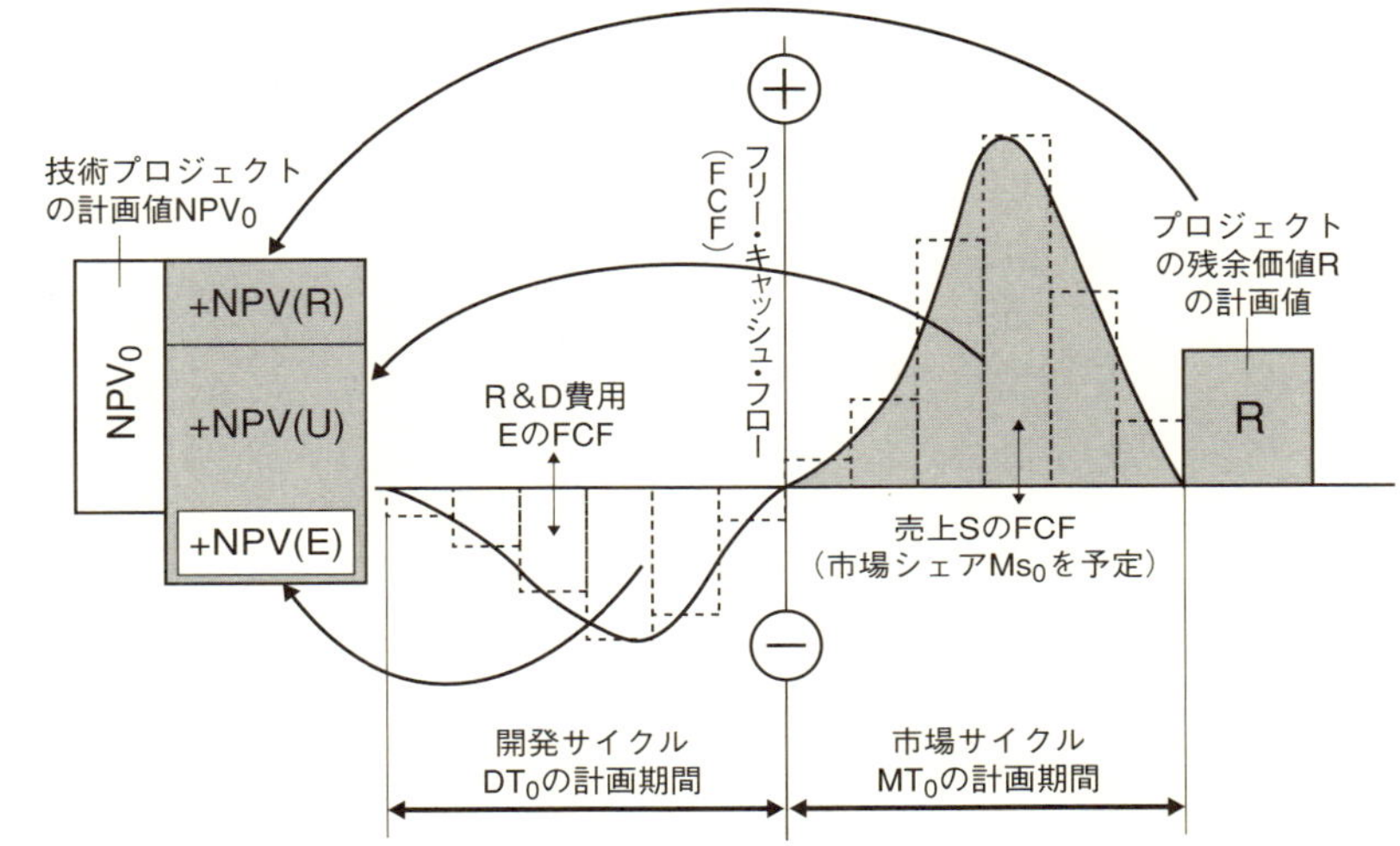

出典：Tschirky（1998a: 348）

図5. 28　R&D プロジェクトの現在価値の計算

の担当者を置かなければならない。このような資源配分を可視化したのが図5・27である。

資源配分に加えて、投資に対する収益を分析する必要がある。具体的な顧客ニーズに応えるように、資源配分が計上されている。注意点として、いろいろな市場で使われた技術や製品のコストは、それらの市場ごとに分割される必要があることである。また、すべての収入は時間を考慮に入れて分析される。こうしたデータを用いて、投資や回収の計算を行うことができる。その際、常識的な方法や、割引フリー・キャッシュ・フロー分析に基づいた正味現在価値法（NPV）を用いることできる。たとえば、ラパポート（Rappaport, 1986）によれば、NPVは「全体的会社価値の増加または減少と関連のある数字を表している。この計算手順によって」イノベーション戦略と「R&Dプロジェクトに対するトップ・マネジメントの関心の方が、、財務プロジェクトのデータに対する関心よりも高いことは明らかである。後者は単に調査部門内の限られた観点から導き出されているからである。」NPVを計算する手順は図5・28である。

これらの計算方法に加えて主要指標値がいくつか計算できる（二六）。どの指標を用いるかは企業の独自の文脈に依存する。

結論として、三つのツール—知識ギャップ分析、イノベーション・ロードマップ、投資計算と資源配分—を使うことは、定量的・定性的評価を行うための良い基礎となる。それにしても、これらは結果として、トップ・マネジメントのに対して大量の情報をもたらしてしまうため、何らかのまとめが必須である。その目的のために、**ダイナミック技術ポートフォリオ**は適当なツールである（図5・29）。

このポートフォリオはすべての主要技術を「技術的な魅力」にしたがって評価し位置づける。「技術的魅力」はイノベーションの市場の可能性や、たとえば、社内で現在でも利用可能というような、技術面の強みと関係する。ポートフォリオを作成するためのデータ

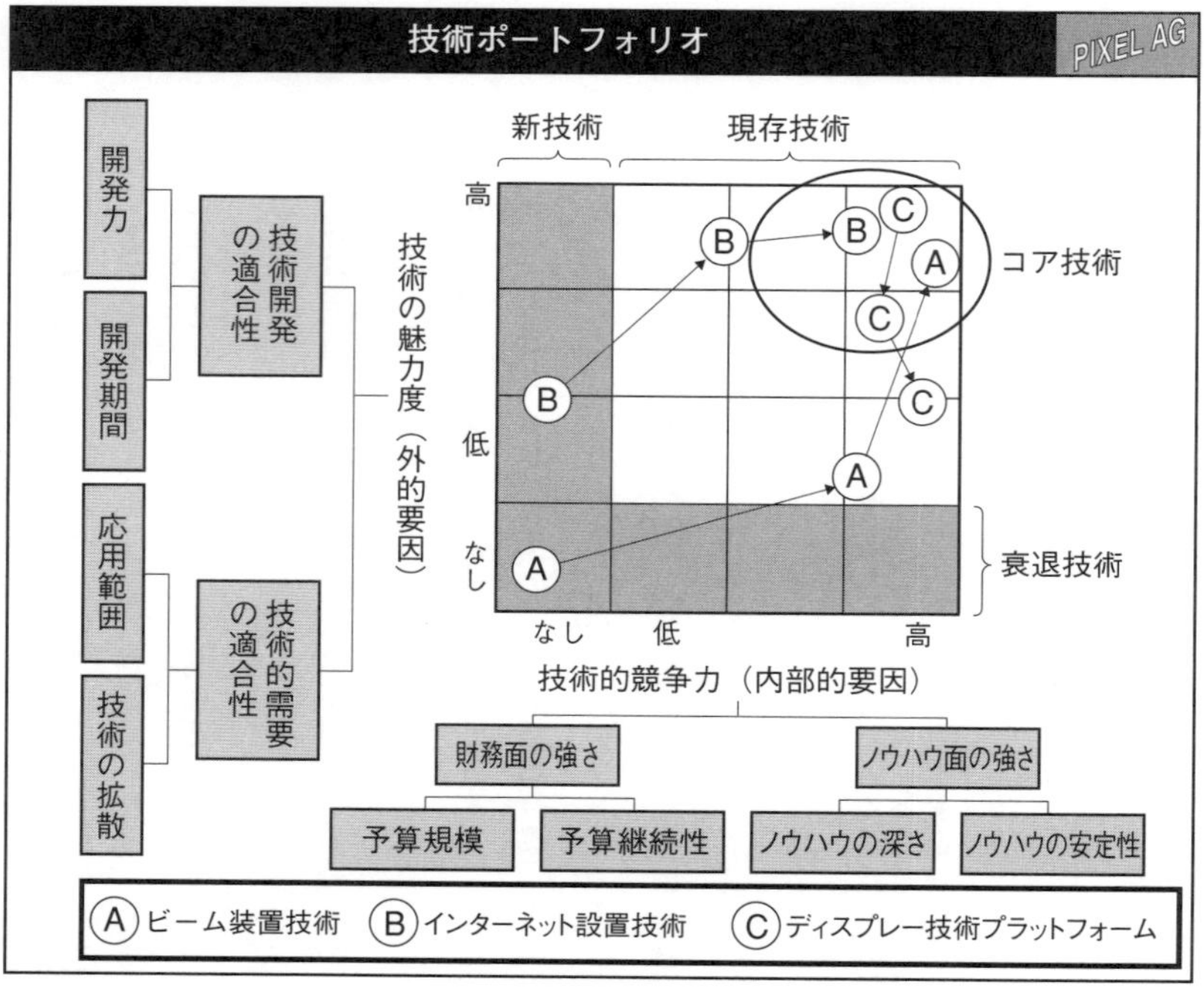

図5. 29　ピクセル社のダイナミック技術ポートフォリオ

は、イノベーション戦略策定プロセスの中で前段階での分析からもってこれる。

いったんポートフォリオが作られれば、戦略的評価を実施できる。この際、技術開発の資源を増やすのか、減らすのか、さらには年代物の技術からの撤退なのか、というように、資源の使いみちに優先順位をつけることに焦点をおく。撤退の場合、通常は社内での十分な議論が必要になる。特にコア技術の場合であればコンセンサスを得ることが必要である。コア技術はそれ自体が戦略的知識資産を構成しているし、これまで高い優先度で社内開発されているものである。また、ダイナミック技術ポートフォリオは、社内資源を欠いていても魅力的であるような技術をも組み入れている。

技術ポートフォリオの最大の利点は、戦略的情報を高度に圧縮しながら、なお、戦略的決定のコミュニケーションを容易にするところである。さらに、うまく完成させた技術ポートフォリオは、継続的にR＆Dや製造やマーケティングの専門家の間でコラボレーションしたことが体現されているし、専門家間で共同で作業したこと自体に意味がある。

ピクセル社の簡略版の技術ポートフォリオ（図5・29）では、液晶による表示技術は現時点でのコア技術であるが、将来にはその輝きを失うであろうことが示されている。対照的なのがインターネット技術で、現在すでに魅力的であり、それは将来にも重要性を保ったままである。したがって、コア技術の一つとなる可能性がある。

「定量的・定性的評価」ステップの結果を要約したものが技術ポートフォリオであり、イノベーション・システムに対する戦略的目標を提案する。定量的・定性的評価で答えるべき本質的問いは以下のものである。

- **知識ギャップは明らかになっているか。個々のイノベーション機会の戦略的重要性は明らかか。**
- **イノベーション機会を展開していくのに必要となる時間は詳細レベルで明らかになっているか。**

●イノベーション機会のための財務的な重要指標は明らかになったか。指標は通常、各社の文脈で異なるものである。
●ダイナミック技術ポートフォリオを有意味に構成できたか。
●どれを実施していくかという決定が可能になっているか。

評価段階の目的は戦略的目標の評価であったが、それと同時に、戦略的経路の評価もまた、戦略の決定と策定のために本質的である[一七]。これは次の節で取り扱う。

③ 内作または外作／維持または売却の評価

前節では「どこへ向かうか」という問いが中心的だった。今度は「内作または外作／維持または売却」という問いが本質的となる。つまり、イノベーション機会を社内で開発するのか、または社外で行うのか。また、イノベーション・アーキテクチャの中の既存オブジェクトについて、それを維持すべきなのか、売却すべきなのかということである。

内作・外作の意思決定は、ブロートベック（Brodbeck, 1999）によれば次の側面を検討する[一八]：有限資源、開発時間、固定費、調整、外作の代替案、パートナー企業との組織文化的適合性、などである。これらの側面の多くはここまでの作業ステップで考察済みなので、内作か外作かの決定の準備の一部として使える。内作・外作の根拠をまとめたのが図5・30である。

ブロートベック[一九]（1999：114頁）によれば、維持か売却かの決定は次のような側面を考慮する：内部収益率、市場開発費用の高額化を見込んだ売却の可能性、代替品の活用可能性、R&D学習曲線の共有化、などがある。これらのいくつかはすでに以前の段階で扱った。これらの結果を適当な追加情報があれば十分にこの文脈での決定を行える。

ピクセル社の場合では、こうした内作・外作／維持・売却の評価によってプロ・カメラマン市場が否定され、必然

「内作」の戦略的理由	「外作」の戦略的理由
●コアとなる競争力の育成 ●技術リーダーシップを得る ●イノベーションプロセス全体の管理 ●独自性の獲得 ●排他的な所有 ●開発方法決定での自由を得る ●使用技術決定での自由を得る ●顧客への優位イメージのアピール ●自社が技術志向であることのアピール	●競争戦略上の低い重要性 ●すぐに新技術を自社で使いたい ●技術的リスクの切り離し ●固定費削減 ●技術開発の時間をショートカット ●シナジー効果を狙う ●自社内に高い柔軟性を保持する

「維持」の戦略的理由	「売却」の戦略的理由
●コア競争力のひとつ ●排他的保有 ●多製品を可能にする基盤技術である ●オンリーワンを目指す ●市場活動での決定での自由を得る ●顧客への技術的優位性イメージを提示	●コア的ではない技術 ●新たな市場へ出るために不要と判断 ●技術投資の消却として一番高値の時期と判断 ●技術を売ることで、多くの応用商品で市場拡大が期待できる ●技術的リーダーシップをとれる ●保有資源をまもるため

原典：Brodbeck（1999, 101と116頁）を改変。

図5. 30　内作・外作／維持・売却の理由

的に、フレキシブル・フル・ソリューションも否定された。ピクセル社自身でITサービスをそろえることは不可能なためであった。また、「データ管理」機能については外注することを決定した。その機能を社内で保持することの重要性は論を待たないが、しかし社内には他社と競合しうるほどの技術能力がほとんど見当たらないからである。

内作・外作／維持・売却の議論には、適宜グループ分けしたオブジェクト知識や方法論的知識、メタ知識をすべて対象にすべきである。したがって、このステップの最後には、それらグループごとに以下の問いへの回答が用意されてされた状態になっているはずである。

●イノベーション・アーキテクチャの中の各イノベーション機会について、それぞれをどのように展開していくかを詳細に分析したか。社内開発で行くか、または社外から購入するか。

●イノベーション領域ごとのグループにまとめたオブジェクト知識、方法論的知識、メタ知識を吟味して、今後もまだ必要かどうか決定したか。社内に維持していくのか、または売却か。

●それらの決定によって決まってくる、イノベーション機会への戦略的経路は明らかになったか。

5 決定と策定

① イノベーション戦略の決定

本節では、評価段階を経て戦略的決定の実行を提案するに至った。その戦略決定は、展開していくイノベーション分野と、内作・外作／維持・売却提案としての戦略経路という形の戦略目標になっている。

それでもまだ、この「主に事実ベースの戦略的決定」に対して大きな影響力をおよぼすソフトな要因がある（Hunger and Wheelen, 2002：115頁）。そうしたソフト要因は決定に関わる重要利益団体の中に埋もれていることがある。ハンガーとウィーレン（2002：115頁）に基づき、考慮すべきもっとも重要な利益団体を以下のようにリストアップできる。

ステークホルダーからの影響：どの戦略案が魅力があるかについては、企業の運営環境の中の主要ステークホルダーがどのように認識するかによって影響を受ける。債権者にとっては期限内の支払いが重要である。労働組合は、労働対価と雇用確保について圧力をかけてくる。政府や圧力団体は社会的責任を要求するし、株主は配当に関心がある。マネジメントはこうしたプレッシャーすべてを考慮しつつ、ベストな戦略案を選ぶわけである。個々の決定へのステークホルダーの関心事の重要度を考慮する際、戦略決定責任者として考えるべき四つの問いがある。（一）どのステークホルダーが会社の業績にもっとも厳しいか。（二）ひとつの戦略案ごとには彼らは何をどのぐらい要求するか。（三）彼らのほしいものが得られなかったときには、どういう行動をとるだろうか。（四）そうした行動をとる確率はどの程度か。戦略担当者としては、外部からの圧力を最小化しつつステークホルダーからの支持を最大化する戦略を採用したいわけである。さらに、トップ・マネジメントは、最も影響力のあるステークホルダーに対して政治的戦略をとることも考えられる。そうした政治的戦略とは、支持団体の立ち上げ、議員や政党への寄付、意見広告、政治家等への陳情、および、連携である。

企業文化からの影響：戦略が企業文化と合わなければ、まず成功は望めない。しぶしぶの服従やサボりが横行しかねず、また、企業哲学の大変化には社員は闘争さえするだろう。慣例が、マネジメントが真剣に扱っている目標や戦略の幅を制約する傾向があるのである。創業者の「オーラ」や価値観が企業文化の中に深く根をおろしていて、彼の生存期間を超えて長く残っていることもあるだろう。

戦略案を練るにあたって、戦略担当マネジメントは戦略と企業文化との整合性を考慮に入れる必要がある。もしあまりフィットしていないときには、担当マネジメントは次の（一）から（四）のような何らかの方策を考える必要がある。（一）いちかばちか、文化を無視してやってみる。（二）企業文化に抵触するのを避けて実施プランを変更する。（三）戦略に合わせて企業文化を変えることを試みる。（四）企業文化に合うように戦略を変更する。さらに言えば、特定の戦略を進めるにあたって、企業文化を変えるという覚悟を無視したり、企業文化を避けて通るという覚悟がないのは（いずれもやりにくくて時間を要するが）、危険極まりない。しかも、企業が実施する戦略が企業文化に完全に合致しているものばかりであるというのは、最大の収益性をもつ戦略を自動的に排除してしまうだろう。

キーとなるマネジメントからの影響：最も魅力的な戦略であっても、重要なトップ・マネジメントが思うニーズや意向に反しているなら、まず選ばれることはない。人間の自意識と特定の提案はかなり強く結びついていて、他のすべての代替提案に反対するように働きかけをするほどである。たとえば、オペレーション担当部門であって力をもっている役員であれば、他の役員に対してある特定戦略案を支持し、それへの批判は無視するような影響力を行使しうる。

人間は現状維持の傾向をもっていて、したがって、誰か部外者に予定と違う変更を勧められた時でも、意思決定者

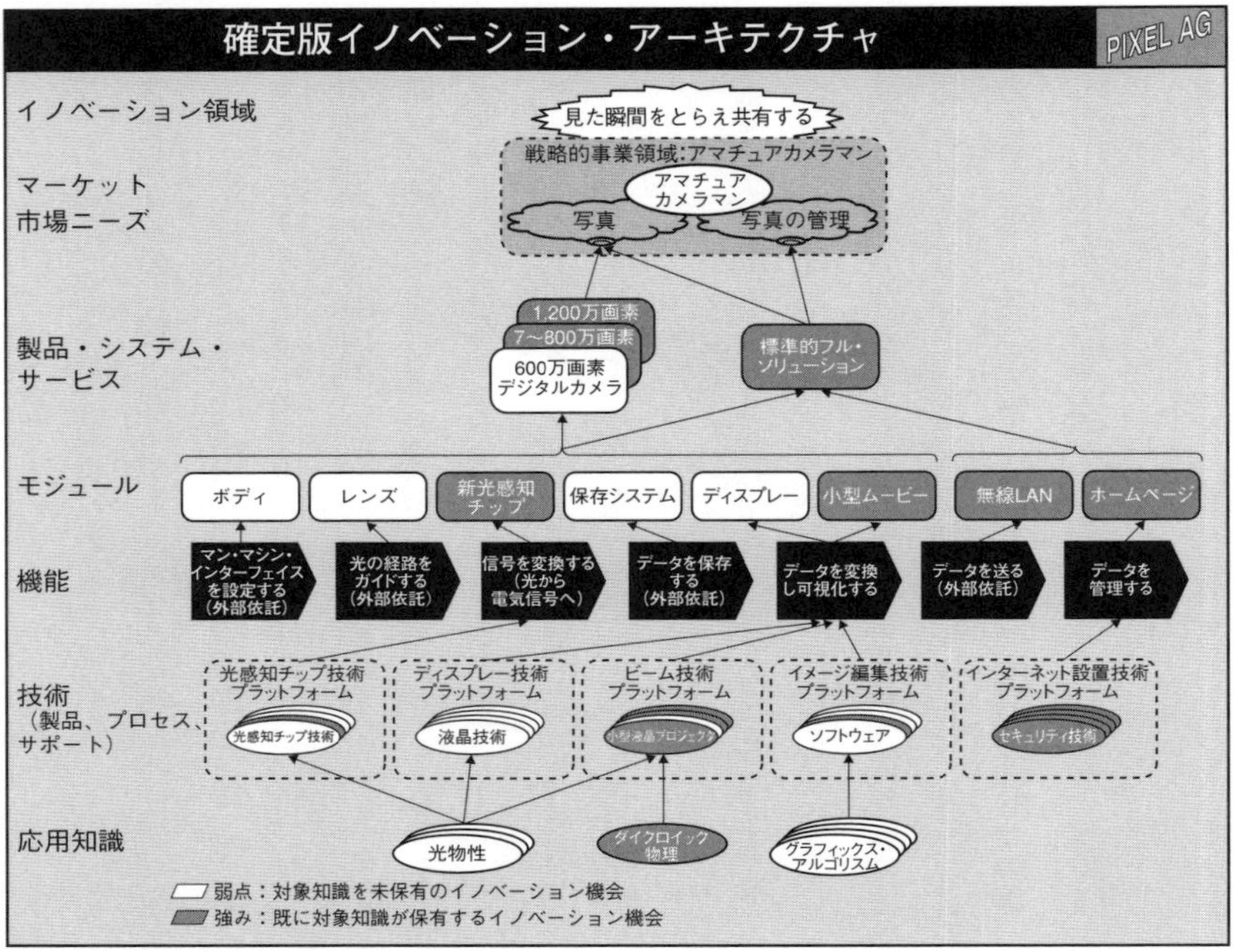

図5. 31　ピクセル社の確定版イノベーション・アーキテクチャ

はこれまでと同じ目標や計画を継続する。人は、一旦コミットした具体的な一連の活動に対してのネガティブな情報は、自分が仕事ができて首尾一貫しているという状況を保ちたいために、それを無視するかもしれないのである。だから、戦略案意思決定者が以前に無視したり低評価だった戦略案を真剣に検討できるようになれるのは、危機的状況か予想外のことが発生したときだけかもしれない。

イノベーション管理に関わるすべての重要利害関係者を明確にし、彼らを十分に考慮した時点で、イノベーション・アーキテクチャを基にした決定を行うことができる。

ピクセル社の場合には、戦略目標を設定するという決定がなされた。これによって、図5・31のイノベーション・アーキテクチャが確定した。そして、イノベーション戦略の策定としては、この決定を公式文書という形で保有した。

②　イノベーション戦略の策定

イノベーション戦略の策定は、第一に、なぜその決定に至ったかについての基本的経緯を保持するという目的をもつ。第二に、このイノベーション戦略は企業にとっての公式文書であり、今後の決定を行う際に戦略レベルと運用レベルでの検討の際の基本方針となる。つまり、イノベーション戦略の文書は、イノベーション・システムを将来的目標ポジションへ向かうための計画である。ひとつのイノベーション戦略の全体としての内容を例示したのが図5・32と図5・33である。図5・32では六つの小節ごとに、左側が内容説明で、その右側がピクセル社の例のまとめである。図5・33はイノベーション戦略の具体例である。

6　実施

①　イノベーション展開プロセスの再設計

イノベーション戦略を変更した場合は必要に応じてイノベーション展開実施プロセスを変更する。その目的は、技術イノベーションとビジネスイノベーションに加えて、効果性と効率性を高めて組織的イノベーションを進めることである。したがって、プロセスと構造は技術的イノベーション領域およびビジネスイノベーション領域と一直線的に整合している必要がある。この文脈において、タッシュマンらは次のように述べている（Tushman et al., 1997：13頁）：「マネジメント・チームは戦略の内容を作るだけではなく、それらを直接的に組織構造に連結させなければならない。」

イノベーションのための組織設計についての本書の基本的概念は、シャート（Shaad, 2001）のイノベーション・プロセスの理解に基づいている。つまり、プロセスの設計で本質的なことは、プロセス自体がもつべき連続的課題遂行能力の確保と、プロセス間での要求／提供関係である。イノベーション戦略に主眼をおいたイノベーション・アーキ

初期状況	イノベーション機会	戦略とギャップ	イノベーション目標	イノベーション戦略	戦略プラン

（初期状況）

初期の状況で企業の現在のビジョンを記述する。さらに、コア・コンピタンスのような強みや、過去にあった弱点や、さらに、環境的トレンド、社会的トレンド、技術的トレンドなどを表現する。

情報源：戦略的インテリジェンス

ビジョン：「見た瞬間をとらえ共有する」
トレンド：より多くの画素数がデジタルカメラで求められており、重要なR&D投資によってのみ可能となる。
強み：ピクセル社の文化が非常識的アイデアを開発しイノベーションにしていくことに優れている。
弱点：ピクセル社は価格や営業成績において、長期的には...のような問題を抱えている。

初期状況	イノベーション機会	戦略とギャップ	イノベーション目標	イノベーション戦略	戦略プラン

（イノベーション機会）

イノベーション機会について具体的で可能性のあるものを表現し、多様な将来の活動の可能性を例示し保有し続ける。

情報源：同定段階

具体的な機会
・7～8百万画素のカメラは短期目標。1,200万画素のカメラは中期目標。
機会領域
・カメラだけでなく撮った絵を管理するサービスも含めたフル・ソリューション製品

初期状況	イノベーション機会	戦略とギャップ	イノベーション目標	イノベーション戦略	戦略プラン

（戦略とギャップ）

ギャップを明確に表現し、イノベーション機会につなげる必要がある。イノベーション機会と戦略的フィットとの間のギャップを示すことが重要である。そのギャップをなくすことを考えていく。さらに、内作・外作／維持・売却の選択肢も考慮し、表現する。

情報源：評価段階

ギャップ：プロカメラマン向けのフレキシブル・フル・ソリューションだと追加的にアフターサービスとしてIT関連の知識を必要とする。しかし写真管理のホームページを開発していくための知識は社内にはない。
外作（調達）：ホームページを通じた写真管理の知識を社外から手当てする必要がある。なぜなら、戦略的に高い重要性を持つからである。

図5. 32　イノベーション戦略の内容例とピクセル社の簡略記述

初期状況 ｜ イノベーション機会 ｜ 戦略とギャップ ｜ **イノベーション目標** ｜ イノベーション戦略 ｜ 戦略プラン

イノベーション戦略策定プロセスの参加メンバーによってイノベーション目的を定め、それを詳細化する。さらに、それらの意思決定の理由・動機も表現する。

情報源：意思決定手順

> 標準的フル・ソリューションを開発することとする。デジタルカメラ自体の競争が非常に激しくなってきているからである。したがって、ピクセル社としては、カメラとホームページ利用の写真管理システムを組み合わせた製品とすることで差別化を図っていく。

初期状況 ｜ イノベーション機会 ｜ 戦略とギャップ ｜ イノベーション目標 ｜ **イノベーション戦略** ｜ 戦略プラン

イノベーション戦略は中心的な文書であって、社内で共有される必要がある。３つの項目を含む：

1 イノベーション目標は何か。

2 このイノベーション目標が経営戦略にどのように貢献するのか、また、わが社にとっての短期的、中期的、長期的利益は何か。

3 各部門にとってはどのようなインパクトを意味するか。

> イノベーション目標：標準的フル・ソリューション製品
> 戦略的貢献：標準的フル・ソリューションは現在の製品をも利用してビジネスを広げるという戦略的意図に適合する。売上増加分は2007年までに30万ユーロを見込んでいる。
> インパクト：ホームページシステムとデータ管理システムを開発している…社の買収については…。

初期状況 ｜ イノベーション機会 ｜ 戦略とギャップ ｜ イノベーション目標 ｜ イノベーション戦略 ｜ **戦略プラン**

イノベーション戦略と実施の間のギャップを埋めるために、イノベーション目的から戦略計画を詳細化して導く。

・明確で一貫した目的

・必要な人的資源と予算の割り当て

・イノベーション・ロードマップの詳細化とマイルストーン設定

・責任者を決定

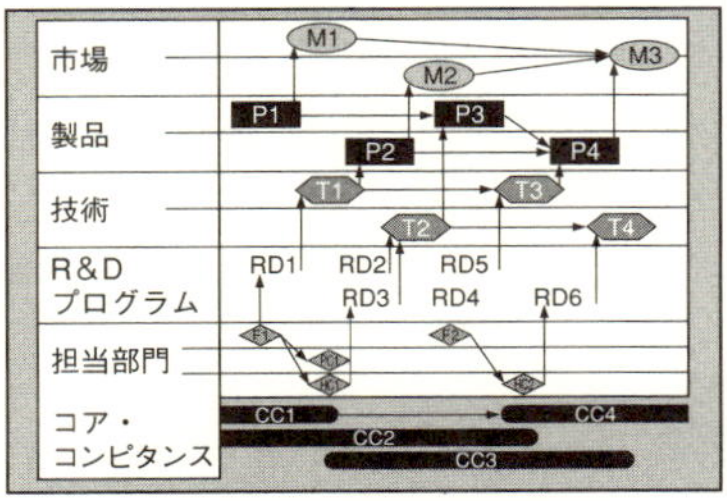

ピクセル社のイノベーション戦略

わが社の戦略目標：

写真愛好家やカメラマンの写真管理の要求の高まりに応えて、わが社はデジタル写真の共有と管理のドメインでのリーダーを目指すものである。わが社のフル・ソリューション製品は、顧客が簡単に写真をシェアすることを可能にする。この目的は、ビジュアルイメージ共有の手順は簡単無比にする一方で、共有の最大限の可能性を引き出すのである。

わが社の戦略パス：

今回の戦略目標は新製品開発についてのこれまでの理解を変えるものである。これまでの目標は画素数の増大と全体的な画質の向上であったが、将来的な業績尺度は、ステップ数削減とビジュアルデータ共有の可能性を増やすことである。
この理解がわれわれのイノベーション活動に次のようなインパクトをもたらす。

- 管理ソフトはフル・ソリューソン製品の一部となるが、管理ソフトを開発するための技術的知識を獲得する必要がある。一つの方法はこの分野でインターネットを使ったアクティブなの会社の買収である。他の手はそうした企業との戦略的提携である。2004年末までに技術知識を獲得し、2005年末までに技術開発を終えることをねらう。
- 競合他社が1200万画素チップの開発に成功したため、わが社は少なくとも1／3のシェアを失った。しかしわが社の戦略目標はフルソリューションとしてのデジタル・カメラを提供することであるから、画素数自体は将来製品での重要性は薄まっている。したがって、光信号からデジタル信号への変換技術開発の重要性は低下する。しかし、一定の投資は行って競争での完全な劣位にならないようにする必要がある。ハイエンド機種はもはや主目標はなく、中間機能機種の市場でプレゼンスをねらうということである。
- 2006年中期にはフル・ソリューションを市場に出したい。それは、データ転送機能（できるだけ無線LANで）を持ち、カメラのすべての写真をオンラインでカメラ側から操作できるようにする必要がある。

この探究は、ビジュアルな瞬間をとらえ共有する領域での競争優位を達成するためのものであり、ピクセル社はこれまでの投資研究活動の上に立って、われわれの戦略的ゴールを可能にすべく行動する。この戦略の実現によって将来的にわが社の競争優位を築くことにつながっていくだろう。

図5. 33　ピクセル株式会社のイノベーション戦略

テクチャを出発点として使い、そうした特性をもつプロセスで組織を設計する場合に、方法論的知識それぞれが組織のプロセスになる。その際、アーキテクチャにおいて、ある方法論的知識の下側のオブジェクトが入力であり、上側にあるオブジェクトが出力である。したがって、全体としてでき上がるイノベーション・プロセス・モデルというべき組織において、プロセスの個数と方法論的知識の個数は同じとなる。ひとつの方法論的知識がセグメント分けされていれば対応するプロセスも同じ数に分かれて組織に現れる。イノベーション・アーキテクチャのカスケードとセグメント分けに対応するプロセスをもつ組織モデルは、イノベーション戦略で決定されたイノベーション領域に高度に対応した組織となる[二二]。さらに、それらのイノベーション・プロセスは戦略的イノベーション管理プロセスによってコントロールされる構造をもち、

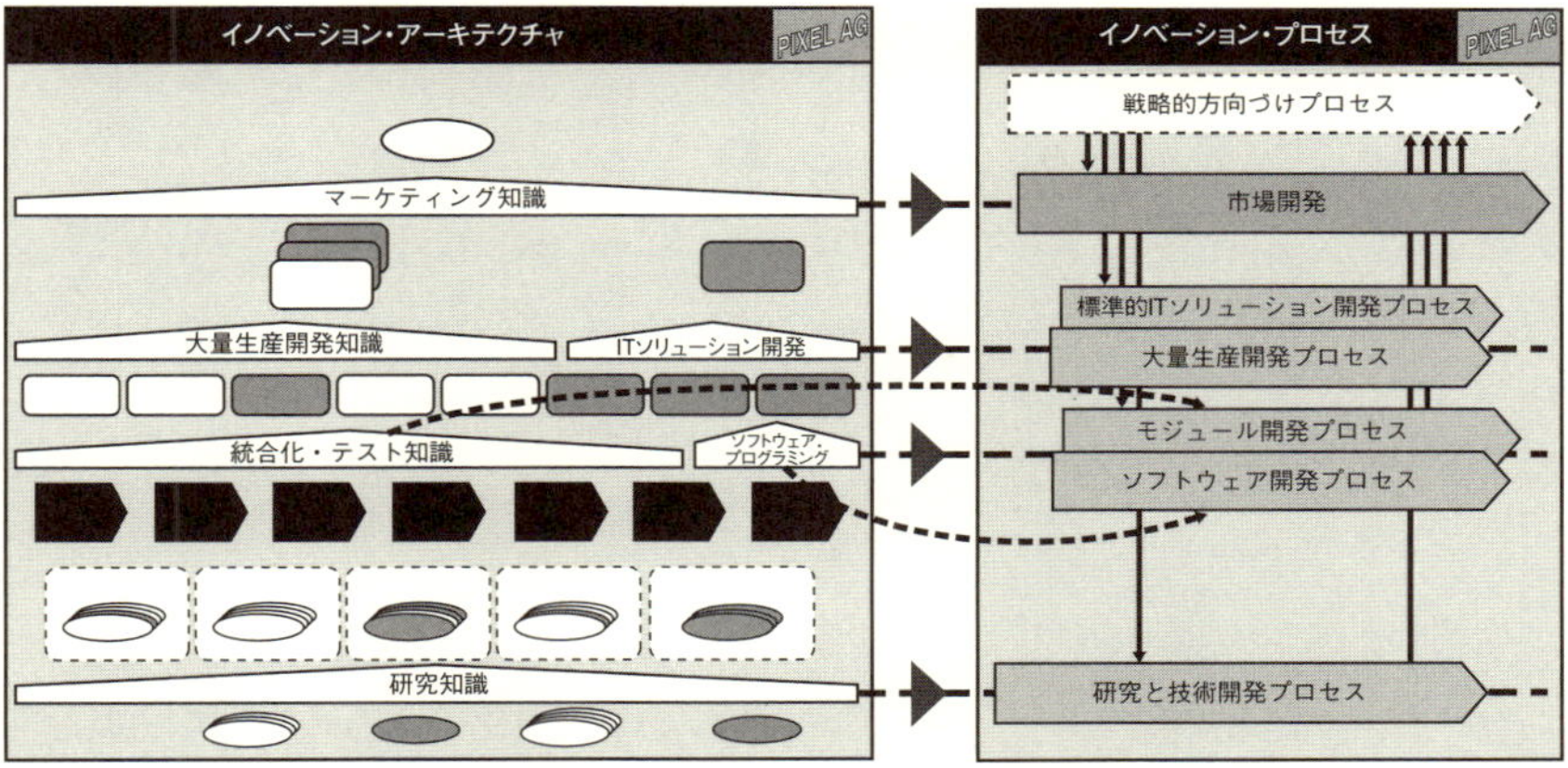

図5.34　ピクセル社でのイノベーション・アーキテクチャからのイノベーション・プロセスの導出

その管理プロセスは図5・14の戦略レベルのプロセスに対応する。

イノベーション・プロセス設計の方法の例示として、図5・34にピクセル社の場合を簡単に示す。ピクセル社では、一般カメラユーザ向けのスタンダード・フル・ソリューション製品を開発することを決定したために、大量生産品の方法論的知識に加えて、標準的なＩＴソリューションを開発するための方法論的知識を必要とする。明らかにこれらの二つの方法論的知識にある物の見方は、全く異質のものである。したがって、対応するプロセスも全く異なる。モジュール開発のカスケードではホームページを作成していくことが必要であり、その際には、ハードウエア・モジュール開発用のＩＣ化とテストの技術での物の考え方とは異なる方法論的知識が必要となる。ホームページ開発ではソフトウエア・プログラミングの方法論的知識を用いるわけである。ここでもまた、こうした違いに対応してプロセスを分割する。一方、市場開発とマーケット・リサーチは方法論的知識が異なるものではないので、分割は必要ない。このようにして図5・34のイノベーション・モデルのマクロなモデルが構成される。これは後に詳細化される。

②　改革のコントロール・実施・アップデート

イノベーション戦略とイノベーション戦略の再設計に基づいて、その実施プロセスを開始できる。アファアによれば（Afuah, 1998：217頁）、注視すべきは個々のイノベーション戦略の文脈において実施上の障壁があることである。実施障壁は、経済的なもの（既存製品との共食い、コストの肥大化、不良在庫化の恐怖、など）であったり、また、組織上のもの（能力欠如、政治力、旧製品への感情的郷愁、支配的論理、など）であったりする（Afuah, 1998：217頁）。うまくすれば、これらの実施障壁は前段階ですべて名前が挙がっているはずである。

したがって、ハンガーとウィーレンによれば（Hunger and Wheelen, 2002：121頁）、戦略策定と戦略実施はひとつのコインの表裏と考えるべきなのである。実施プロセスを開始しようとすれば、戦略責任者は三つのことを考慮するのが必須となる。

- **この戦略計画を進んで実行する人間は誰か。**

- **何をしなければならないか。**

- **かれらはどういうやり方で必要とすることを行っていくか。**

こうした項目や類似の問いは、マネジメントはすでに戦略案ことの特長や弱点を分析した初期段階で取り上げているだろうが、しかし、ここでまた適切な実施計画を作成する前に再考する必要がある。トップマネジメントがこれらの基本的項目について満足いく解答を得られないようだと、たとえ計画が最適であったとしても、ねらった結果を手にすることはないだろう。

実施を成功に導くためにサポートするには、マネジメントにフィードバックが上がってきて必要なアップデートと変更ができるように、適当なコントロールの仕組みを作っておくこともまた、絶対必要なことである。ハンガーとウィーレンによれば（2002：151頁）、コントロール・システムとして五段階フィードバック・モデルが基本的である。

一．測定項目の決定。トップマネジメントと執行役員は、モニターして評価する実施プロセスと実施結果を明確に決めておく。プロセスと結果・成果物を測定する際の合理的目的と一貫した測定方法が必要である。プロセスの最も重要な要素に焦点が当たるようにする。費用の中での割合が大きい要素とか、最も多くの問題を発生している部分であるとかに注目する。測定しやすいところだけに偏らずに、重要部分はすべて測定する。

二．業績標準の設定。業績測定のための標準は、戦略目標をブレークダウンしたものにほかならない。受容可能な業績値が標準となる。標準値は、通常、許容範囲をもっており、許容可能範囲となるズレを定めている。業績標準は最終結果にだけでなく、生産過程の中間段階のものに対しても設定する。

三．実績の測定。測定回数はあらかじめ定めておいて測定を実施する。

四．実績と標準との比較。実績が望ましい許容範囲内に収まっていれば、測定プロセスはここで終わる。

五．是正行為としてのアップデート実施。実績値が許容範囲から外れている場合には何らかの是正行為を行う必要がある。対応策には単に偏差を是正する目的だけでなく、再発を防ぐことも含んでいる。

7　結論

本章で述べたイノベーション戦略策定プロセスは文献や実務にあるギャップからスタートした。これらのギャップはイノベーション戦略策定プロセスについての十一個の判断基準によって確定されたものであった（第二章参照）。今度は―理論的観点から言えば―これらの判断基準を使ってここまで開発したイノベーション戦略策定プロセスを検証することができる。

● イノベーション戦略策定プロセスによって、戦略管理の側面から、**複雑性、システム的相互作用、および進化**を理解できる。この理解のために、イノベーション・アーキテクチャは本質的なツールである。アーキテクチャを構成するオブジェクト、方法論的知識、メタ知識を構造化して可視化することで、複雑さが減り、システム的相互作用を整理して表現することができる。進化は、イノベーションアーキテクチャの中に、機能やイノベーション領域や、まだ存在しないオブジェクトの表現形を変えて組み込むことで取り扱う。

- イノベーション戦略策定プロセスによって、戦略の**方向**、**中心**、**組織**を理解するようになり、それらの全体的整合性に注意が向くことになる。イノベーション戦略策定プロセスの中での意思決定はイノベーション・システムを高い視点から理解して行っていることと、イノベーション・アーキテクチャによってイノベーション機会が詳細に可視化されていることから、論理的整合性のチェックや、明確な目標設定、明確な方向づけによる戦略経路の設定が可能になる。さらに、イノベーション・アーキテクチャの一定範囲を優先して適切な組織を設計することも可能となる。
- イノベーション戦略策定プロセスによって、イノベーションという側面から、**統合的イノベーション**、**イノベーションの阻害要因**、**イノベーションに関連する知識**といったものを理解するようになる。策定の**プロセス**でイノベーション・アーキテクチャを用いることで、イノベーションの関連知識が統合される。統合的イノベーションについては、イノベーション・アーキテクチャの中で事業のイノベーションと技術イノベーションを直接に扱い、組織イノベーションを実施段階で考慮していることによって達成される。イノベーションの新規性は、アーキテクチャの中で各オブジェクトの知識に組み込まれる。イノベーションに対する障害事項は、間接的ではあるが、多くの補助的に使うツールによって全体的観点からアーキテクチャの中に取り込んでいる。こうしたツールは、隠れた阻害要因を検出することを可能にする場合がある。

一言でいえば、理論的見地から見て、イノベーション戦略策定プロセスは第四章で検討した二重のギャップを埋めるためのソリューションと言えるのである。しかし、実践的観点からすれば、アクション・リサーチを行ってイノベーション戦略策定プロセスの実用性と実現性を評価する必要がある。これは次章の主題である。

第六章 アクションリ・サーチ

本章では、イノベーション・アーキテクチャ（第五章参照）作成を含むイノベーション戦略策定プロセスを実施した九つのアクション・リサーチの事例(一)を紹介する。九つの各事例はコンサルティングのプロジェクトあるいは産学協同プロジェクトとして行ったものである。本章で紹介するアクション・リサーチの最大の目的は、提案したイノベーション・アーキテクチャの概念枠組みを実際の状況に適用して、その実施可能性を分析することである。また、イノベーション・アーキテクチャとイノベーション戦略策定プロセスを実践する方法に関する「ハンドブック」として記述することも目的としている。さらに、個々の適用事例を分析して事例間の比較を行えば、提案した概念枠組みの評価ができるだろう。その結果から次の研究ステップのための作業仮説を考えることができる。

以下のアクション・リサーチの事例では、企業名は変更してあるし、データも概略である。その理由には二つある。ひとつは、詳細をすべて記述することは本書の範囲を超えるからである。もう一つは、共同で事例分析を行った企業の実情は、事例の分析結果と密接に関係しているが、具体的な企業名にとらわれることなく、概念枠組み自体の構成要素や結果を理解することに集中してほしいためである。しかし、概念枠組みが実施された状況を追うのに必要な部分については詳細を省略していない。

I　アクション・リサーチの事例の選択方法

提案したイノベーション・アーキテクチャの概念枠組みの有効性を確認するために、多様な企業の実態を反映するように互いに特徴の異なる企業や組織体を選択した。たとえば、各企業は業界、企業規模（売上高、従業員数）、財務

		業種	規模 売上高	規模 従業員数	利益（対売上比）
1	トール・レベニュー	部品製造	20億スイスフラン	8000	1億スイスフラン（5%）
2	テクノ・ケミカル	化学	80億スイスフラン	20000	12億スイスフラン（15%）
3	ハイテック	生産システム	15億スイスフラン	6000	8千万スイスフラン（5.3%）
4	インフォ・エクスチェンジ	ITプロバイダー	7億スイスフラン	2000	7千万スイスフラン（10%）
5	オプティック・ダイ	化学	数値なし（1）	50	数値なし（1）
6	ビルドアップ	機器製造	30億スイスフラン	15000	3千万スイスフラン（1%）
7	ラバーテック	部品製造	3.5億ドル	800	1千万ドル（2.9%）
8	ミクロ・システム	機器製造	6億ユーロ	4000	非公表（2）
9	ストックテック	機器製造	5千万ユーロ	430	120万ユーロ（2.4%）

（1）アクションリサーチプロジェクトを開始した年に設立された会社であり、財務データが整っていない。
（2）主要財務指標を公表していない。

図6.1　9つのアクションリサーチ事例の概要（二）

状態（売上利益率）（図6・1参照）などの点で異なっている。

アクション・リサーチの各事例の調査期間は、二週間集中して行ったものから、三か月にわたってゆっくりと進めたものまでさまざまであった。各事例を詳細にかつ全社的に分析するために、組織のすべての階層レベルの従業員に対し、いくつものワークショップやインタビューを行い、それまでのイノベーション活動を分析した。以降の各節では、アクション・リサーチの各事例を五個のブロックに整理して記述している。

- **企業概要**：企業概要では組織や会社を取り巻く環境を紹介する。一般的でキーとなる重要な特徴から企業の状況が把握できる。これを読者自身の企業の状況と比較することもできるだろう。
- **プロジェクト開始時の状況**：「プロジェ

クト開始時の状況」の部分では、企業の置かれているイノベーションの文脈を分析する。そのために、イノベーション戦略策定(三)、戦略的イノベーション構造、戦略的イノベーションの目的、戦略的イノベーション行動(四)、イノベーション意思決定プロセス(五)といった視点から重要要因を表すための一群の基準を選定する。この基準は、実施したインタビューの背後にある考え方を示している。これらからプロジェクト開始時の状況が明らかになり、選定されたプロジェクトの目的の理由が説明できる。

●**イノベーション・アーキテクチャ**：九個の各アクション・リサーチの事例（図6・1参照）に対して、イノベーション・アーキテクチャの詳細が述べられる。

●**イノベーション戦略策定プロセス**：事例ごとに、イノベーション戦略策定の企業特有のモジュールを選定し、それを企業の置かれた個々の状況の中で実施した。すなわちこれらのモジュールは実際の戦略的イノベーションに関連して利用した。実施の詳細も記述している。

●**結論**：結論では、イノベーション・アーキテクチャとイノベーション戦略策定プロセスの最初の評価を与える。これによりマネジメントへの主要なフィードバックが示される。

次節以降ではアクションリサーチの事例をこれらの五個のブロックにより構造化して紹介する。本章の最後に事例間の比較分析と全体の結論を述べる。

事例① トール・レベニュー

［企業概要］

本アクションリサーチは、世界的規模で活動する企業グループの一部署において実施された。グループの現在の事業領域は通信、オートメーション、エネルギーシステムである。グループ全体の従業員数は八千名である。「トール・

トール・レベニュー

レベニュー社」の部署はオートメーション部門に属しており、サービス部門に対して、通行カードの発行といった定型的な活動の自動化を実現する製品、システム、サービスを提供している。この部署では、マーケットポジションの拡大と組織の再編成を見据えて、製品ポートフォリオにEソリューションを組み込むことを目標に置いていた。

トール・レベニュー社は、料金収受用の電子機器を提供している。顧客企業の規模は小から大までいろいろであり、政府機関も顧客である。北米、英国、ドイツ、スイス、南アフリカ、北欧では最大の販売数となっている。売上は長い間ずっと増加していたが、二〇〇一年から二〇〇二年にかけて一三パーセント減少した。その結果、損失が売上の六・五パーセントから一〇パーセントまで増加した。この負の傾向への対応として、二〇〇〇年から二〇〇一年に部門の包括的な再組織化を実行し、短期的には費用に対してよい効果があげられた。

この大きな変化は、トール・レベニュー社の製品ポートフォリオにも影響を与えている。これまでは、製品はほとんどがハードウェア中心のスタンドアロンのソリューションとして販売されていたが、今後競争的優位を得る中心的な要素は、製品をソフトウェアの比重が高い通信システムに統合することである。重要な製品には開発遅れがあり、したがって市場投入が遅れるので、この変化を各部門のみで最適に達成することはできない。

トール・レベニュー社のR&D予算は約三〇〇〇万スイスフラン（全予算の一〇パーセント）であり、今後減少する予定である。

［プロジェクト開始時の状況］

戦略的イノベーション構造：新製品開発は二か所に分散している。両者はお互いに目的を調整することなく新製品を独立に開発している。その結果両者の活動に重大な重複が起きている。二〇〇一年に、二か所の効果と効率性を増加させ、活動をより効果的に統合すべくイノベーション・システムの再組織化が行われた。構造的な政治上の壁のために、この再組織化の調整は未だ大きな効果を示していない。

戦略的イノベーション行動：トール・レベニュー社の財務状態が良くないために、非常に短期的視点からのマネジメントが行われている。そのためR&D予算は縮小され、短期的に効果が上がるプロジェクトのみが認められている。戦略的マネジメントとオペレーション開発者とのコミュニケーションは短期的プロジェクトに限られている。その結果、市場側マネジメントが、中長期的製品や技術プロジェクトの技術側マネジメントと統合していないという事実があり、事態は悪化している。ここにはイノベーション・システム上の透明性に関する重大な欠陥がある。

戦略的イノベーションの目的：イノベーションの主要な目的は、開発および実際のプロジェクトにおける費用をカットすることであり、イノベーション製品を開発することではない。これを実行するために、戦略的マネジメントは技術と製品レベルでの開発活動の透明な概観を得たいと考えている。

イノベーション意思決定プロセス：実際の戦略的意思決定プロセスは非常に短期的な市場を志向している。これは現在の財務状態からもたらされている。それゆえ、おもに地域および製品マーケティングは、異なるプロジェクトに関する決定を行う執行部が関わっている。R&Dはこの過程の中に間接的に含まれており、マーケティング部門が提案するプロジェクトに必要なリソースを決定している。技術に基づく長期中期のプロジェクトが意思決定プロセスに統合されていないという事実があり、イノベーション意思決定プロセスでのこのようなR&Dの間接的な役割は最適ではない。それゆえ、大きなイノベーションは実現できないと考えられた。

プロジェクトの目的：イノベーション意思決定プロセスの状況を明確にするために、二段階の手続きが決定された。第一に、テクノロジー・プッシュとマーケット・プルの活動を詳細化し全体のイノベーション・システムの現実の強みと弱点を明らかにするために、イノベーション・アーキテクチャを使って、現在と将来のイノベーション活動の統合の概観を明確に示す。第二の段階として、これらの活動をタイミング、実行可能性、リソース配分の観点から評価する。

［イノベーション・アーキテクチャ］

トール・レベニュー社のイノベーション・アーキテクチャ（図6・3参照）は、実際のイノベーション活動と理念の全体像を構成し、その後対象知識を評価することに焦点を当てて開発された。イノベーション・アーキテクチャは主として対象領域の次元を表現しており、部分的に方法論的知識の次元を表現している。ただしメタ知識の次元は省いている。

四つのカスケードが同定された。最下層のカスケードには、技術開発のために外部から獲得したり、応用したりした知識が存在する。開発された技術は六つの技術プラットフォームに分類される(六)。技術プラットフォームは、二番目のカスケードにおいて、モジュールへと発展する六つの機能を充足している。第一の機能は、顧客の通信ニーズを同定して得られた製品機能から決められている。次の機能では顧客が欲するサービスを提案する。第三は、料金徴収等の金銭に関する移転機能で、第四の機能はサービスの提供である。トール・レベニュー社は、これら以外にも必要な場合には、料金の徴収以外の付加的なサービスや、機器操作の機能をもつ製品を提供している。技術によって実現されるこれらの機能は、二番目のカスケードで開発されてモジュール化される。モジュー

図6.2　トール・レベニュー社のアクションリサーチ事例でのプロジェクトの目的

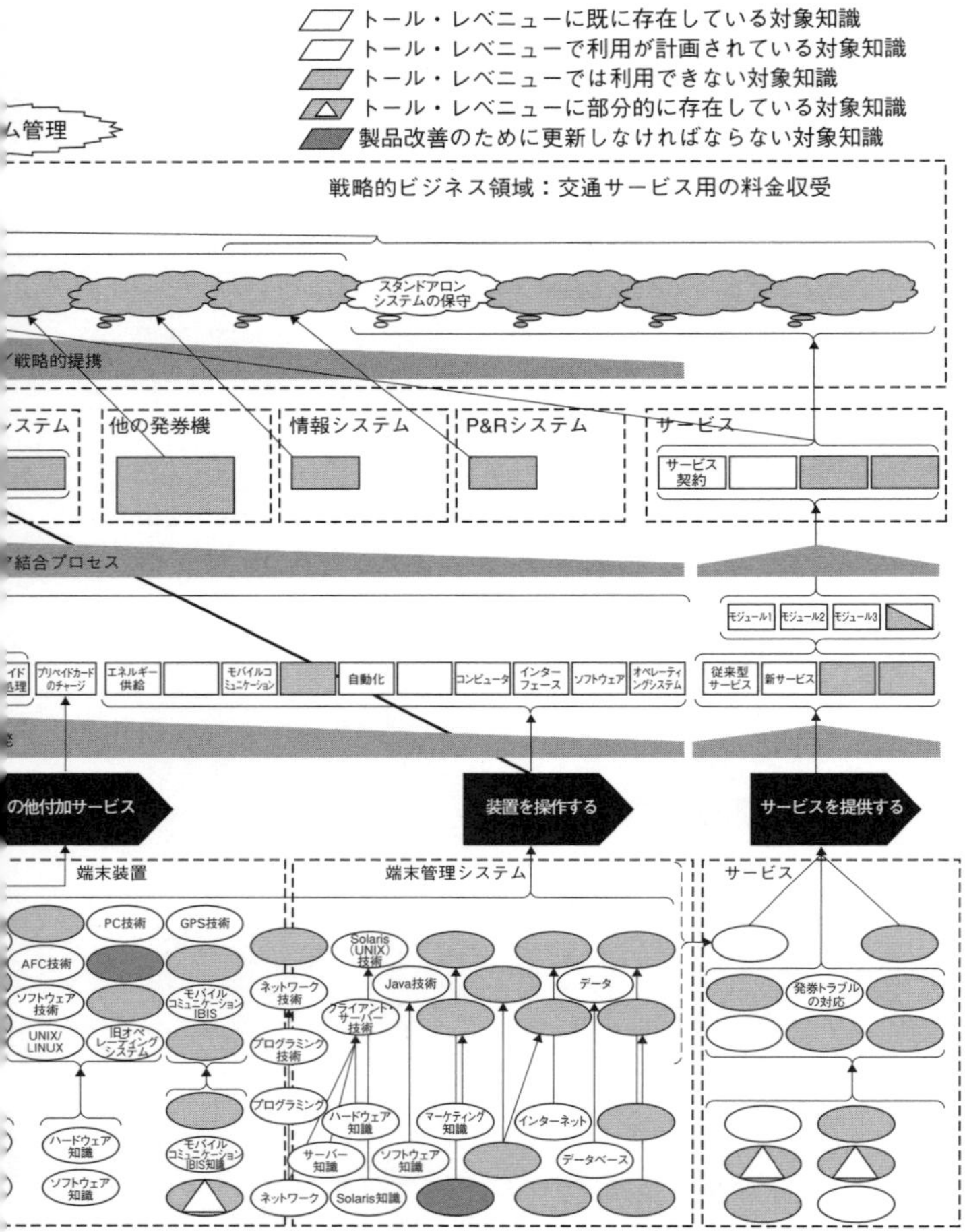

ルは三番目のカスケード上で全体の製品・サービスと統合される。四番目のカスケードには、製品を顧客に届け、市場コンセプトを作る役割がある。それぞれのカスケードで必須の方法論的知識を図6・3に示した。

イノベーション・アーキテクチャには、レベルの異なるオブジェクトごとにその知識が示されている。それらは次の五つの異なるレベルとして分類される：

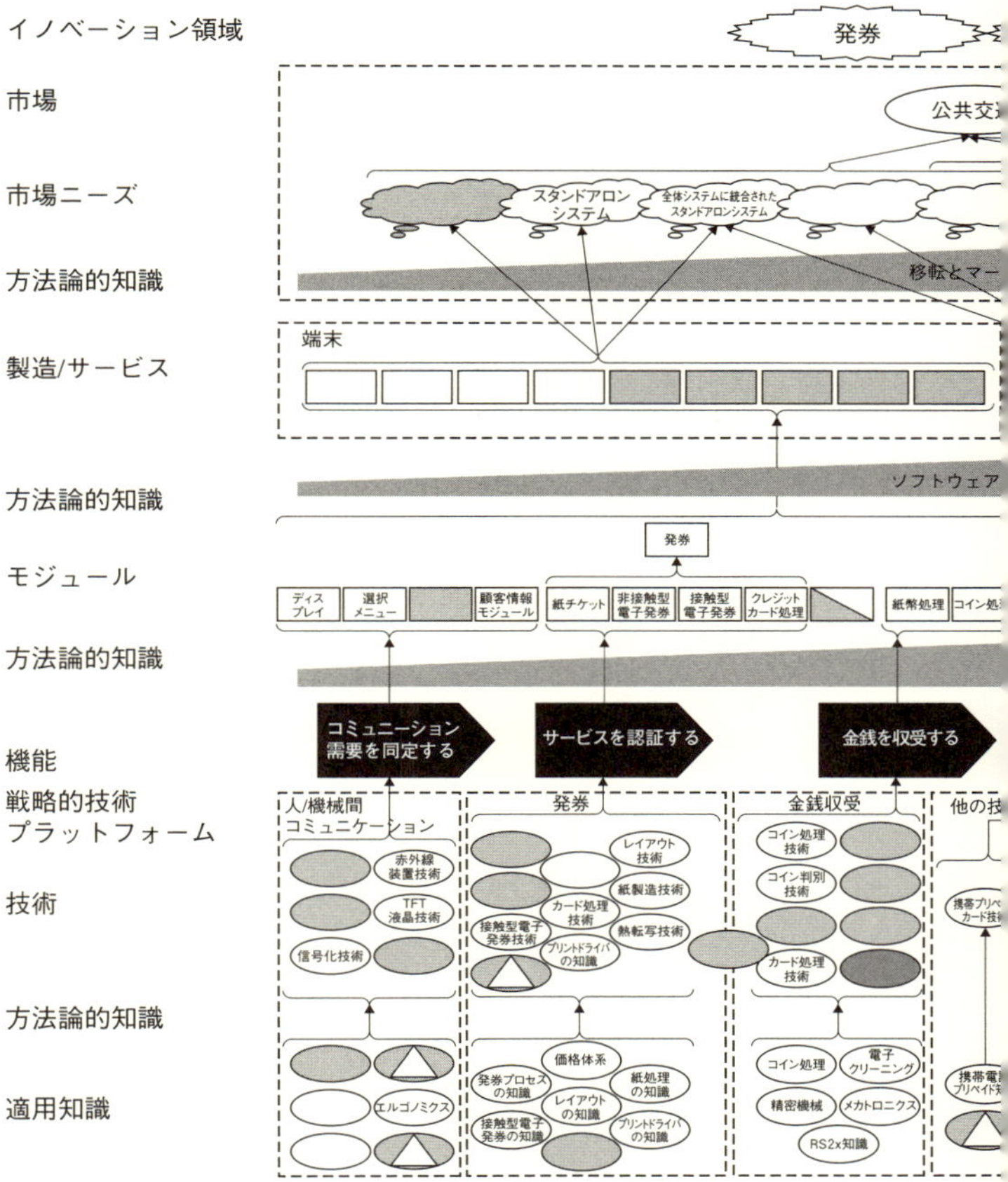

図6.3　トール・レベニューのイノベーション・アーキテクチャ

「既に存在している」、「利用を計画している」、「利用できない」、「部分的に存在している」、「更新しなければならない」。この五つのレベルでトール・レベニュー社のイノベーション・システムの現状を理解することができる。

　イノベーション・アーキテクチャの中のイノベーション領域として、すべての製品がチケットによって確認されるサービスを現在提供しているということから「チケット発券」と、トール・レベニュー社の製品にはいずれも非常に複雑なシステム管理ツールが用いられていることから「システム管理」の二つがある。

［イノベーション戦略策定プロセス］

同　定

同定の段階で、イノベーション・アーキテクチャが作られ、さらに詳細化された。このプロセスは循環的に行われた。

イノベーション・アーキテクチャに基づいてイノベーション・ポートフォリオを改善し、イノベーション機会を詳細化していく中で、トール・レベニュー社のイノベーション・システムがもつ三つの重大な弱点が見つけられた。

●トール・レベニュー社で計画されていたイノベーション活動は、そのほとんどがすでに利用されているか修正が施された既存の製品の活動に基礎を置いている。

●イノベーション活動は6つの戦略的技術プラットフォームでのテクノロジー・プッシュに依拠しており、マーケティングによって明らかになった顧客ニーズを満たすことにはほとんど関係していない。たとえば、「他の発券機」、「情報システム」、「P&Rシステム」といった製品でさえ、図6・3で示したイノベーション・アーキテクチャの中のモジュール、機能、技術などと関連がない。この段階で既存の伝統的なモジュールや製品と関連している技術はわずかであり、しかもその製品は注文が減少する傾向にある。

●「付加的なサービスの提供」という機能は、イノベーション・マーケティング部長の話によれば、急激に需要が増加している領域ではあるが、一方でイノベーション活動が非常に遅い。

イノベーション・アーキテクチャのプロセスを実行することにより同定の段階おけるマネジメントに役立った点は、第一に、ほとんど構造化されていなかったイノベーション・システムの活動の全体像が把握できたことである。第二に、テクノロジー・プッシュとマーケット・プル間の機能的連関がまだ行われていない箇所を発見し、可視化できたことである。第三に、会社の将来が顧客ニーズに合っていないと経営陣が理解したことである。

[評　価]

評価段階での目的は、イノベーション・システムを質的と量的の両面から評価することである。そこで、目標としてイノベーションのロードマップを作り、リソース配分を選択することを主眼に置いた。トール・レベニュー社のイノベーション・システムがきわめて非構造的であったため、いくつかのプロジェクトについてその実施期間を把握できなかっただけでなく、主な費用についても把握することができなかった。このため、評価を行うというプロジェクトの目標は諦めざるを得なかった。

[結　論]

評価を実行することはできなかったが、イノベーション・アーキテクチャはトール・レベニュー社の実情をよく表していると経営陣は結論した。その実情はそれまで考えられていたものとは大分異なるものであった。新しく得られたこれらの理解から経営陣が最初に決定したことは、現在は存在しておらず、それゆえ必要な統合が行われていない全社的あるいは部門の戦略を新しく策定することである。次の段階は、イノベーション・アーキテクチャを新しく策定した戦略に関連させることであった。この段階が行われて初めて個別のイノベーション機会を評価するプロセスが実現できるように思われた。さらに、経営陣は、イノベーションのロードマップを作るためにデータをさらに集める必要性を示したのである。

事例② テクノ・ケミカル

テクノ・ケミカル

[企業概要]

テクノ・ケミカル社でのアクションリサーチは、世界的な化学製品製造を行うある生産部門において行われた事例である。テクノ・ケミカル社の従業員数は二万人で、各部門は、販売、マーケティング、生産、開発および一部の研究について部門の責任において独自に行っている。コア技術を使い、会社全体に波及するリサーチプロジェクトも全社的レベルで行われている。各部門のすべての活動の基本は、「革新的技術で拡大しよう」という簡潔な戦略に置かれている。

テクノ・ケミカル社では、異なる機能をもつ材料の製造に必要な分子を開発している。この市場では業界の平均より高い実に売り上げの二〇パーセント以上の利益を上げている。高い利益はこれまで他の競争相手が真似できなかった「金のなる木」[七]と呼ばれるそれまでの製品から得られたものである。しかし現在では同じ機能をもっていて、今より大きい効果をもつ新技術が開発される可能性がある。新技術はテクノ・ケミカル社の次の「金のなる木」となり得るものである。

[プロジェクト開始時の状況]

戦略的イノベーション構造：イノベーションの構造は、主として部門の全体構造に関連している。そのため、非常に強い市場志向が存在している。会社全体に影響のあるような、新しいがリスクも高い技術があったとき、それを利用する技術研究プロジェクトが組織されていた。

この研究プロジェクトの責任者にはＣＴＯが就き、部門をまたがる組織活動を束ねることを責務としていた。

戦略的イノベーション行動：テクノ・ケミカル社は、さまざまな技術領域で国際的に高い評価を得ている有能な化学者を雇用していた。これらの専門家によってＲ＆Ｄは当然高いレベルにあった。このような専門家主導の開発は、専門家ごとに習得されたひとつひとつの技術に関していえば、会社にとって確かに有利であった。ところが状況がそれとは異なる場合には、必要な知識が完全ではないために会社の対応は大変遅いものとなる。もう一つ重要な論点は、会社内の専門家が作る強力で効果的なネットワークの存在である。このネットワークにより、複雑な活動も簡潔かつ効果的に統合することができる。

戦略的イノベーションの目的：専門家は特定の技術に特化しているため、会社としては専門家のイノベーション活動をその技術領域に置きたいと考えている。戦略的イノベーションの目的は、特定の市場ニーズを実現する既存技術によるイノベーションが第一である。しかしながら、会社は新しく登場する技術を把握していくことが必要なことも承知していた。

イノベーション意思決定プロセス：テクノ・ケミカル社のイノベーション意思決定プロセスは、実行されるプロジェクトの特性ごとに異なっている。プロジェクトがひとつの部門内にあるならば、その部門に属する専門家が同定の過程を行う。それに続く評価は、市場評価のツールに強く依存する。もしプロジェクトがあるリサーチグループの一

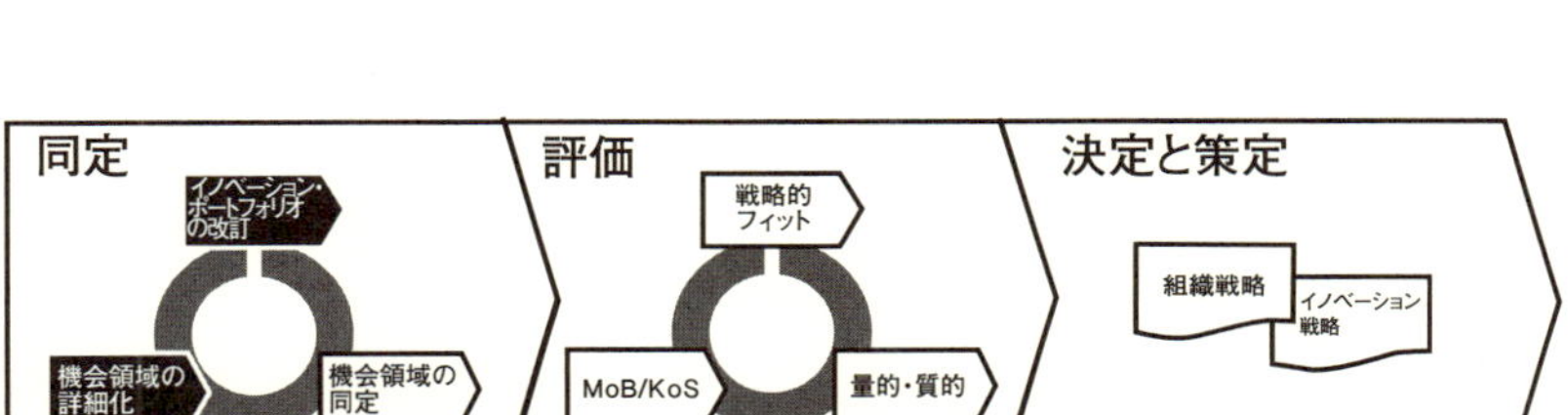

図6.4　テクノ・ケミカル社のアクションリサーチ事例でのプロジェクトの目的

部ならば、同定の過程は主として専門家の考えや一般的な技術動向に基づくことになり、一方評価は、技術の将来的な重要性や会社内での活用可能性といった技術的な基準に基づくことになる。

プロジェクトの目的：戦略評価に関するイノベーション意思決定プロセスはすでに十分できあがっていたから、経営陣は新たな評価ツールにそれほど興味はなかった。むしろ社内の既存の開発能力を見極めるためのツールを望んでいた。そこでイノベーション・アーキテクチャを構築することとなった。この作業を通じて、CTOは開発能力とそれらの相互作用の全体像を理解する機会を得て、それを将来のイノベーション活動を決定する過程の中で利用していけると考えられた。その上、作成したイノベーション・アーキテクチャをさまざまな部門間のコミュニケーション・ツールとして将来利用することもできるだろう。

［イノベーション・アーキテクチャ］

図6・5はテクノ・ケミカル社のイノベーション・アーキテクチャの簡略版である。このようにイノベーション・アーキテクチャを簡単化した理由は、まず、詳細なイノベーション・アーキテクチャにはテクノ・ケミカル社が社外秘とする長期のイノベーション活動が多く含まれていたからである。また、詳細なイノベーション・アーキテクチャはここで紹介するには大きすぎることもある。とはいえ、イノベーション・アーキテクチャの本質的な要素はすべて表されているか、これから述べていくものである。

プロジェクトでは、テクノ・ケミカル社のイノベーション・システムには五つのカスケードが同定された。最初のカスケードは基本的に「科学的知識」を研究するもので、いくつかの物質クラスの分子に関する新しい知見を探求する。分子に関する知識は、将来利用できそうな効果を持つ分子を設計したり合成したりするために利用される。これらの効果は機能（テクノ・ケミカル社の場合は一〇個の機能）としてまとめられ、特定の製品を開発するために次のカスケードで利用されたり、別のカスケード上でさらに効果を高められたりする。イノベーション・アーキテクチャの最上部は市場への応用のカスケードで、これらの製品が市場へ投入される。

　プロジェクトの目的から、イノベーション・アー

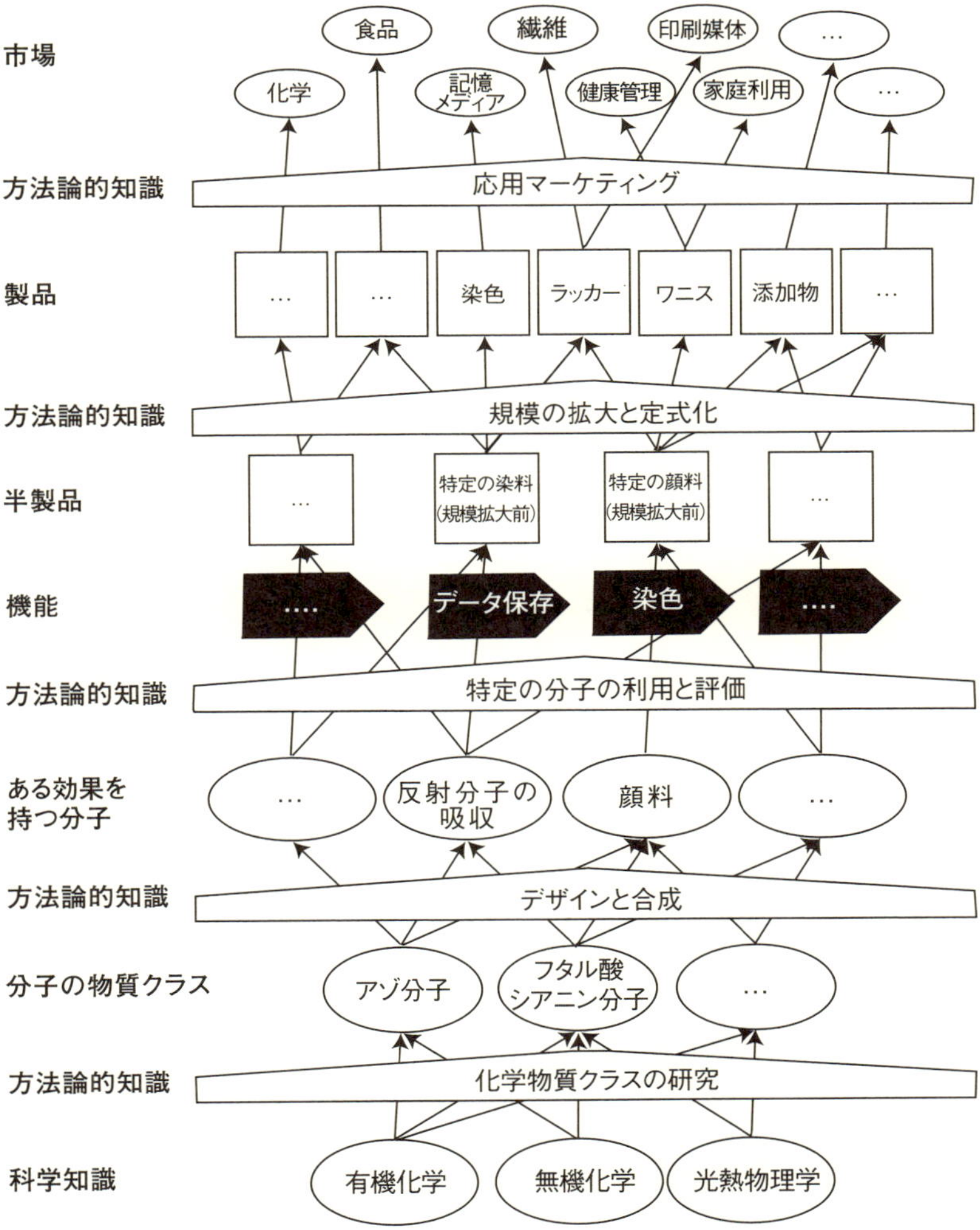

図6.5　テクノ・ケミカルのイノベーション・アーキテクチャ（概略）

キテクチャは可視化によるコミュニケーションツールとして利用される。そこで、各部門の責任の所在がわかるように部門ごとにオブジェクトがまとめられた。さらに、詳細なイノベーション・アーキテクチャを1枚の大きな図として描くことはできなかったので、イノベーション・アーキテクチャの可視化をハイパーリンクで行い、特定の箇所が直接拡大されるようにした。

[イノベーション戦略策定プロセス]

同　定

「同定」の段階では、テクノ・ケミカル社の全体に渡ってインタビューを数回実行した。インタビューで得られたオブジェクトをイノベーション・アーキテクチャとして取り込むことは容易にできた。オブジェクト間にリンクを張ってまとめることも大変簡単であった。ところが、イノベーション機会を詳細化する段階では、部門間の責任の所在は明確ではないようだった。というのも、問題解決とは関係ない化学物質のクラスを探求するカスケードで働く研究者が、同時に問題解決志向である特定のモジュールを利用するカスケードでも働いていたという事例があった。この事実の困る点は、研究が問題解決志向になってしまうことや、あるいは製品開発が特定の顧客ニーズを第一に考えるのではなく、研究により発見される効果を考えるようになってしまうことである。

その他言及すべきことは、イノベーション・アーキテクチャの作成の際に、イノベーション・システムで働く人々が、同僚のやっているプロジェクトや同僚の能力について学ぶということにどこか意外性を感じていたことであった。そのためイノベーション・アーキテクチャは部門間で目的を調整することに役立った。

[結　論]

テクノ・ケミカル社のイノベーション・アーキテクチャは概して経営陣に受け入れられ、社内に存在する知識を可視化し、責任をより適切に割り当てることができた。加えて、このイノベーション・アーキテクチャにより、不明確な責任の所在といったイノベーション・システムの弱点が可視化されることとなった。イノベーション・アーキテクチャからテクノ・ケミカル社の興味深い点が見えたのではあるが、経営陣はイノベーション・アーキテクチャの考え方に対して批判的であった。経営陣の意見は、イノベーション・アーキテクチャ作成に投入する労力が、そこから得られる結果に比して大きすぎるというものであった。

イノベーション・アーキテクチャが可視化とコミュニケーション・ツールとしてのみ使われており、組織の活動プロセスを同定、評価し設計するツールとしては使われていないという批判があり、それに対してイノベーション・アーキテクチャの有効性を説明することは最も困難なところであった。イノベーション・アーキテクチャをこのように制限的に使用したために、投入された労力は大変大きなものであった。今回のアクションリサーチから、イノベーション・アーキテクチャを単にコミュニケーションや可視化のツールとすべきでないということが得られた。もちろん、イノベーション・アーキテクチャがイノベーション活動や能力を可視化に大いに役立つことが分かったことは今回の成果のひとつではあったが、それ以上に、イノベーション・アーキテクチャは組織プロセスを同定、評価、設計するためのツールなのである。

事例③　ハイテック

［企業概要］

ハイテック社は、成長が期待される市場向けの、生産システム、生産要素、サービスを提供する先端企業であり、当時は情報技術とその高度な応用に焦点を当てていた。従業員は約六〇〇〇人、売り上げはおよそ一五億スイスフラ

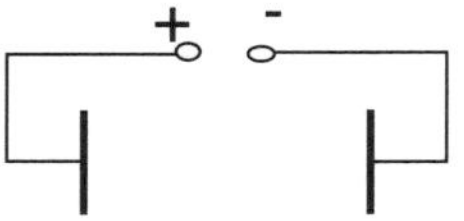

ハイテック

ンで約五%の損失があった。生産システムのプロバイダとして、ハイテック社はこの産業におけるバリューチェーンの最初に位置づけられている。ブルウィップ効果[八]のために、売上高は極めて不安定なものとなっている。この効果がなくとも、ハイテク産業は元来大変不安定で変動が激しい産業であり、ハイテック社の売上高は年に五〇%も変化することもある。このことはこの企業を扱う上で克服すべき大きな問題のひとつであった。

ハイテック社の七つの独立部門のうちの二つをアクションリサーチで分析した。それぞれさらにいくつかの戦略的事業単位（SBU）に分割されており、両部門とも同じ産業で活動しているが、市場と製品は異なっている。両部門は、従業員数（約五〇〇名）と売上高、達成を目指す目標において基本的な違いはなかった。すなわち、両部門の概要とプロジェクト開始時の状況は類似していた。

ここ数年の売り上げは一定の成長をしていたものの、アクションリサーチを行う前年は落ちていた。その結果として、売上高が大きかったときにはみられなかった問題が起き始めていた。たとえば、新製品に品質上の問題があり、R&Dチームが対顧客の業務に長期間携わっていたことが主要な問題点としてあった。好業績のときには、こうした費用はたいした問題とは考えられていなかったが、最近は売り上げに対するこれらのコストが容易には削減できない固定的な費用として大きな意味をもつようになっている。このような品質問題では、リソースの供給が止まり、新製品の発売が遅れ、R&Dへの影響は直接的となる（R&Dの予算は売上高の一〇パーセントである）。

アクションリサーチのプロジェクトが始まったとき、全社的な戦略が策定中であった。その過程の中で生じた第一の疑問は、「焦点を当てるべきは、標準的な生産システムなのか、あるいは市場ニッチでの特定の顧客のニーズに合わせて作られた生産システムなのか」ということだった。

［プロジェクト開始時の状況］

戦略的イノベーション構造：R＆Dは組織構造の一部に組み込まれており、イノベーションのプロジェクトはひとつのチームよって行われている。このチームの仕事は、製品開発の他に、研究と技術開発である。組織はリソースの供給に関しては非常に自由度の高い構造を持っていたが、イノベーションプロジェクトは、広範囲、長期間にわたり、顧客のニーズの変化に応じて頻繁に変更されている。このようなR＆Dの組織では、プロジェクト間の統合に際して、高いレベルの透明性と、多大な労力が必要なのであるが、実際には透明性が確保できず、統合もなかなかうまくいっていなかった。

戦略的イノベーション行動：イノベーションプロジェクトは広範囲に渡ることが多く、プロジェクトリーダーには自分のチームの活動を他のSBUに統合する十分な時間がない。また社内でこのような状況を考慮しているところはない。さらに、開発活動と製品の市場投入との連携が必ずしもうまくいっておらず、品質上の問題が発生していた。そして、戦略的な中長期にわたる統合も不十分であった。

戦略的イノベーションの目的：昨年の売上高の減少という事実のため、イノベーションの戦略は、革新性を強化し、戦略的な経営を実行し、リソースに焦点を当て、マーケットシェアを増加させるという本来の目的を達成するために有効な顧客のニーズを見極めることがまず必要である。

イノベーション意思決定プロセス：イノベーション意思決定プロセスは理論的には直線的な過程として作られ、一般的な戦略的決定過程の一部となっている。この一般的な戦略決定過程は三年間の戦略を基礎に作られている。それは、SBUによって毎年詳細化され、経営陣が承認し年間計画を立てる。

プロジェクトの目的：イノベーションが関係している問題に対する一般的な戦略プロセスを支援するために、次の目的が定義された。一、イノベーション・アーキテクチャに基づいてイノベーション・ポートフォリオを更新し詳細化する。二、量的、質的分析を実行して、リソースと時間について実際のプロジェクトでのボトルネックを同定できるロードマップを作成する（図6・6参照）。分析対象となったハイテック社の二部門は互いに独立していることから、プロジェクトは部門ごとに別々に行われた。

［イノベーション・アーキテクチャ］

分析した二部門が独立していたため、それぞれのプロジェクトを取り巻く状況も異なっており、そのため作られたイノベーション・アーキテクチャも異なっていた。図6・7は部門1、図6・9は部門2のイノベーション・アーキテクチャを表している。以下の節では各イノベーション・アーキテクチャを部門ごとに記述する。

部門1のイノベーション・アーキテクチャ

イノベーション・アーキテクチャを作成する過程の最初の段階では、この会社の製品と部品数は技術と比較して明らかに少なかった。そのため、イノベーション・アーキテクチャを見せる際には（図6・7参照）、技術が充足する機能ごとに別々のスライドに描くこととした。

作成したイノベーション・アーキテクチャには五つのカスケードがある。最下段のカスケードは、主として、新しい科学的知見を基礎技術に結びつける必要のある研究上の知識から構成される研究のカスケードである。この研究カスケードは、一二個に分割さ

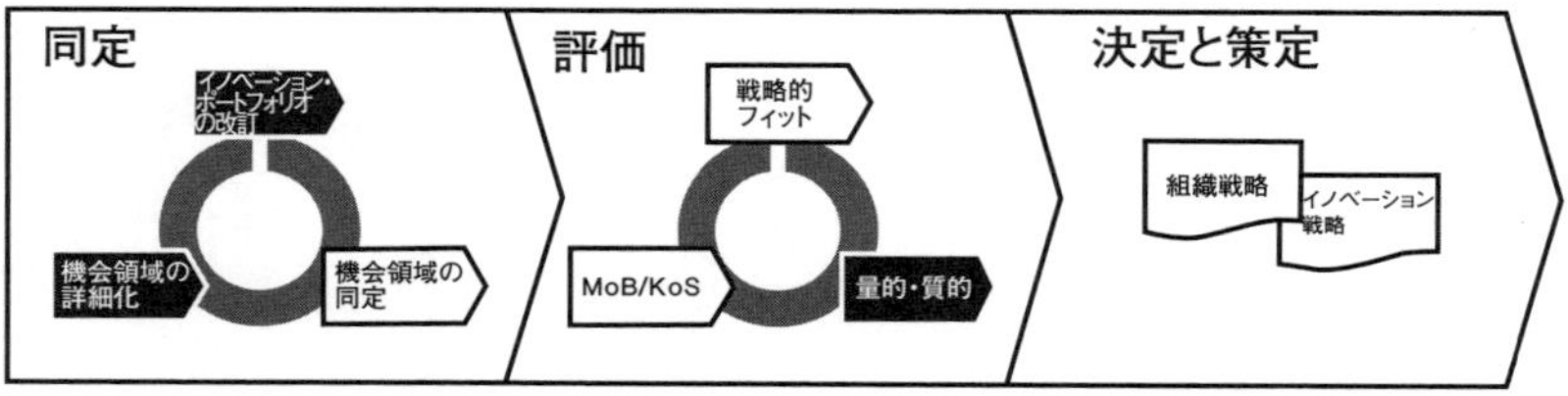

図6.6　ハイテック社のアクションリサーチ事例でのプロジェクトの目的

れたスライド中の四個にのみ存在していた。経営陣はこの四カ所では研究を進めることが本質的であると考えている。次の応用技術カスケードでは基礎技術が開発される。その目的は、（たとえばスパッタリング技術が薄膜沈着の機能を充足するというように）特定の機能を充足する具体的な技術を開発することである。機能に基づく技術は、モジュール上の別のカスケード上においても開発され、製品ラインを開発するカスケードの方法論的知識に基づいて完全な製品ラインへと実質的に統合される。この事例では、主たる方法論的知識が製品ラインのアーキテクチャの作成方法であるために、製品開発は特に重要である。イノベーション・アーキテクチャの最上段には、製品の市場投入を計画するマーケティングカスケードがある。

オブジェクトは三つの知識レベル（存在している、計画済み、利用不能）に分けられた。また外部から調達されるオブジェクトもある。

部門2のイノベーション・アーキテクチャ

部門2の製品の特徴は、複雑で広範囲に渡っていることである。その主な理由は、各製品が多種類のモジュールから構成されており、どの製品にも共通に入っているモジュールはない。この事実から導いたイノベーション・アーキテクチャの表現では、全体像をはっきりさせ必要以上に複雑にしないために、製品ごとにスライドをセグメント化して描いた（図6・8参照）。

部門2のイノベーション・アーキテクチャは4つのカスケードからなっている。最下段のカスケードは、部門1の場合とは対照的に、研究と技術開発のカスケードが合わさったものである。ひとつのカスケードとして表現したことは、部門2の研究が大きな役割を果たしていないという事実に基づいている。次のカスケードでは、方法論的知識を二つのセグメントに展開している。一方のセグメントは自律的モジュールを作るための方法論的知識からなっている

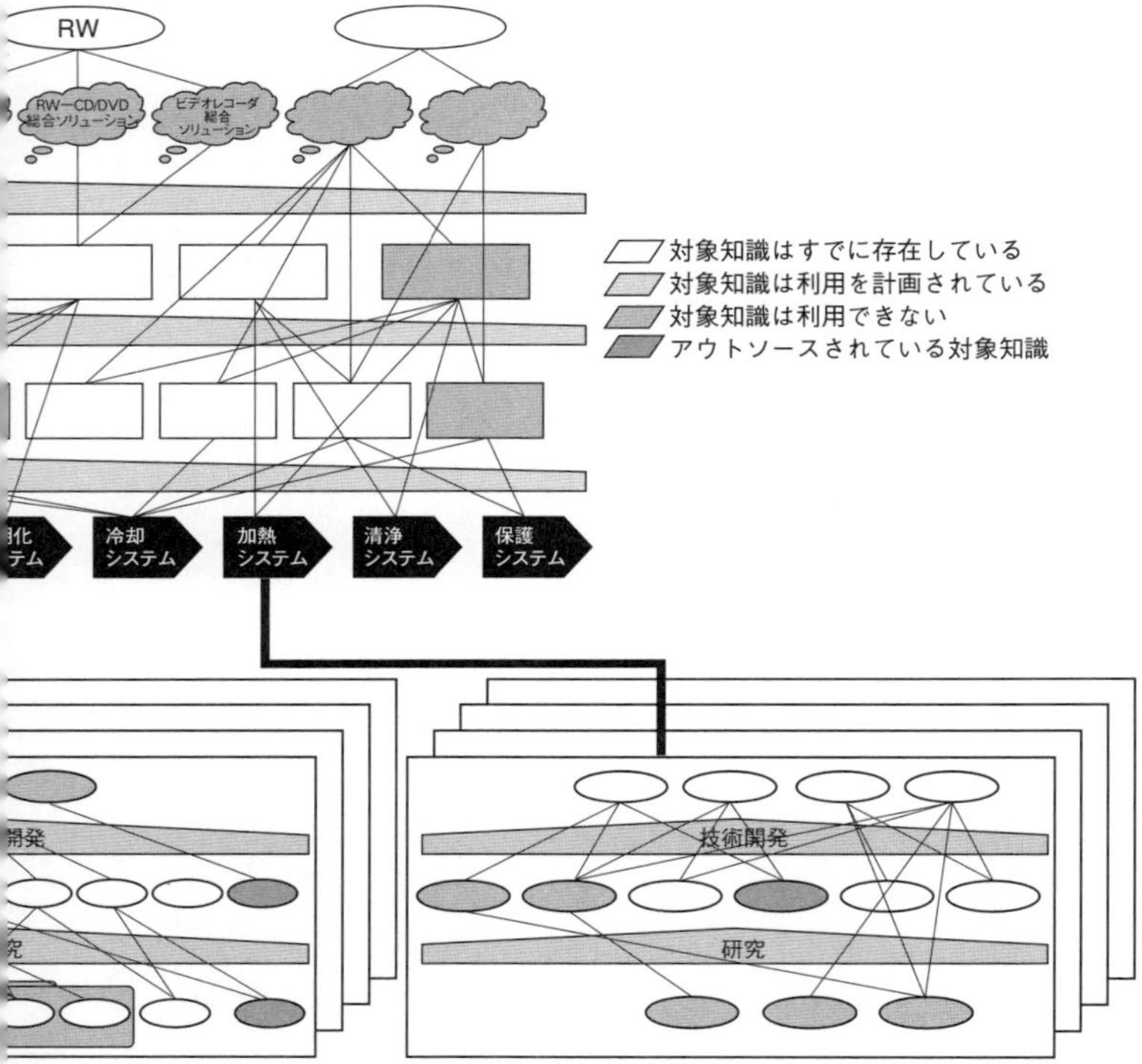

が、もう一つのセグメントは、すべてのモジュールのための基本的なプラットフォームとして理解できる処理システムを作るための方法論的知識からなっている。この2つのセグメントの上部にあるカスケードでは、顧客向け製品の開発のためのソリューションを開発する。最上部には、市場への投入を行う別のカスケードがある。

知識のレベルは4つのカテゴリー（存在する、計画済み、利用不能、要保全）に分類された。四つのカテゴリーのオブジェクトの他に、外注されたオブジェクトもある。

［イノベーション戦略策定プロセス］

同　定

両部門について共に言えることは、イノベーション・ポートフォリオを修

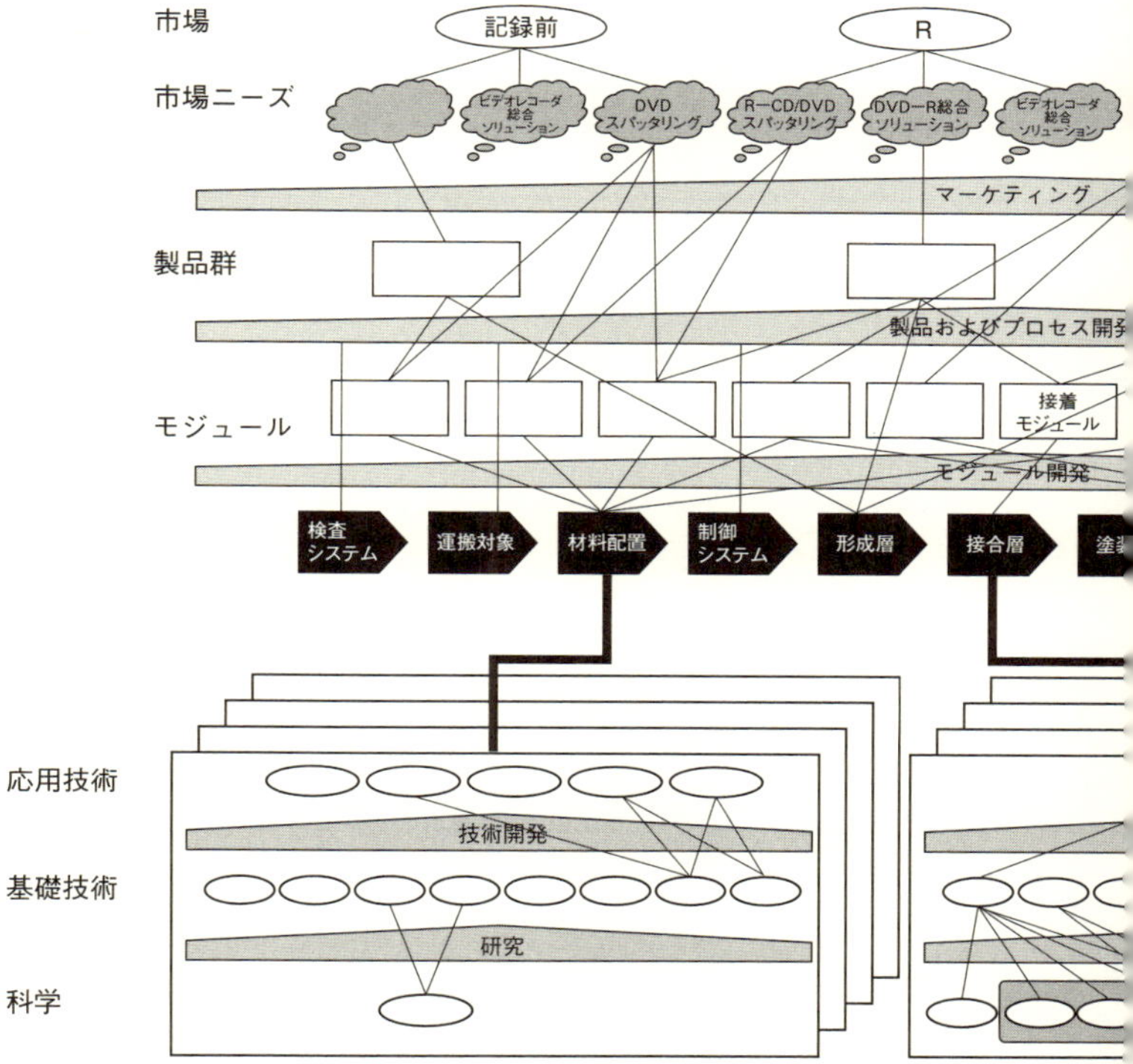

図6.7　ハイテック（部門１）のイノベーション・アーキテクチャ：機能による分割

正し、機会領域を詳細化する過程では、あるイノベーション機会を創出するのに必要なオブジェクトをすべて定義することは問題なく行えたことである。そのためイノベーション・アーキテクチャは他のプロジェクトのときと比較して短時間で構築できた。これができた理由は、ひとつには、（筆者の意見ではあるが）イノベーション・システム全体が垂直に構成されていたことである。つまり、イノベーション機会は、一つのプロジェクトチームにより科学的研究から市場への投入まで一貫して作られるのが普通であることを意味している。このようなプロジェクトグループは、どの要素が不足しているかを非常によく見通すことができる。しかし同時に、両部門のイノベーション・アーキテクチャで同定できたこと

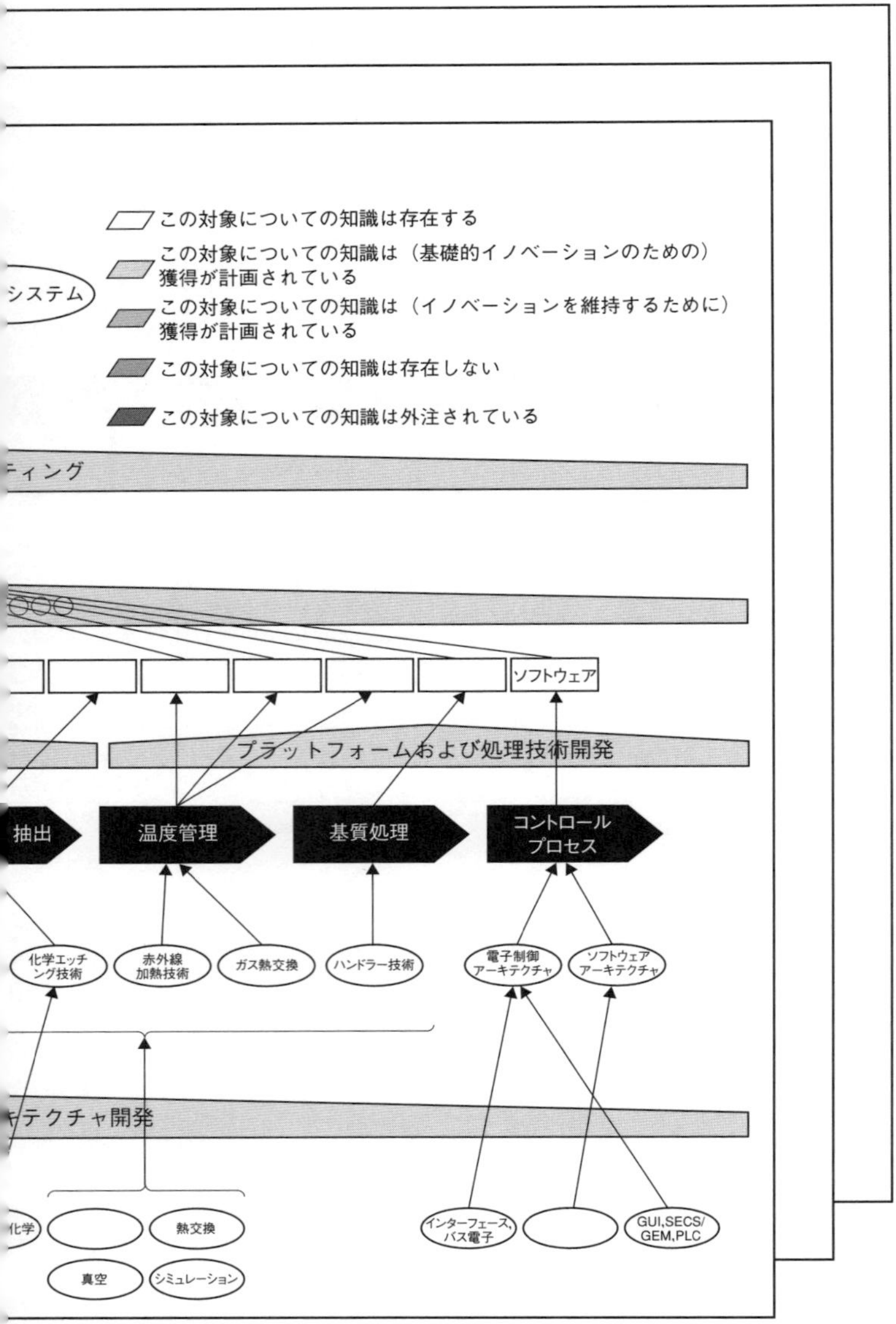
この対象についての知識は存在する
この対象についての知識は（基礎的イノベーションのための）獲得が計画されている
この対象についての知識は（イノベーションを維持するために）獲得が計画されている
この対象についての知識は存在しない
この対象についての知識は外注されている
システム
ティング
ソフトウェア
プラットフォームおよび処理技術開発
抽出
温度管理
基質処理
コントロールプロセス
化学エッチング技術
赤外線加熱技術
ガス熱交換
ハンドラー技術
電子制御アーキテクチャ
ソフトウェアアーキテクチャ
テクチャ開発
化学
熱交換
真空
シミュレーション
インターフェース、バス電子
GUI,SECS/GEM,PLC

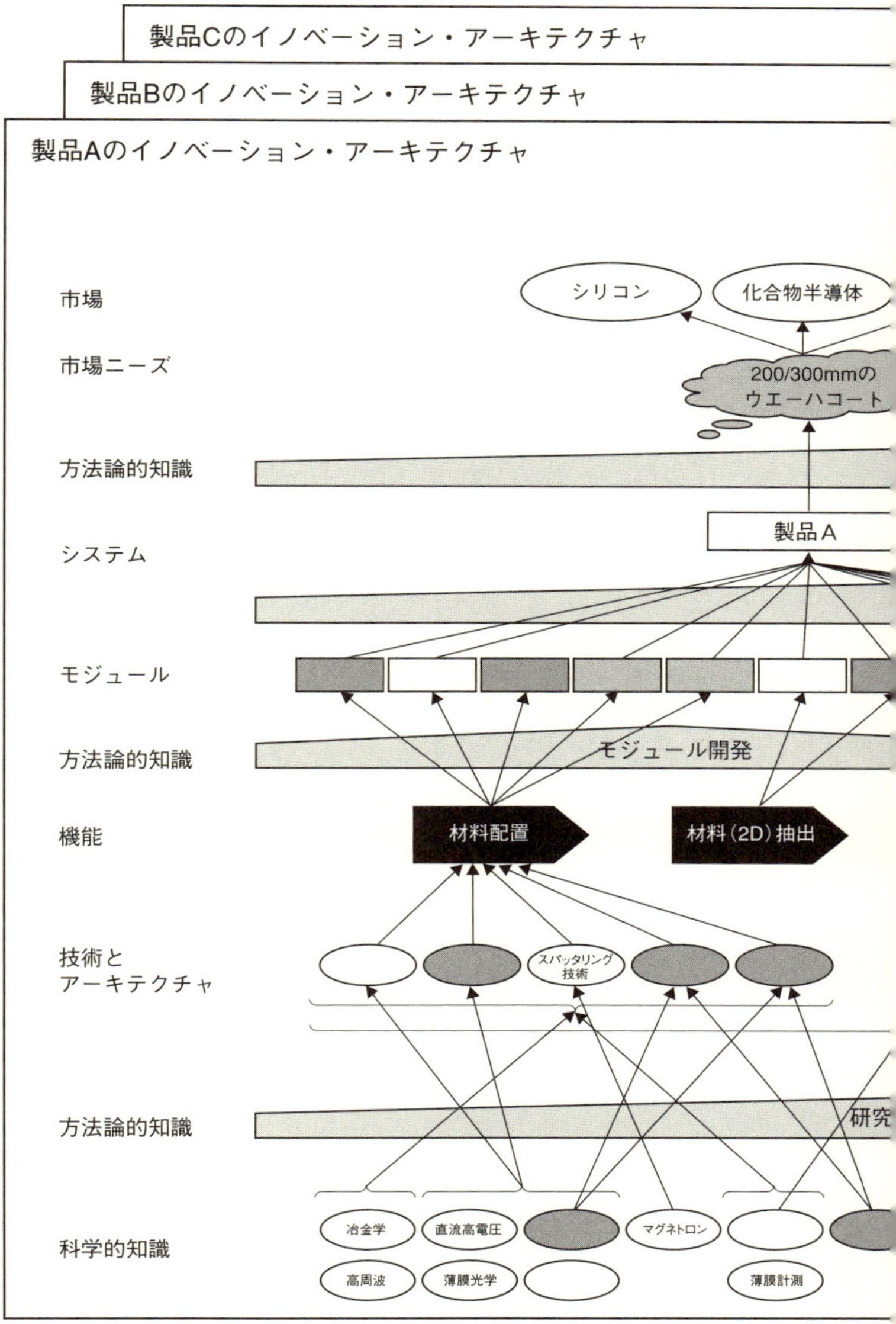

図6.8　ハイテック（部門２）のイノベーション・アーキテクチャ：製品による分割

は、技術知識と科学知識は確かに統合されたものの、統合されたオブジェクトに関してレベルの低い知識が存在していたことであった。プロジェクトマネージャーによれば、この欠陥は、プロジェクトのメンバーが製品投入の最後の段階で、投入する製品を品質的に完全にすることに焦点を当てていたことから生じていた。ところが、垂直的組織構造のために、プロジェクトメンバーは次世代製品のための技術開発と研究に集中できていなかった。

アーキテクチャの作成途中で明らかになった別の観点として、（特に部門1で）機能を充足することが必要とされていたすべての技術が内部で開発されていたことがある。たとえば「保冷システム」の機能は、外部企業の方が安価で性能の良い保冷システムを開発できると部門がたとえ把握していたとしても、主に社内で作られていた。部門1が自ら管理もできないほどの大量の技術を所有していた一つの理由はここにある。

部門2のイノベーション・アーキテクチャは、モジュールが異なるため、製品ごとにセグメント化されていた。それと同時に、異なるイノベーション・アーキテクチャでモジュールが異なっていても、技術はすべての製品に対して同じであることがめずらしくなかった。さらに詳細な検討を行った結果、製品が異なるモジュールをもつのは、それが必要だからではなく、製品は個別に常に再設計されていたからであることが明らかとなった。しかし、再設計が必ずしも必要ではないというマネージャーもいた。以上の事実からわかるのは、製品の複雑性が高く、その扱いが困難であったことである。

評価

両部門のイノベーション・アーキテクチャに基づいて、イノベーションロードマップを市場の視点から作成した(九)。すなわち、第一に、市場投入の日が固定され、プロジェクトは計画から2段階分遅れた。その結果、両部門はその市場投入日までにイノベーションプロジェクトを終了できなかった。計画が遂行できなかった理由は、次に述べるように、両部門では異なっていた。

部門1では、技術的、科学的対象知識の不足がはっきりし、そのことはイノベーションロードマップ（図6・9参照）に大きなインパクトを与えたが、経営陣はそれに気づいていなかった。たとえば、モジュールの開発を始めるために、ある技術は二〇〇二年末には内作する必要があった。しかし現実にはそのときに可能であったリソースでは、その技術は早くても二〇〇三年中頃にならないと利用可能にならず、それはモジュール開発の実際的なデッドラインでもあった。ところが市場からの需要圧力から、モジュール開発のデッドラインは市場投入日に設定する必要がある。つまり市場投入の設定日までには、技術開発のみが終了しているにすぎない。経営陣は、遅れは発生するものとは考えていたが、これほど大きなものとは思っていなかった。

部門2のイノベーションロードマップ（図6・10参照）も、技術知識に差があるために、リソースを変更しなくては計画に遅れが生じることを示していた。しかし、部門2の場合これは大きな問題ではなかった。より大きな問題は、まず、経営陣が特定のモジュールが内作できると考えていた一方で、プロジェクトのメンバーはそれができないことを知っていたことである。さらに、古い製品（図6・10には（製品A（V1・0））として言及）には絶対解決しなければならない品質上の問題があった。しかし、この問題を解決するのに必要なリソースは他の新製品の開発では利用できないものであった。とはいえ、イノベーションロードマップに基づいてプロジェクトリーダーが立てた進行計画をすべてのリソースが利用可能であると信じて実行した。図6・10のイノベーションロードマップと比較して遅れが増加するのは当然であった。

［結　論］

イノベーション・アーキテクチャの作成過程を通して今回のアクションリサーチからわかったことは以下のような

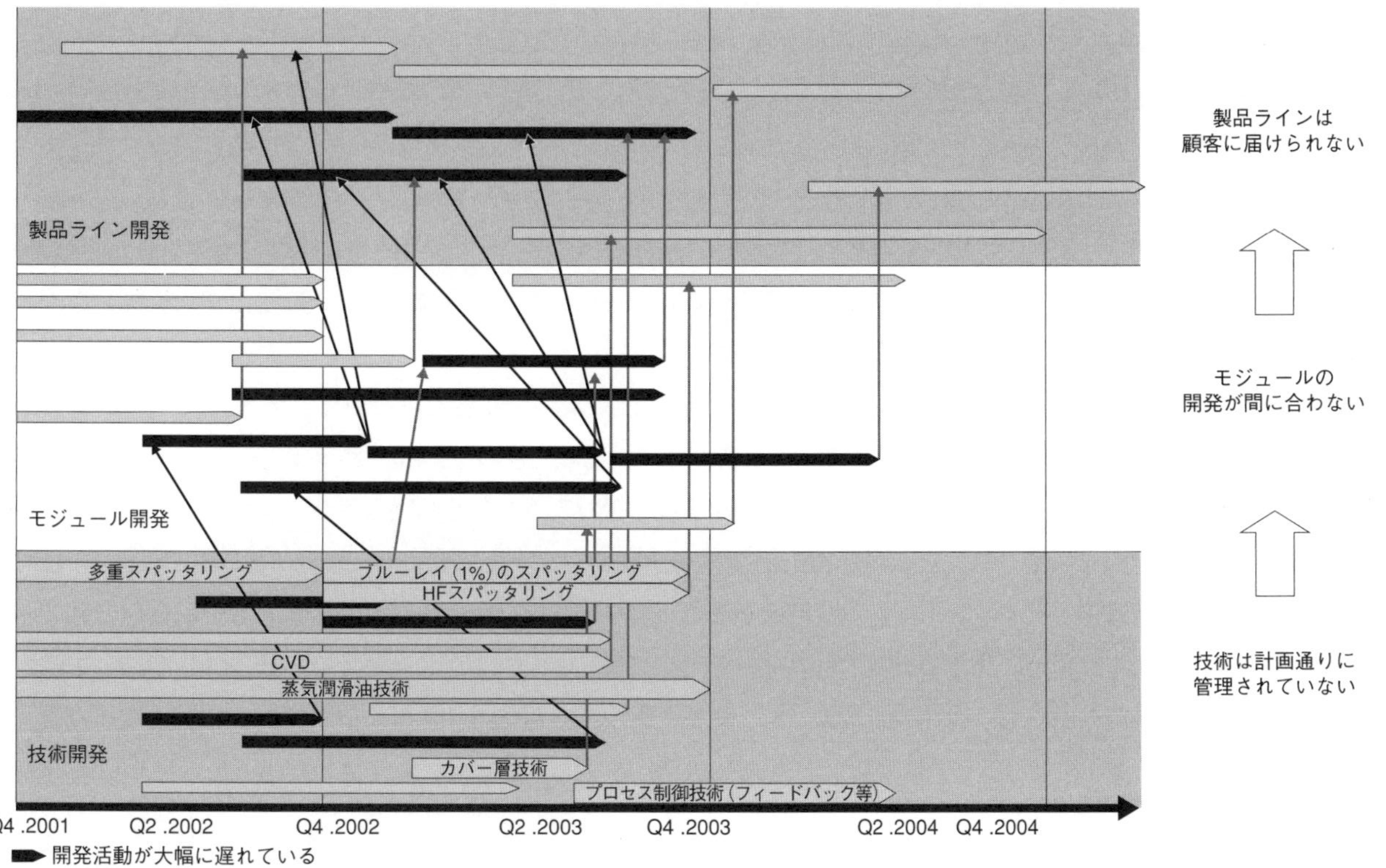

図6.9　ハイテック（部門1）のイノベーションロードマップ

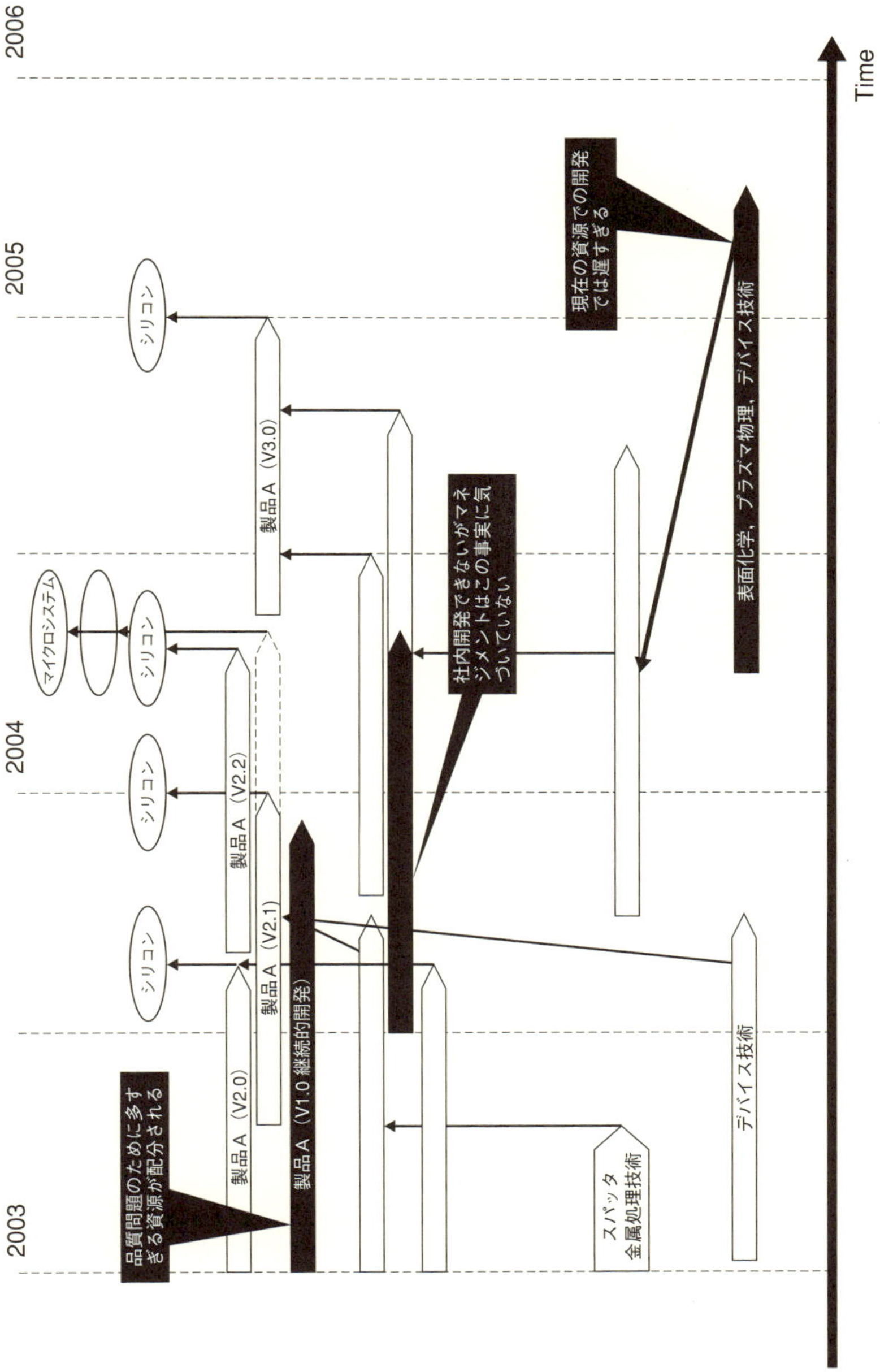

図6.10　ハイテック（部門2）のイノベーションロードマップ

ことであった。なお、これらは経営陣にも同意されている。

- **知識格差は特に技術サイドに関して大きなものであった。**
- **部門1では、外部の提携企業の方が良いものを提供してくれるとわかっていながら、内作していた技術の数が大変多かった。**
- **部門2では、モジュール数が実際必要とされるものより多かった。**
- **両部門とも、すべての開発プロジェクトに必要で十分なリソースを持ってはいなかった。リソース計画は体系的に行われていなかった。**
- **イノベーションロードマップからは、市場側と技術側のタイミングの統合が全くうまくいっていなかったことが分かった。**

経営陣の意見では、イノベーション・アーキテクチャは戦略プロセスを進めるために基本的であり、事実に基づいて記述できるような問題をある程度はっきりさせるのに役立った。それらの問題はイノベーション・アーキテクチャを作成することで見つけることができたのであり、解決すべき正しい問題が提起され、実際に解決された。

事例④　インフォ・エクスチェンジ

［企業概要］

今回のアクションリサーチでは、自国内のみで活動する企業の1部門を分析した。インフォ・エクスチェンジ社は国際金融情報、キャッシュレス支払機、電子支払いシステム、ＩＴサービスの領域でサービスと製品を供給している。すべての業務で高いレベルのセキュリティを備えた利用可能範囲が広い高度のＩＴシステムを提供することが基幹と

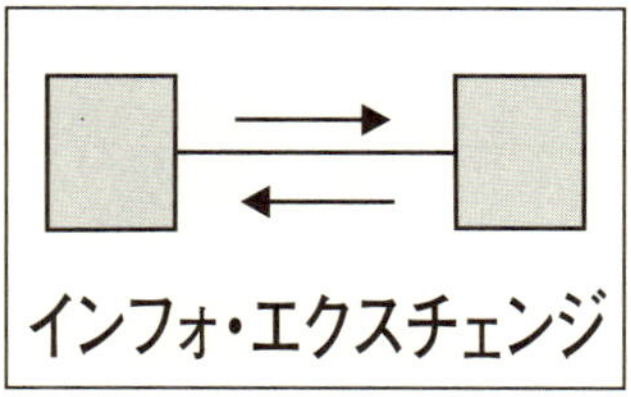

なっている。従業員は約二〇〇〇名で、売上高は最近三カ年一〇パーセント以内の変動に収まっている。

他の部門へのＩＴプロバイダとなっている部門は、インフォ・エクスチェンジ社の中でも特別な位置にある。この部門の売上げの八八パーセントは内部の部門からの注文であり、他部門に対しては独占的なＩＴプロバイダとなっている。すなわち、完全市場における独占者として活動できる。しかし経営陣が、外部顧客への売上げを現在の全売上高の一二パーセントから二四パーセントまで倍増して全体の売上げを増加させるという戦略的決定を行ったため、この部門の置かれた現在の理想的ともいえる状態は変化せざるを得ない。

外部顧客の売上げを倍増するという挑戦は、低いサービスの質やＩＴ産業の相次ぐ倒産の影響でＩＴ製品への信用が一般的に下降している状況では前途多難である。このためにインフォ・エクスチェンジ社は年一〇から一五パーセントの損失を引き起こしている。この状況に対処するには、新しく魅力的な市場での高品質な新製品を開発できるコア競争力に焦点を当て、顧客の信用を得ることを部門の目標に据えることである。

［プロジェクト開始時の状況］

戦略的イノベーション構造：組織構造はフラットであり、そのために、イノベーションの際には最適な開発期間と迅速な情報伝達が可能であった。フラットな組織構造の上で、ＣＴＯが部門全体に渡るイノベーション活動を統合するプロセスを新しく実施していた。

戦略的イノベーション行動：この企業が長らく独占者として振る舞うことができたという事実を見ても、イノベーションへの組織文化は、イノベーションを起こしやすいとはいえない。加えて、新しい投資のためのリソースは非常に限定的に扱われている。それゆえ、特定の顧客の需要に基づくイノベーションプロジェクトしか受け入れられていない。技術部門は新機能の将来性を問われるというより、すでに必要とされているイノベーションの実施可能性について問われる。

戦略イノベーションの目的：上述した部門戦略に基づいたイノベーション戦略は、詳細が決まっていない概略的なもので、新市場で展開される実際のコア競争力を基礎にした成長を促すイノベーションを開発することを目的としていた。このイノベーション戦略はまだほんの概略にすぎず、目的を達成するための確かな道筋はまだなかった。技術的コア戦略についても、新しい潜在的市場を見極められるほど焦点は定まっていなかった。

イノベーション意思決定プロセス：イノベーション意思決定プロセスについては顕在化していなかった。経営陣のイニシアティブによって、各部門は上記の目的を含んだ現実的な戦略を立てなければならなかったが、まだ実現の道筋は定まっていなかった。この策定は財政上の主要指標に基づいて行われている。それに先立つべき体系的な同定のフェーズはなかった。策定された戦略は次に全社レベルに統合される。詳細化されたイノベーション戦略は存在していなかった。

プロジェクトの目的：プロジェクトの目的は、現行のイノベーション活動に基づいて新市場を同定することに焦点が当てられた。プロジェクトの最初の段階はイノベーション・ポートフォリオを修正し、強みと弱点を併せもつ現行のイノベーション活動をイノベーション・アーキテクチャの中に定義することである。次の段階は、新市場におけるイノベーション機会を同定し、関連する活動に基づいてそれを詳細化する。第三の段階は、予備的な戦略的フィットの評価を行う（図6・11参照）。

［イノベーション・アーキテクチャ］

インフォ・エクスチェンジ社のイノベーション・アーキテクチャ（図6・12参照）には四つのカスケードがある。最初のカスケード上には、会社が必要とする新技術を調査するための方法論的知識がある。インフォ・エクスチェンジ社は新技術の開発を行ってはいないので、この方法論的知識は変化の激しい環境に合った新製品の開発には大半が重要な知識である。技術の調査は、イノベーション・アーキテクチャ策定時に定義された六つの戦略的技術プラットフォーム（ＳＴＰｓ）に対して実行された。ＳＴＰｓの目的は、個別のモジュールで必要とされた機能を充足することである。次のカスケードでは、モジュールの開発過程を五つの方法論セグメントに分割している。これは、たとえば方法論的知識においてはハードウェアとソフトウェアデザインは全く異なっているという事実に基づいている。開発したすべてのモジュールはハードウェアとソフトウェアから成っており、その次のカスケードで顧客への個別製品やサービスに統合されている。そしてこの製品は、第4のカスケードに沿って、さまざまな市場に投入される。

図6・12のイノベーション・アーキテクチャは対象と方法論的知識の次元を表しているが、それに加えて五つのカテゴリー(一〇)でメタ知識の次元が分析された。以下に、インフォ・エクスチェンジ社の一般的なメタ知識の例を紹介する。

・知識源は会社内の従業員、社外での教育、個人的なネットワークから得られる。
・知識の信頼性の保証は、従業員からの証言に基づいている。
・知識の重要性は、知識を統合する過程で高まりつつある。メタ知識は特定の対象知識ではなく、方法論的知識であり、ますます重要となる。

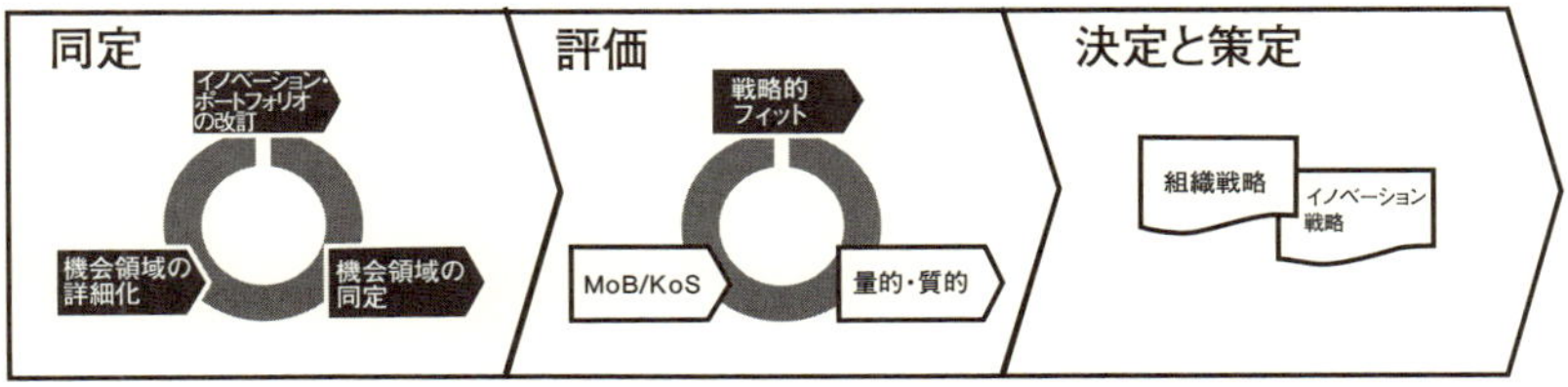

図6.11　インフォ・エクスチェンジ社のアクションリサーチ事例でのプロジェクトの目的

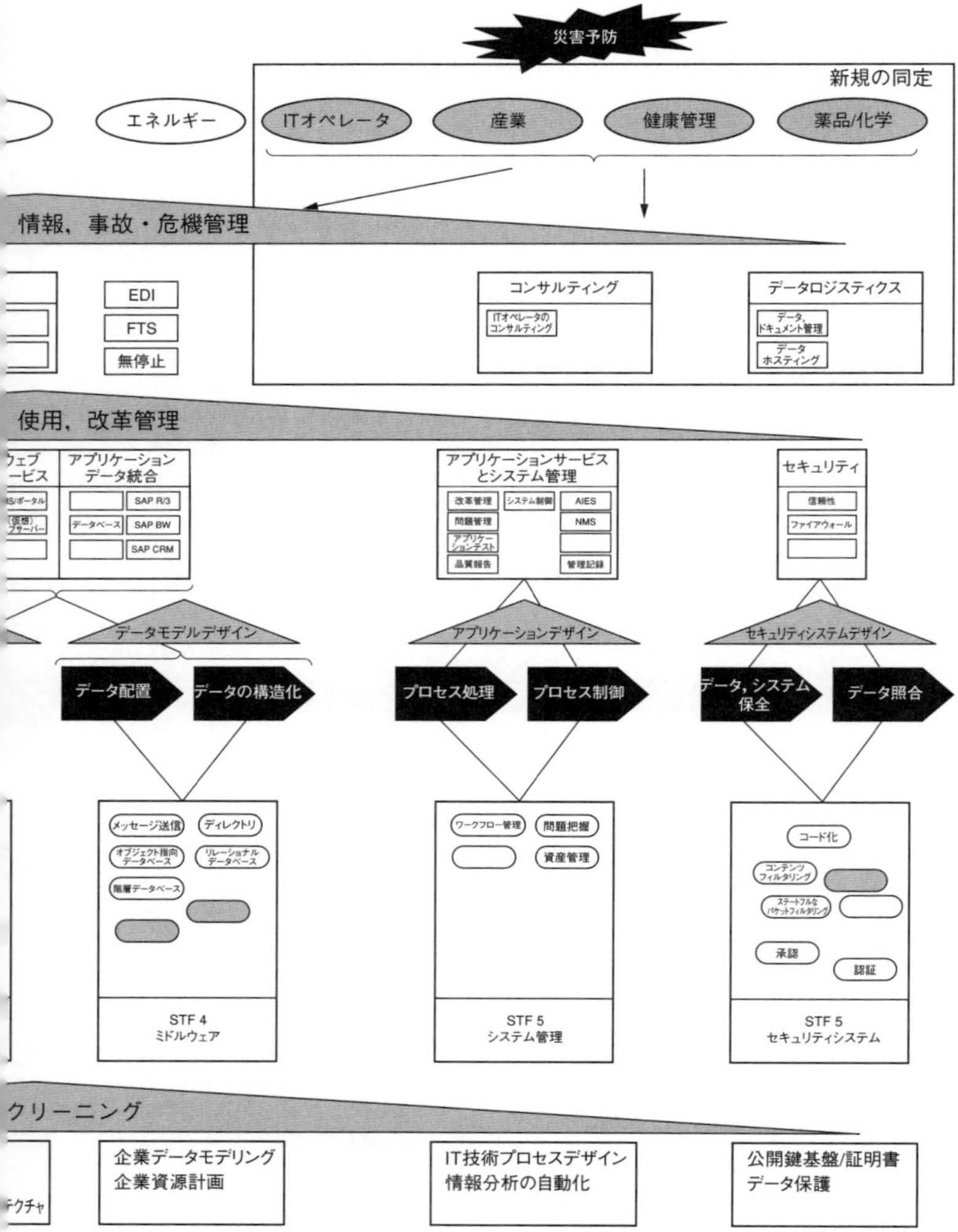

災害予防
新規の同定
エネルギー
ITオペレータ
産業
健康管理
薬品/化学
情報，事故・危機管理
EDI
FTS
無停止
コンサルティング
ITオペレータのコンサルティング
データロジスティクス
データ，ドキュメント管理
データホスティング
使用，改革管理
ウェブ
ービス
アプリケーションデータ統合
SAP R/3
データベース
SAP BW
SAP CRM
アプリケーションサービスとシステム管理
改革管理
システム制御
AIES
問題管理
NMS
アプリケーションテスト
品質報告
管理記録
セキュリティ
信頼性
ファイアウォール
データモデルデザイン
アプリケーションデザイン
セキュリティシステムデザイン
データ配置
データの構造化
プロセス処理
プロセス制御
データ，システム保全
データ照合
メッセージ送信
ディレクトリ
オブジェクト指向データベース
リレーショナルデータベース
階層データベース
STF 4
ミドルウェア
ワークフロー管理
問題把握
資産管理
STF 5
システム管理
コード化
コンテンツフィルタリング
ステートフルなパケットフィルタリング
承認
認証
STF 5
セキュリティシステム
クリーニング
クチャ
企業データモデリング
企業資源計画
IT技術プロセスデザイン
情報分析の自動化
公開鍵基盤/証明書
データ保護

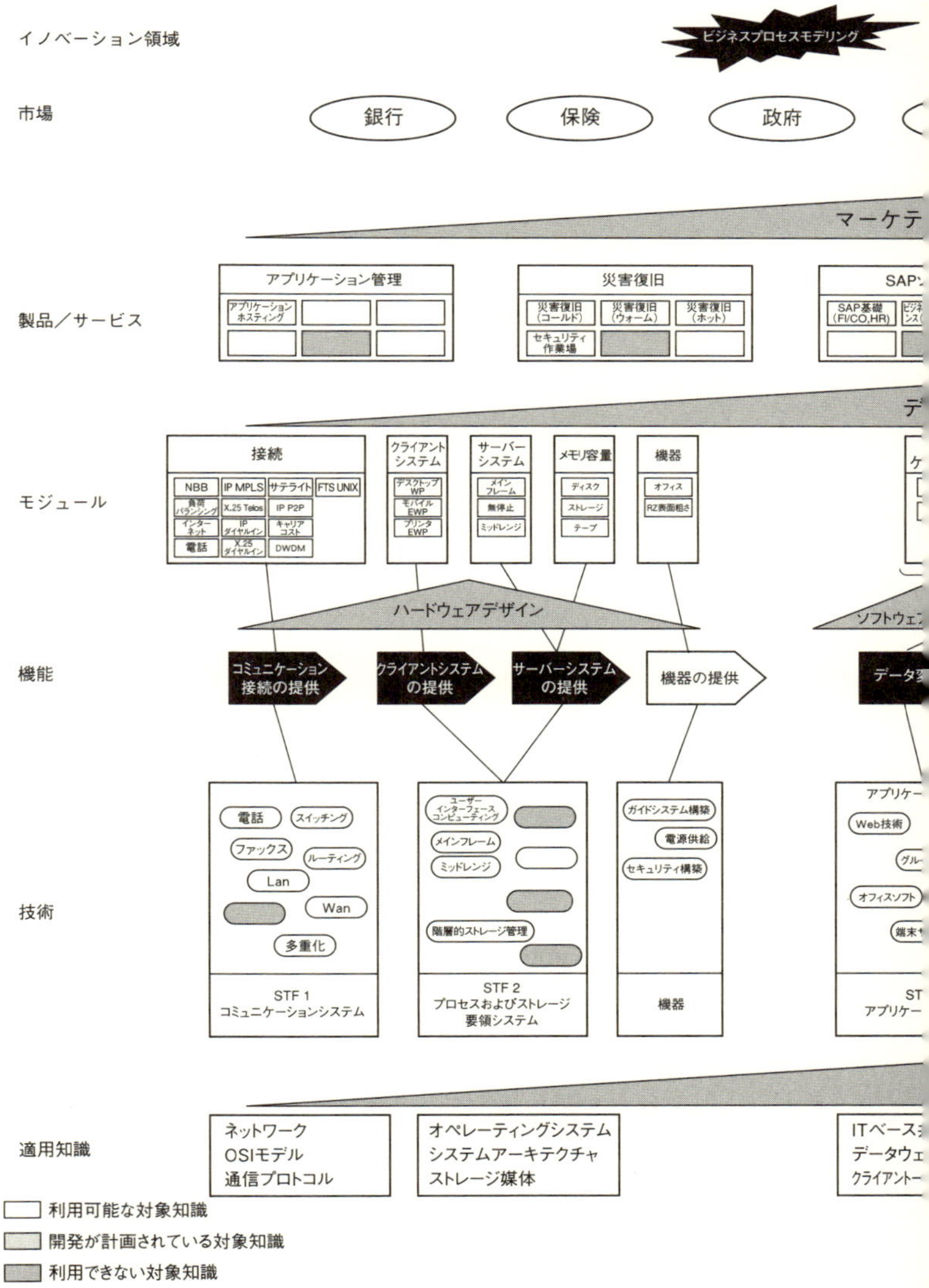

図6. 12　インフォ・エクスチェンジのイノベーション・アーキテクチャ

・知識の進化は、サプライヤー、大学、専門家らとの実際の相互交流を通して確実に行われていくだろう。
・会社の新知識を獲得する認知的能力が極めて高くなる。

［イノベーション戦略策定プロセス］

同　定

インフォ・エクスチェンジ社でのイノベーション・アーキテクチャの作成からいくつかの興味深い点がわかった。技術的知見と科学的知見を統合することには大きな問題はなかったが、将来のモジュールと製品を結びつけることに難しさがあった。それは会社が市場に関する詳細な見方をもっていなかったからである。インフォ・エクスチェンジ社には将来の製品に関する情報が欠如していた。この市場情報の欠如は、会社がこれまで限定された顧客群のみを相手にしていたという事実からきていた。それゆえ、製品は限定された顧客に対して定義され、将来の市場開拓は重要とは考えられていなかった。今日では、企業は現在とは異なる潜在的顧客の製品を開発しなければならず、市場情報のこの種の欠如は大変不利となる。イノベーション・アーキテクチャ構築中に発見された興味深い他の点としては、技術側では新しいアイデアが少なかったことがある。より詳細に観察してみると、主要技術は顧客から注文された特定の製品用に開発されたものであったことがわかった。すなわち、これまでのインフォ・エクスチェンジ社はテクノロジー・プッシュではなく主にマーケット・プルの活動で管理されていた。

新しいビジネス領域の同定は、イノベーション領域に基づいて行われていた。それゆえ、ビジネス領域の同定、特に「災害対策」というITの特別の利用状況でのイノベーション領域に適すると考えられる市場の同定が行われていた。今回の創造的なワークショップにより、メディア、ビルディング、IT、健康管理、製薬、化学、自動車、物流、機械、小売といった領域の企業が関心をもつだろうということが確認された。このような潜在的なビジネス領域は、次の評価の過程のための基礎となった。しかし特定の機能に基づく新しい活動領域の同定が行われなかったことにここで言及しておかないといけない。なぜなら、企業の戦略方向に必要なのは、インフォ・エクスチェンジ社に実際存在している機能のほとんどすべてが利用可能であるようなビジネス領域の活動のみがサポートされることであったからだ。

評　価

評価の過程で焦点を当てたのは戦略的フィットであった。現在の機能について機能関連法を実施して、また、コア・コンピタンスを考慮した結果、新しいビジネス領域のみが有望であることを導きだした。それゆえ、これまで述べてきた潜在的ビジネス領域について、技術プラットフォームとビジネス間の機能的フィットが達成されているかどうかを評価した。これを一次機能的フィットとして評価した後、特定のビジネス領域で将来のイノベーションに必要な各機能について会社が競争力を持っているかどうかを見極める二次フィットを調べた。基準の一覧表に基づいて計算された結果は、潜在的機能をもつ新しいビジネス領域ごとにまとめられた。戦略的フィットを完成するために、三次フィットを、環境の将来の変化を評価して調べた。それゆえ、各潜在的ビジネス領域での機能に対して、（市場成長や市場規模といった）いくつかの基準に基づく機能的な魅力について分析を行った。

三つの戦略的フィットは、つねに機能的観点に基づいており、各ビジネス領域の機能的魅力に対する機能的可能性を補うポートフォリオにまとめられた。この機能ポートフォリオの結果は、ＩＴ、製薬、健康管理、機械といったビジネス領域から特に興味をもたれた。

［結　論］

イノベーション・アーキテクチャ、同定の過程、戦略的フィット評価に関する経営陣からのフィードバックは非常によいものであった。今回の方法は、技術と市場側とのリンクを明らかにしており、複数の部門にまたがるチームワークを支援するということであった。加えて、創造性の潜在力が増加した。にもかかわらず、プロジェクトの初期においては、プロジェクトの進め方が少し理論的であるという感想をもった従業員もいた。分析結果はプロジェクトのメンバーでなかった人にも紹介されたのであるが、このことを問題視するような意見は出なかった。それゆえ、経営陣からの全体的なフィードバックが非常によかったのである。

事例⑤　オプティック・ダイ

［企業概要］

五つ目のアクション・リサーチは五〇人規模の小さな企業において実施された。事業領域は光学式記憶メディアで、企業名をオプティック・ダイという。この会社は二〇〇二年半ばに、ある倒産企業を土台にして設立された。旧会社は光学式記憶メディアに関して幅広く事業を展開していたが、新たに設立されたこのオプティック・ダイでは、業界の中でも特に化学製品の研究開発にのみ焦点を絞っている。オプティック・ダイでは、主にレーザー反射色素と、光学式記憶メディア生産に関するコンサルティング業務、および、スタンパーと呼ばれる光学式記憶メディアの射出成形のための金型を扱っている。

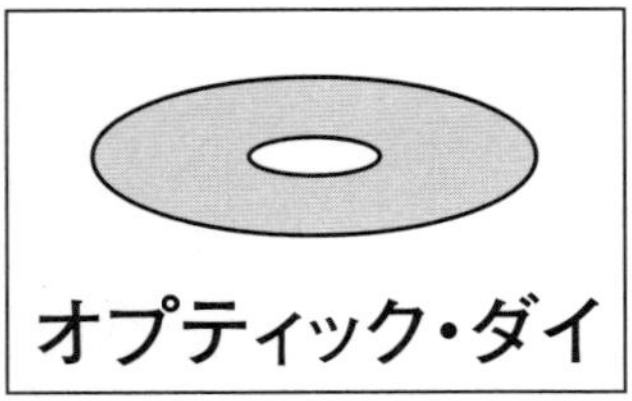

オプティック・ダイは三つの課題をクリアする必要があった。まずなにより、この時期製品はまだ開発段階にあったため売上げがなく、したがって、投資家に常に情報を提供しつづけな

ければならなかった。第二に、開発中の化学製品の類似品が、性能的に弱いとはいえ、既にいくつかの大企業によって市場投入がなされており、それら企業が市場で圧倒的に優位なポジションを占めていた。また、開発競争が非常に熾烈であった。第三に、この製品のライフサイクルが1年未満と非常に短いことも問題であった。これら三つの課題を抱えていたため、この会社が将来的に成功するためには、高機能製品を開発し、効果的かつ効率的で積極的なマーケティングと組み合わせる必要に迫られていた。

［プロジェクト開始時の状況］

戦略的イノベーション構造：この会社は規模が小さいので、組織構造が非常にフラットで、何かにつけ暗黙的な部分が多かった。しかし、そうはいってもＣＴＯはいて、全てのプロジェクトの調整役を担っていた。そのＣＴＯは旧会社からの据え置き人事で、技術的な責任を背負っており、優れた技術的素養を持った人物であった。このように、技術畑のＣＴＯが全ての活動の調整役を任されていたことが、この会社の構造明確化を困難にしていた。

戦略的イノベーション行動：この会社の従業員は社内の変化に非常にオープンで、環境の変化にも敏感に適応することができた。普通見られないような変化への高い適応力は旧会社が倒産したことに起因するかもしれない。この会社で働く従業員たちは、社内変化を避け、外部環境の変化を無視することがどのような結果を招くかということをすでに目の当たりにしたのである。つまり、この会社の従業員は企業家的で、情報通で、かつ強い自己責任意識を有していた。こうしたことは大企業で働く従業員には稀なことであり、競合他社に対して大きな強みであった。

戦略的イノベーションの目的：この会社の戦略の目的は焦点が非常に絞られており、新しいレーザー反射色素の市場へ一番手で参入することであった。その目的を達成するために、この会社はある化学分子群に注目していて、大企業とも戦略的提携を結んでいた。

イノベーション意思決定プロセス：会社の活動焦点が非常に絞られていたため、初期段階の些細な思い違いでさえ、オプティック・ダイの今後に大きな影響を与える可能性があるということを経営陣はよく分かっていた。そのため、全ての重要な技術課題を幹部会議で決定することにした。これらの会議では、技術に基づいたイノベーション活動と財務やマーケティングに関する課題との調整が行われた。ＣＥＯに化学知識のバックグラウンドがなかったため、技術的にどのような影響があるかを十分に理解することはできなかったとはいえ、彼の胸中にあった理解が戦略的イノベーション意思決定プロセスにおける意思決定の前提条件となった。

プロジェクトの目的：この会社の経営陣、中でも特にＣＥＯはＲ＆Ｄに関して重要な決定を下すに十分な知見を持たない上に、環境変化に対する極めて迅速な対応力を求められていた。こうしたことから、最初のフェーズではまず、イノベーション・アーキテクチャを用いて実際のイノベーション・ポートフォリオを改訂し詳細化することで、透明性を高めることが目的となった。そして、小規模なイノベーション主導型企業における、量的・質的な評価はもちろんのこと、技術管理を戦略的に行うためのツールを導入するという目的も設定された。第二フェーズとして、結果を見直すために、これらのプロセスを再び六ヵ月後に行うことになった（図6・13参照）。

【イノベーション・アーキテクチャ】

このプロジェクトでは、詳細レベルの異なる2つのイノベーション・アーキテクチャ

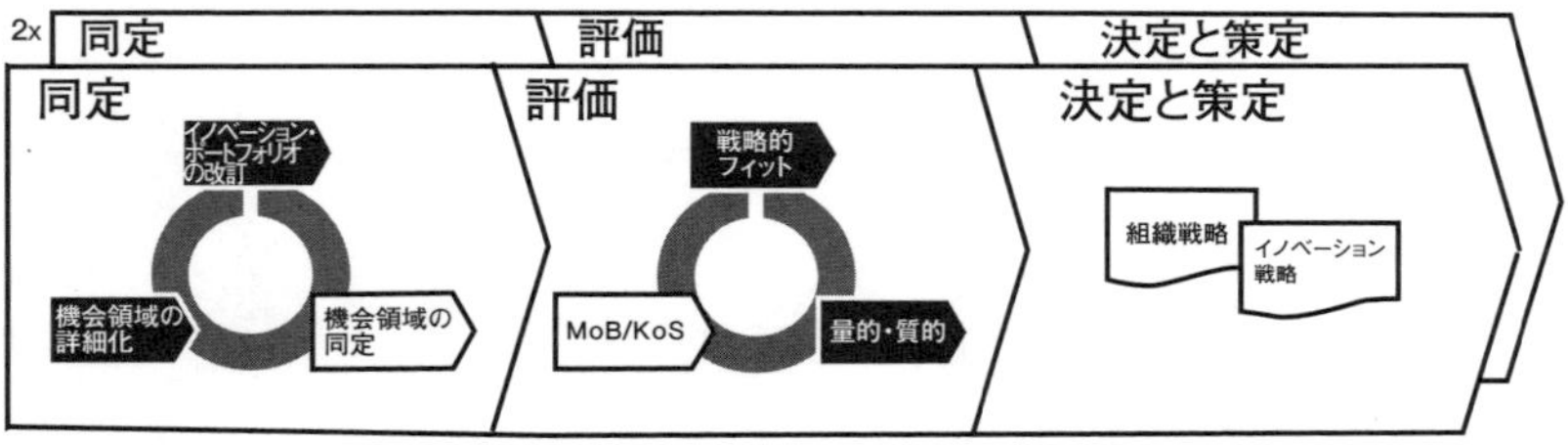

図6.13　オプティック・ダイのアクションリサーチ事例でのプロジェクトの目的

が作成された。まず、おおまかなイノベーション・アーキテクチャ（図6・14の上側参照）がR&D部門をどのように組織するかというおおまかな流れを得ることを目的として作成された。図6・14のイノベーション・アーキテクチャは、会社の活動がいくつかの機能を可能とする四つの戦略的技術プラットフォームから成っていることを示している。機能は、光学式記憶メディア業界の顧客へ提供されるサービス（製造コンサルティング）と、二つの製品（色素とスタンパー）を創出するために組み合わされる。次に、マネジメントのイノベーション機会やそれらの相互関係への理解を助けるために、より詳細化されたイノベーション・アーキテクチャ（図6・14の下側参照）が作成された。このイノベーション・アーキテクチャは三つのカスケードをもつ。一つ目のカスケードは科学領域の新たな知見を探索し、探索された知見を新たなレーザー色素の設計と合成に適用するための方法論的知識である。次のカスケードではレーザー色素の性能が高められ、生産プロセスが開発される。加えて、光学式記憶メディアの生産プロセスにおいてレーザー色素を最適に用いるノウハウを得るため、この同じカスケードにおいて、レーザー色素の性質がドキュメント化される。最後のカスケードで、完成した製品をマーケティングのコンセプトに基づいて市場に投入する。知識は、既に存在している知識、利用が計画されている知識、利用できない知識の三つに区分される。

［イノベーション戦略策定プロセス］（第一回）

同　定

イノベーション・ポートフォリオを改訂し、全てのイノベーション機会を詳細化したことで、この会社特融の局面を浮き彫りにすることができた。CTOは特殊な色素を開発する技術的な知識に関しては最も長けた人物である。企業環境が変化したということもあり、彼がすべての内的活動の全体を知る唯一の人物であった。しかし、同時にCTOは時間に追われており、また、技術寄りで管理畑の人物ではなかった。このような背景から、イノベーション・アー

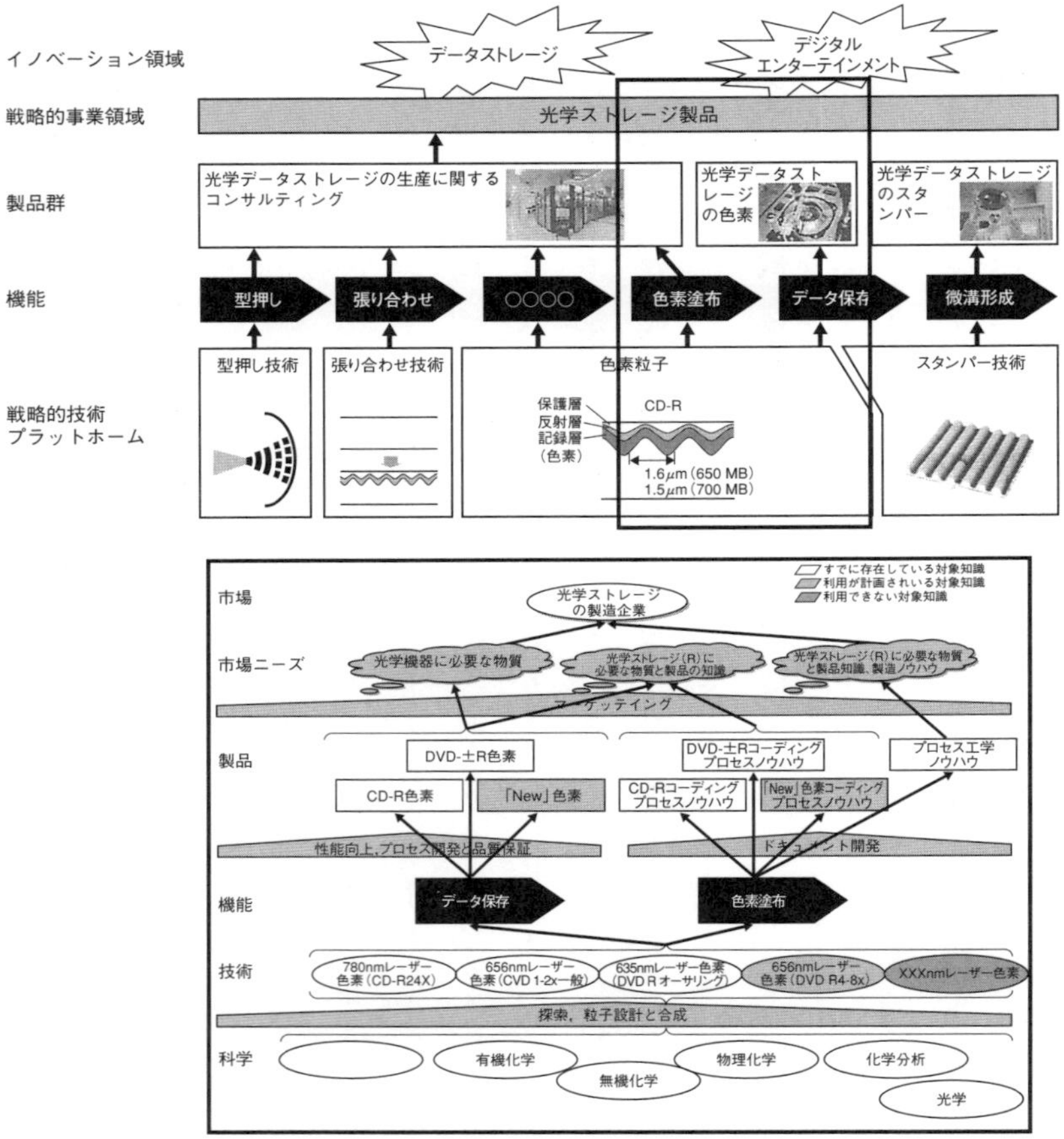

図6.14　オプティック・ダイのイノベーション・アーキテクチャ（概要）

キテクチャにおける開発オブジェクトの情報は大部分が迅速に確認され、イノベーション・アーキテクチャへの統合が可能となった。しかし、CTOの管理経験不足ゆえに、「New」と称される次世代色素開発の具体的な道筋については認識が甘かった。それゆえに、イノベーション・アーキテクチャを完成させるために、ある研究員が詳細な情報を収集しなければならなかった。このような経緯を経て、最終的にはイノベーション・アーキテクチャが洗練され、

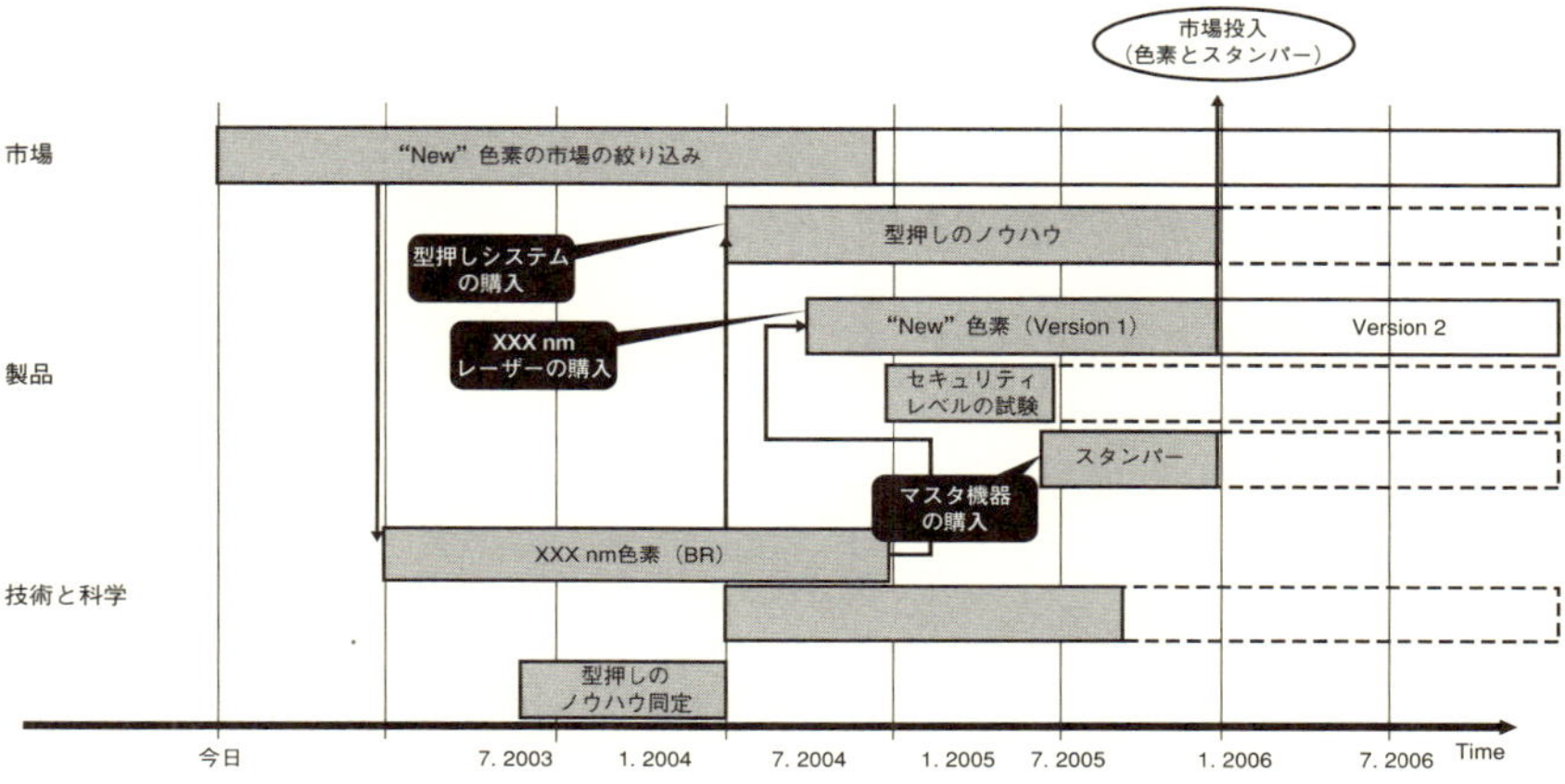

図6. 15　オプティック・ダイのイノベーション・ロードマップ

CEOにプレゼンテーションされた。

評価

イノベーション・アーキテクチャに統合されたイノベーション機会はまず、戦略的フィットという観点から分析された。会社の活動焦点が非常に絞り込まれていたということ、そして、提携先の大企業によって開発目標を定められていたということがあり、この会社には同定されたイノベーション機会以外に選択の余地がなかった。よって戦略的フィット分析は不足要因の確認という点からだけなされた。戦略的フィット分析を行った結果、マネジメントは近い将来、色素とスタンパー開発のために新しい機械が二台必要になるということを確認した。これらの機械を用いることで、同定されたイノベーション機会の開発が可能となり、将来的に生産されることで戦略的フィットが確かなものとなるのである。

さらに、イノベーション・ロードマップを用いて基本的な量的・質的分析が行われた。このロードマップ（図6・15参照）は主に、依然開発計画段階にある、「New」色素のイノベーション機会のために作成された。さらに、イノベーション・アーキテクチャのオブジェクトをイノベーション・ロードマップに落とし込む前にいくつかの追加情報を集める必要があった。このイノベーション・ロードマップの作成にあたり、R&D部門の人員がこの会議に参加し、共にタイムスケールについて議論したということが最も重要であった。このようにして、必要な人的・財務的資源に関する詳細な議論が行われた。CTOによると、このイノベーション・ロードマップに関する会議は「New」色素に関して各自がもつ意図を調和させる上で非常に重要なステップであった。

［イノベーション戦略策定プロセス］（第二回）

初版のイノベーション・アーキテクチャが作成され、イノベーション・ロードマップがマネジメントから承認されてから六ヶ月後、当初の計画どおり、それらの結果が見直された。イノベーション・アーキテクチャはほんの二、三個のオブジェクトについて時間の関係上の改訂、あるいは新たな統合を要した他は、構成が変更されなかった。よって、驚いたことに見直しにはたった半日しかかからなかったのである。したがって、このアクション・リサーチのイノベーション戦略策定プロセスは、非常に稀なケースではあるが、イノベーション・アーキテクチャとそれに関連するツールは、一旦全ての情報が記入された暁には、基本構成が完全に変更されない限り、見直しが非常に容易であるということを明確に示した。

［結　論］

最後に、このケースはイノベーション・アーキテクチャとその関連ツールが、それぞれ各ケースに適応させる必要があるが、規模の小さなイノベーション主導型企業にも有用であるということを示している。特に、このケースはR&D部門が非常に技術指向型で、市場指向性の弱いケースであった。また、イノベーション・アーキテクチャは特定技術と市場の間に存在する制約（しばしばそれほど重要な制約ではない）についてトップマネジメントに説明するためのコミュニケーション・ツールである。そして最後に、イノベーション・アーキテクチャは一旦その基本構成を詳細に詰めてしまえば、後は最小限の努力でもって改訂することができる、という非常に重要な結論を述べねばならない。

事例⑥　ビルド・アップ

［企業概要］

六つ目のアクション・リサーチはビルド・アップという会社で実施された。この会社は建設とビルメンテナンス業界の顧客に対して、開発、製造と付加価値マーケティングを行う世界的リーダである。この会社は世界一二〇カ国に事業展開しており、従業員は一万五千人にのぼる。

二〇〇二年に世界経済の持続的な低迷により建設産業が軒並み不況に陥った際、この会社の業績も落ち込み、利益が売上げの一〇%から一%まで落ち込んでしまった。にもかかわらず、彼らの年次報告書によると、この会社は競合他社と比較して有利な立場にあり、将来的な市場発展の展望は非常に明るいとのことだった。

この会社の戦略は、イノベーションにより利益率を向上させ、作業効率を上げ、そして、市場に対して直接販売を行うというものである。具体的には、三年前に販売した新製品の販売が売上げの四〇%から六〇%を占めるようにしたいと考えていた。この会社ではイノベーションに関する企業戦略を確かなものにするために、研究開発への投資を売上げの約五%に引き上げる用意があった。

会社内の異なるビジネス・エリアはそれぞれ独立して業務活動を行っている。したがって、戦略策定、マーケティング部門と技術部門における組織改変あるいはプロジェクトの一部重複など、戦略上の意思決定に関してはマネジメントがビジネス・エリアを横断する調整に対して多かれ少なかれ責任を負わなければならなかった。

このアクション・リサーチを行ったビジネス・エリアでは、ボルトと釘を効率的かつ安全に製作する加圧式の機械を開発し生産している。この分野は成熟した市場をもつ伝統的な事業分野のひとつである。

［プロジェクト開始時の状況］

戦略的イノベーション構造：会社全体と同様に、分析したビジネス・エリアもまた市場指向性が非常に高かった。多くのイノベーション・プロジェクトが、中でも特に短期的なプロジェクトが、特定の顧客ニーズに基づいて動いていた。それゆえ、この会社においてマーケティング部門は確固たる地位を確立していた。にもかかわらず、技術開発、特に会社内の技術研究開発部門では、技術推進を目的としたテクノロジー・プッシュのプロジェクトがしばしば立ち上がった。これらのプロジェクトは短期的な目標のためではなく、中長期的なイノベーションを目的としていた。したがって、戦略的イノベーション構造は市場ベースと技術ベースの両方ということになる。この複雑な構造のバランスを確保するために、多くの指揮系統を持つ複雑なマトリクス組織構造をとらざるを得なかった。

この会社のイノベーション・システムの推進構造は、調査、研究、技術開発、プラットフォーム開発、製品開発、製品ケアと段階的撤退のプロセスに分けられた。

戦略的イノベーション行動：この会社の特徴は、組織がチーム指向的、そしてプロジェクト指向的であるということである。プロジェクトでは達成すべき目的設定がしばしば非常に高いため、従業員の業績指向性が非常に高い。意思決定は体系的になされる。従業員の内部流動性は高く、異動は三年単位となっている。

戦略的イノベーションの目的：戦略的イノベーションの目的は企業戦略と直接的につながる。戦略的イノベーションの最も主たる目的は新製品の売上げ比率を上げることであり、この目的がイノベーション・システムの各プロセスに対する協調戦略計画へと落とし込まれた。

イノベーション意思決定プロセス：アクション・リサーチを行ったビジネス・エリアはこの会社の代表的な事業を担っている。そのため、戦略的イノベーションの目的を達成することが会社にとって不可欠であると認識されるとすぐに、このビジネス・エリアにおける戦略プロセスが詳細化されることとなった。このプロセスにおいて、意思決定は売上げ高、市場動向などの市場データ、NPV、コストなどの製造データおよび技術動向などの技術データに基づいて行われた。このデータは体系的に評価され、意思決定がなされた。この戦略策定プロセスは評価という点では非常に洗練されたものであった。しかし、組織が複雑なマトリクス構造であったために、イノベーション・ポートフォリオを全社的に概観する際の透明性にはしばしば難があった。透明性は意思決定には必須事項である。

プロジェクトの目的：図6・16にあるように、分析したビジネス・エリアのイノベーション・システムにおける明確な全体像を把握するため、イノベーション・アーキテクチャを用いてイノベーション・ポートフォリオが改訂され、詳細化された。特に、市場指向サイドと技術指向サイド間のリンクは、異なる業務活動同士がイノベーション・ポートフォリオの一部として全体的に一貫性をもつよう可視化される必要があった。更に、他の全てのケースとは対照的に、このケースではマネジメント自身がイノベーション・アーキテクチャを提起するという決断を下した。

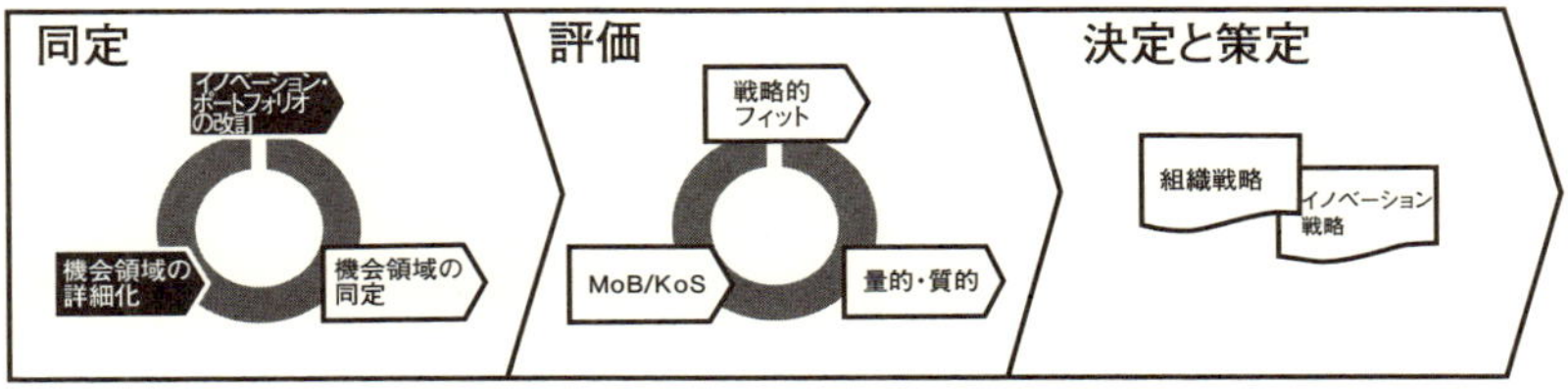

図6.16　ビルドアップのアクションリサーチ事例でのプロジェクトの目的

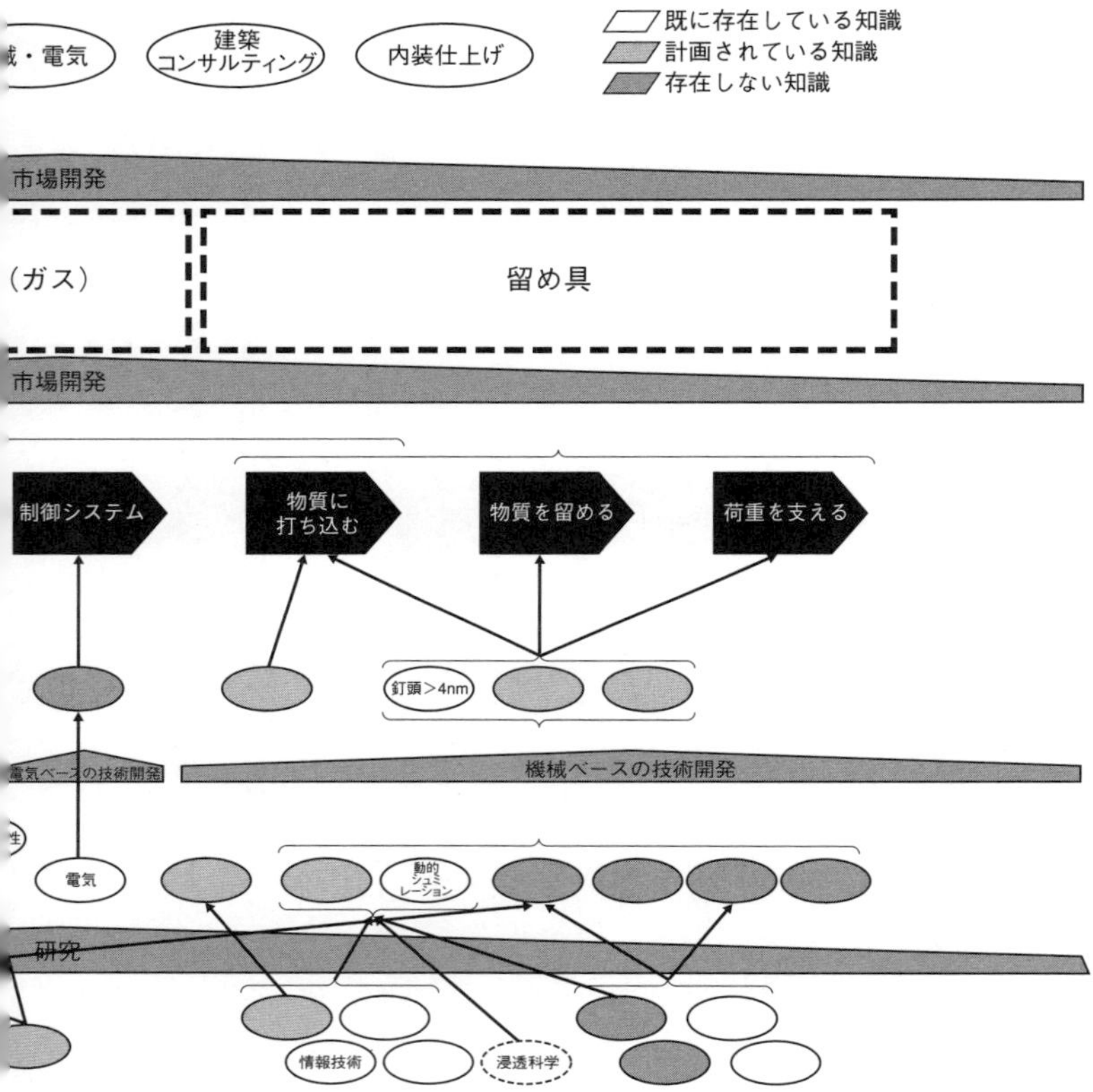

［イノベーション・アーキテクチャ］

分析したビジネス・エリアのイノベーション・アーキテクチャは図6・17のとおり、四つのカスケードから成る。一つ目のカスケードには、FEM分析のような一般的な研究に関する方法論的知識が存在する。このカスケードの目的は、基礎技術を開発するための科学知見を探索することである。ここで探索された知見を基に基礎技術が開発され、次の二つ目のカスケードにおいて「実用化準備」技術が開発される。二つ目の基礎技術開発カスケードには四つの異なる方法論的知識セグメントが存在する。これは、たとえば、機械への適用のための方法論的知

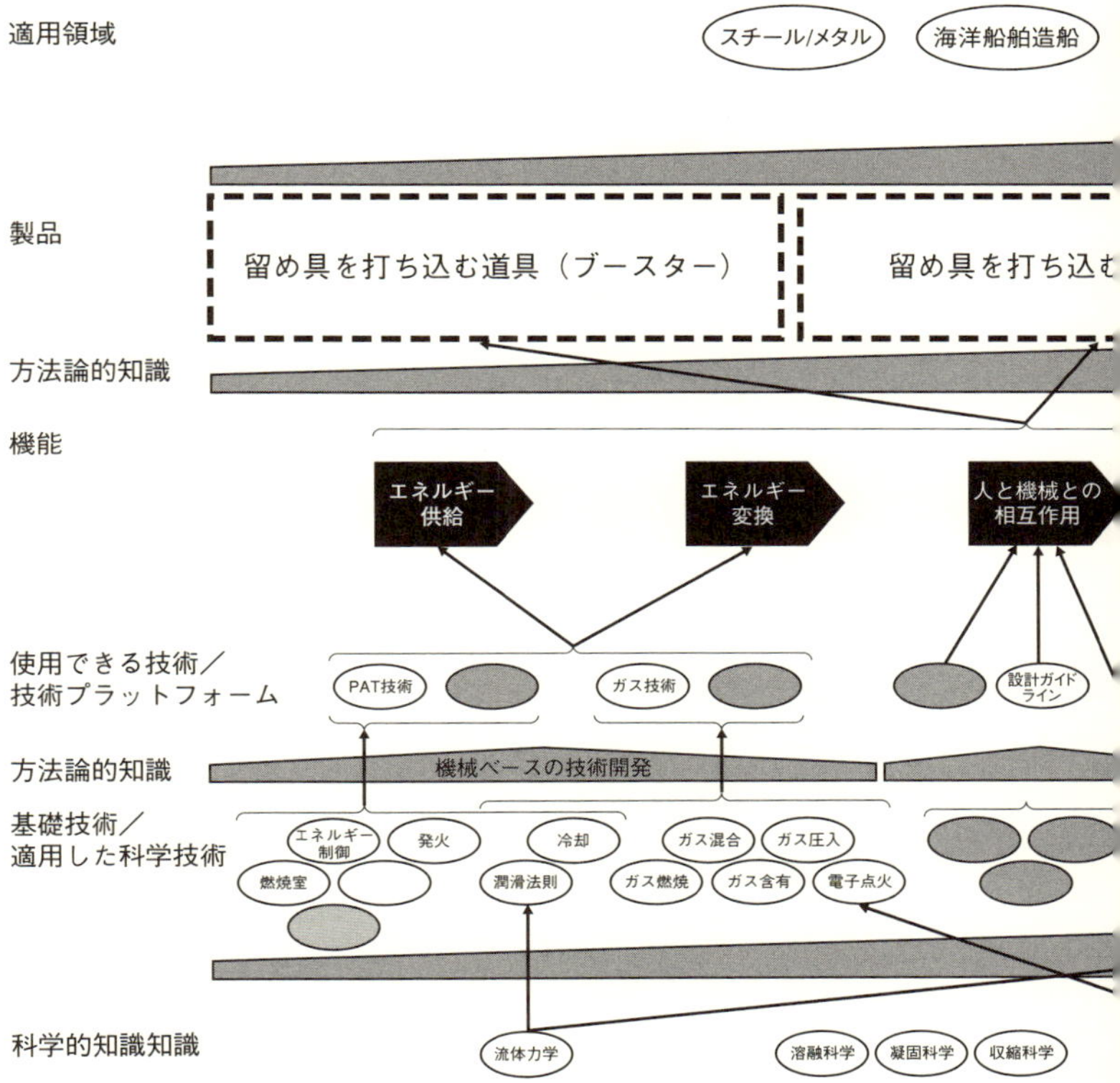

図6. 17　ビルドアップのイノベーション・アーキテクチャ

識は、電気への適用とはずいぶん異なるからである。三つ目のカスケードにおいて、製品機能を満たすための「実用化準備」技術が開発され、具体的な製品開発につながる。そして、四つ目のカスケードで製品がマーケティング知識を基に市場へ投入される。このイノベーション・アーキテクチャは技術面からは非常に詳細に作られたが、市場面はさほど詳細ではなかった。イノベーション・アーキテクチャが技術寄りであった理由は、特定技術サイドと一般的な市場サイドのリンクを示すことが目的であったためである。対象知識は、既に存在している知識、利用が計画されている知識、利用できない知識の三つのレベルに区分された。

[イノベーション戦略策定プロセス]

同　定

ポートフォリオの改訂とイノベーション機会の詳細化は、作成したイノベーション・アーキテクチャを基に、全てマネジメントの手によって行われた。マネジメントらは、イノベーション・アーキテクチャは方法論的な観点を重視するか、あるいはコンテンツを重視するか、どちらか一方に焦点を絞ることによって、問題なく構築できるようになるという感想を述べた。イノベーション・アーキテクチャを構築するために必要な情報はすでに社内に存在しており、初期段階で非常によく整理されていたため、コンテンツは容易に統合することができた。それゆえ、他のケース同様この会社の場合も、イノベーション・アーキテクチャの構築プロセスを通して一般的な概観を得るというよりはむしろ、重要なイノベーション機会を同定し、それらに対して、体系的に評価を下すための基礎を作ることが非常に有益であった。

加えて、機能を定義したことがマネジメントにとって多くの利点を生んだ。まず、機能の目的を定めることによって、その機能を実現する複雑な諸活動を明確に言葉で表現することができた。次に、機能の目的にとって重要な主活動に集中することが可能となった。三つ目に、戦略的議論に基づいて、イノベーション・アーキテクチャの将来の方向性を定める中心的な機能が定義できた。四つ目として、機能を明確に定義したことにより、技術部門とマーケティング部門が各自の言語を用いることなしに話し合いを進めることができた。

[結　論]

このケースは、イノベーション・アーキテクチャは、マネジメントがその使用にあたり、必要以上に構築ルールに関する研修や習熟を必要としないツールであるということを非常に印象的に示した。マネジメントからのフィードバックは肯定的であり、また、結果という面からも達成度は高かった。しかしながら、この会社では組織がすでに高度に構造化されていたので、イノベーション・アーキテクチャによって得られた結果はその構築に要した努力に足る程十分なものではなかった。それにも関わらず、機能的思考の有効性ゆえに、マネジメントはこのアクション・リサーチに非常に満足していた。

加えて言えることは、イノベーション・アーキテクチャに方法論的知識のカスケードがあるのと同様に、この会社（業界においてイノベーション分野では最も優れた会社の一つとして知られる）は、独自に業務プロセスをカスケード化していた。152頁以下で述べたとおり、イノベーション・アーキテクチャにおける個々の方法論的知識のカスケードごとに、別々の業務プロセスをもつ組織構造にすることは、イノベーションの効果と効率のための最適な解決策である。したがってこのケースは、既に示したイノベーション・アーキテクチャに基づいたイノベーション組織の設計理論の妥当性を証明するという意味で、最も成功した事例であると見ることができる。

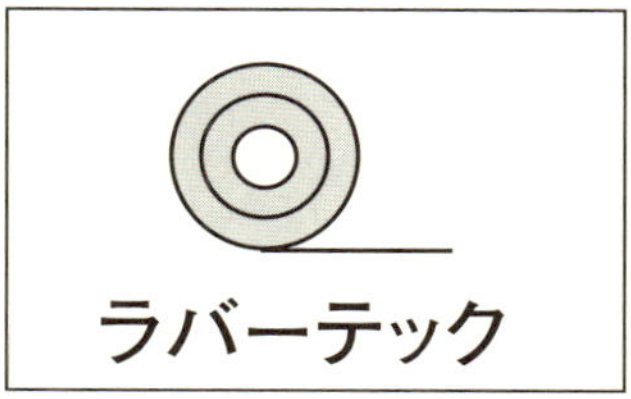

事例⑦　ラバーテック

［企業概要］

このアクション・リサーチはいくつかの異なる市場において製品を開発し生産している日本企業で実施された。売上げ面で重要な製品は、主にベルトの分野、ゴム継ぎ手、フィルター・システム、メカトロニクスとセンサー・システム、そしてホースと管類のシステムである。若干の例外もあるが、全ての製品市場は成熟していて、安定的かあるいは縮小傾向にある。従業員数は約八〇〇人であり、世界的に事業を展開している。売上げの約三%が収益である。

市場が縮小しているため、ラバーテックは新たに魅力的な市場を見出さざるを得ない。新たな製品開発を行うためにまずは、既存製品の競争力を高めることが会社の戦略であった。

［プロジェクト開始時の状況］

戦略的イノベーション構造：この会社は六つの独立した事業部に分割されている。これらの事業部は、それぞれ販売、生産とイノベーションに責任を負っている。更に、これらに加えて、技術センターが新たな事業開発と既存のビジネスの中で責任の所在が明確に定義されていないリスクの高いプロジェクトを手がけていた。

戦略的イノベーション行動：分析時の主要製品は過去には非常に成功していたものであり、彼らはそれを「金のなる木」と呼んでいた(一一)。そのため、近年まで新たな製品の必要性は認識されていなかった。この状況が一変してしまった。売上げが停滞、あるいは減少し始めたのである。これが、今日その会社の新たな分野への参入を困難にしている主な理由の一つである。変化には気づきながら、革新的発展には手付かずのままだったのである。ヨーロッパ人の視点から見ると、この革新性に疎い傾向は非常に古い体質からくるものだといえる。それにも関わらず、そのイノベーション体制は非常に効果的であり効率的であった。この効果性と効率性の主な理由はまず、プロジェクトにおけるチームワークの高さ、次に、新たな技術については外部企業と組織的なライセンス契約を結んだことである。これにより製品開発が非常に迅速にできるようになり、努力目標が低減された。「自社開発主義症候群」はこの会社にはあてはまらなかったようである。

戦略的イノベーションの目的：以上で述べた戦略に基づき、新たな市場を特定することが戦略的イノベーションの目的となった。自社のコンピタンスとなっている既存技術や新たに作り出すコンピタンスを既存市場や新市場にあてはめて検討した。しかし、イノベーション開発の観点から言うと、技術センターと事業部の明確な責任の切り分けができていなかったため、新たな市場を見出すという具体的戦略課題を明確に割り振ることができなかった。それゆえ、目的や道筋を含めた詳細なイノベーション戦略を決めるところまでは至らなかった。

イノベーション意思決定プロセス：この会社には暗黙的な戦略的意思決定プロセスが一つ存在していた。しかし、その戦略的意思決定プロセスには、既存の活動あるいは新たな機会を体系的に同定したり、評価するプロセスが存在しなかった。こうしたことは戦略レベル上の大きな弱点であり、特にこの度のような、将来のための抜本的な内部変化と新たな活動についての決定を下さなければならない場面で問題となる。

プロジェクトの目的：この会社には暗黙的な戦略的イノベーション意思決定プロセスが唯一つしか存在しないため、プロジェクトの目的は第一段階として、イノベーション・アーキテクチャに基づいてイノベーション・ポートフォリオを改訂し、イノベーション機会を体系的に同定し、そしてこれらの機会を詳細化するためのプロセスを導入することであった。第二段階では、これらの要素を戦略レベルで体系立てて評価し、第三段階においてイノベーション戦略を策定できるようにする。そうすることで、イノベーション戦略の策定プロセスを実行することに専念しなければならない。戦略策定プロセスの実施にあたっては、「実地訓練」という観点から、その手本となる実施プロセスで適用する基本的ツールを積極的に取り入れて実行の手助けとする。

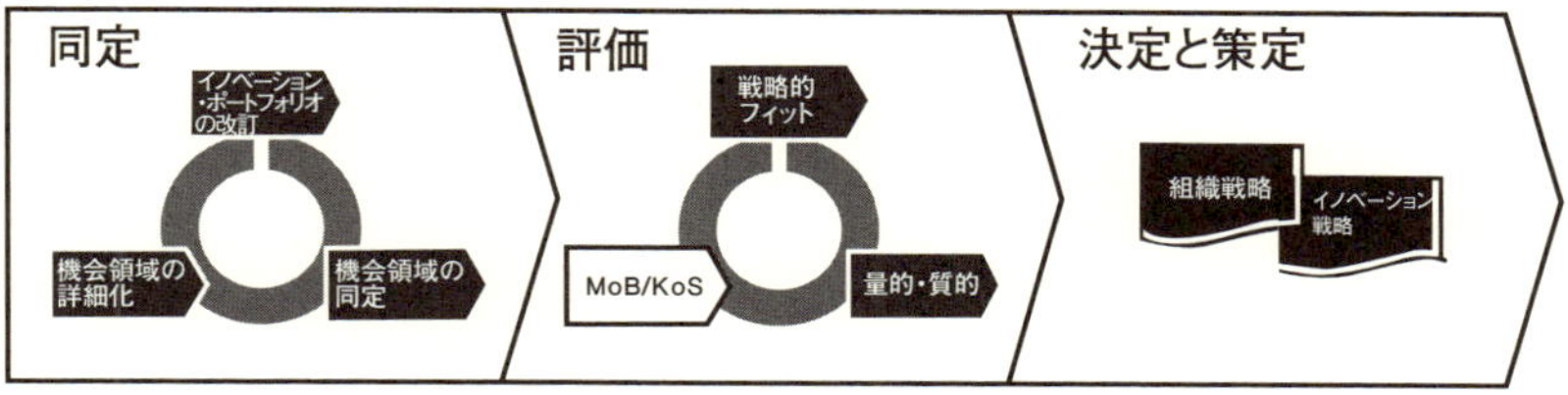

図6.18　ラバーテックのアクションリサーチ事例でのプロジェクトの目的

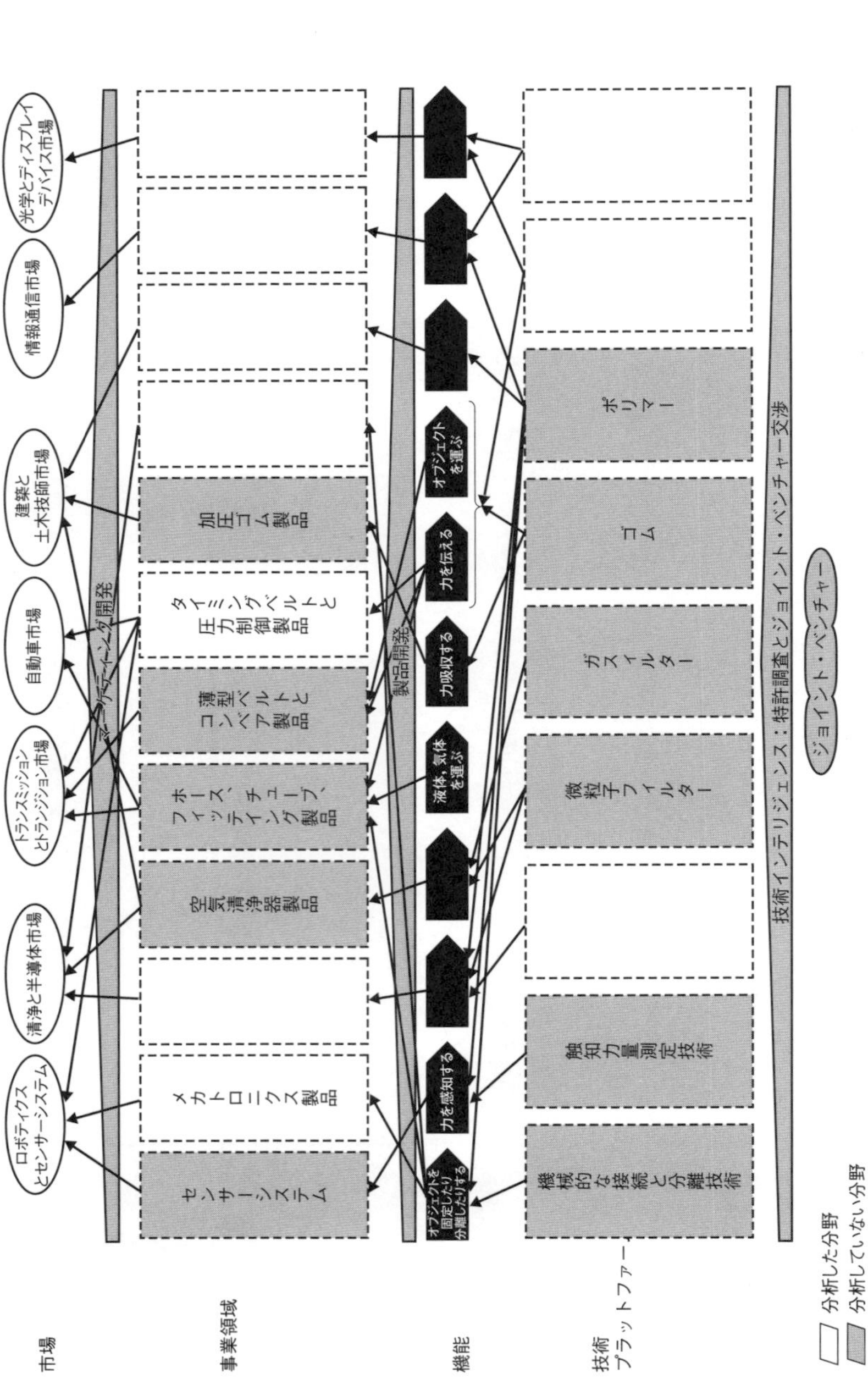

図6.19 ラバーテックのおおまかなイノベーション・アーキテクチャ

［イノベーション・アーキテクチャ］

ラバーテック社は詳細さの異なる二つのイノベーション・アーキテクチャを作成した。図6・19で示される比較的おおまかなイノベーション・アーキテクチャは、会社の活動分野の概要を示している。機能によって九つの戦略的技術領域と結び付けられた一二の異なる戦略的事業領域が同定できた。このイノベーション・アーキテクチャは三つのカスケードによって統合されている。技術インテリジェンスと記述された最初のカスケードは、特許分析と共同事業の交渉を行うための方法論的知識である。イノベーション開発に必要な技術の大部分は外部から購入するという戦略的意思決定が既になされているため、このカスケードはこの会社のイノベーション・システムにおいて非常に重要な要素である。次のカスケードは戦略的技術を一二の戦略的事業領域における具体的製品へ変換するためのものである。これらの製品について、次のカスケードでは異なる市場に製品を投入するためのマーケティング構想が策定される。

これとは対照的に、図6・20で示される、より詳細なイノベーション・アーキテクチャは技術寄りであり、それぞれの戦略的技術プラットフォームが個別の技術ごとに詳細化されている。技術は製品、原材料、設計、評価あるいはプロセス技術というように多様である。市場側面においては、現在および将来の製品を具体的に同定し、異なる戦略的事業領域に統合した。詳細なイノベーション・アーキテクチャは非常に大きくなってしまうので、機能ごとにセグメント化し、各機能セグメントに対するイノベーション・アーキテクチャを作成した。

［イノベーション戦略策定プロセス］

同　定

同定フェーズでは、現在の製品や技術も、将来的な技術もイノベーション・アーキテクチャに難なく統合して構築することができた。しかし、この際に明らかになったのは、従来の戦略的事業領域と戦略的技術プラットフォームに

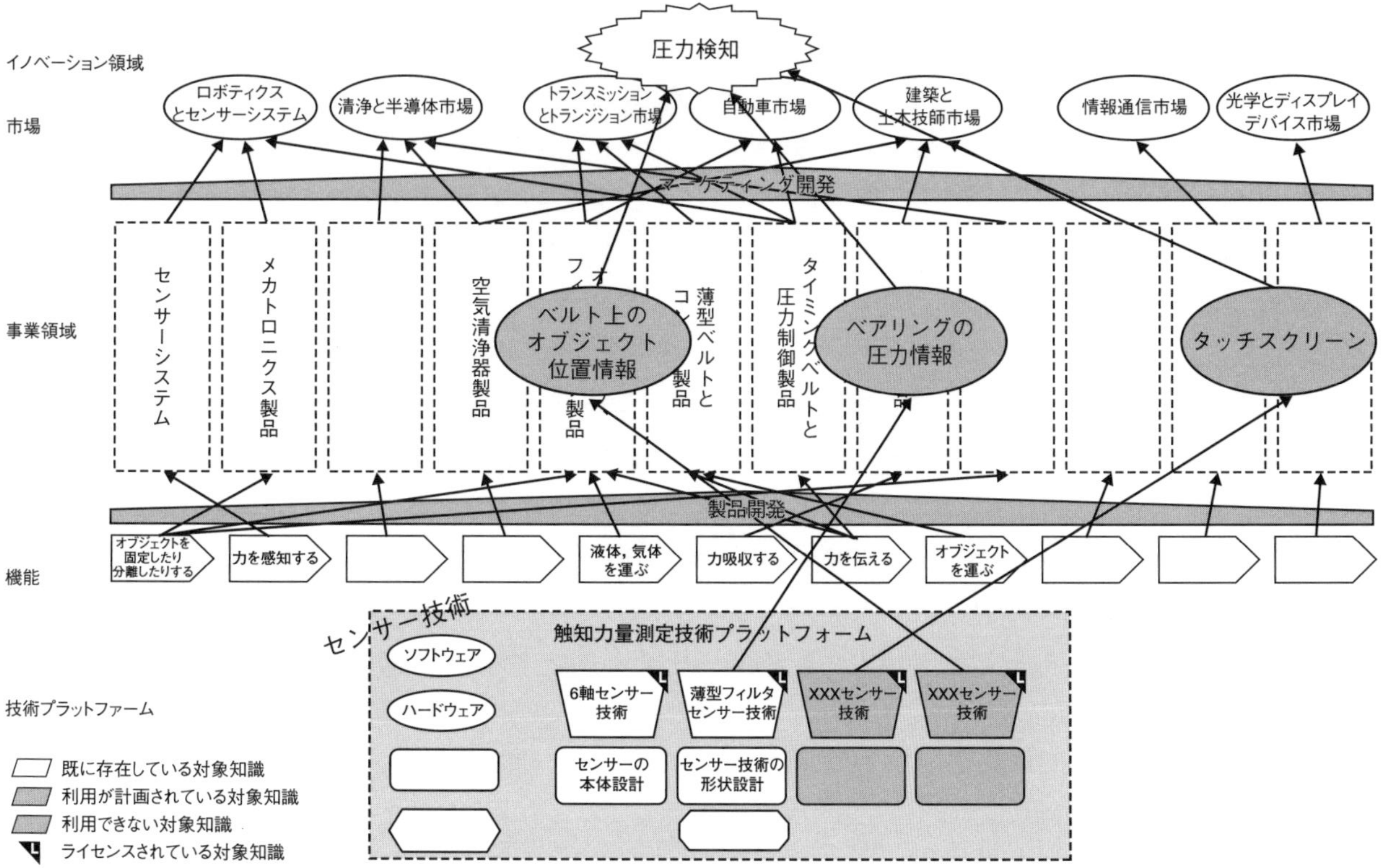

図6.20　ラバーテックのイノベーション領域に基づく新たな事業領域同定

おいては、連続的イノベーションしか計画されてこなかったことである。これらの領域では、中程度以上に新規性のあるイノベーションを同定することはできなかったのである。これと対照的に、製品としてはまだ開発段階にあるような新たな事業領域と技術プラットフォームで設定したイノベーションの新規性は非常に高かった。それゆえ、この会社は二種類の異なるイノベーション機会を管理することになった。一方は、利益は低いがすでに重要な売上げをたき出している事業領域で、より高い付加価値を生み出すようなイノベーションを開発することであり、もう一方は、現在は売上げがなかったり売上高が最小だが、将来的には非常に高い可能性を秘めている事業領域における新規性の高いイノベーションを開発することであった。

イノベーション・アーキテクチャの作成後、潜在的な新事業領域を同定するため創造的なブレインストーミングを行い、異なるイノベーション領域を定めた。新たな事業領域の同定例は図6・20に示した。その新たな事業領域から生じた「圧力検知」というイノベーション領域はセンサー・システムの領域である。同定のプロセスは、既存の戦略的事業領域と関連するイノベーション領域に関するアイデアだけを受諾しようというルールの下で進められた。このルールを設定したことで、従来の事業領域において高い新規性を持った潜在的なイノベーションの同定作業が活発に行われた。先に述べた通り、従来の事業領域は、この時点で連続的イノベーションの創出領域として注目されていた。その結果はすばらしいものであった。図6・20で示したように、ベルトの事業領域において、ベルト上の特定の物品を検知し、差し戻すという独自製品を開発するというアイデアに恵まれた。しかも、この独自のアイデアは既存のあるいは計画済みの技術を活用して開発することができるのである。

潜在的な戦略的事業領域の同定後、これらのイノベーション機会が詳細化され、イノベーション・アーキテクチャと統合された。プロジェクト期間中に全てのイノベーション機会を詳細化することは不可能であったから、いくつかの試験的なプロジェクトについてのみ行われた。

評　価

イノベーション・アーキテクチャにおけるイノベーション機会の評価のために、まず戦略的フィットが検討された。一次フィットはイノベーション・アーキテクチャ自体の一貫性を確保するための、「イノベーション機会の詳細化」ステップですでに確認済みであった。二次フィットはコア・コンピタンスとの照合結果に基づいて検討された。ここでは、全てのイノベーション機会が全社的なコア・コンピタンス強化の一翼を担っているかどうかが確認された。たとえば、マットレス特性試験のための圧力検知毛布の開発というアイデアがあった。このアイデアは既存の技術だけを基に開発できたので、一次フィットは確保された。しかし、ラバーテック既存の販売システムは機械産業むきであったため新たに販売システムを構築せねばならず、二次フィットは確保されなかった。三次フィットはその産業の将来の動向を確認し、イノベーション機会との関連性を確認することで検討された。これらの動向に基づいて、従業員は多くのイノベーション機会が正しい方向に向かっていることを確信したが、同時にいくつかの重要な動向については今のところは黙殺されたままとなっていた。

戦略的フィットの評価後、そのイノベーション機会を量的・質的に評価した。イノベーション・アーキテクチャのいくつかの機能について、イノベーション・ロードマップが図6・21の様式で、詳しく練られた。このイノベーション・ロードマップの作成はプロジェクトのメンバーにとって非常に重要であったようだ。なぜならば、このように全体を見渡すという観点からの計画はこれまで明確になされたことがなかったからである。ロードマップを明確に描くことで、マネジメントは統合されたイノベーション機会の現実味を理解することができた。加えて、ロードマップ作成のプロセスで従業員らが相互に話し合い、互いの業務をより明確に調整しなければならなかったというのも有用であった。イノベーション・ロードマップは、計画されたオブジェクトの重要性を認識するため、知識ギャップを分析することで完了する。

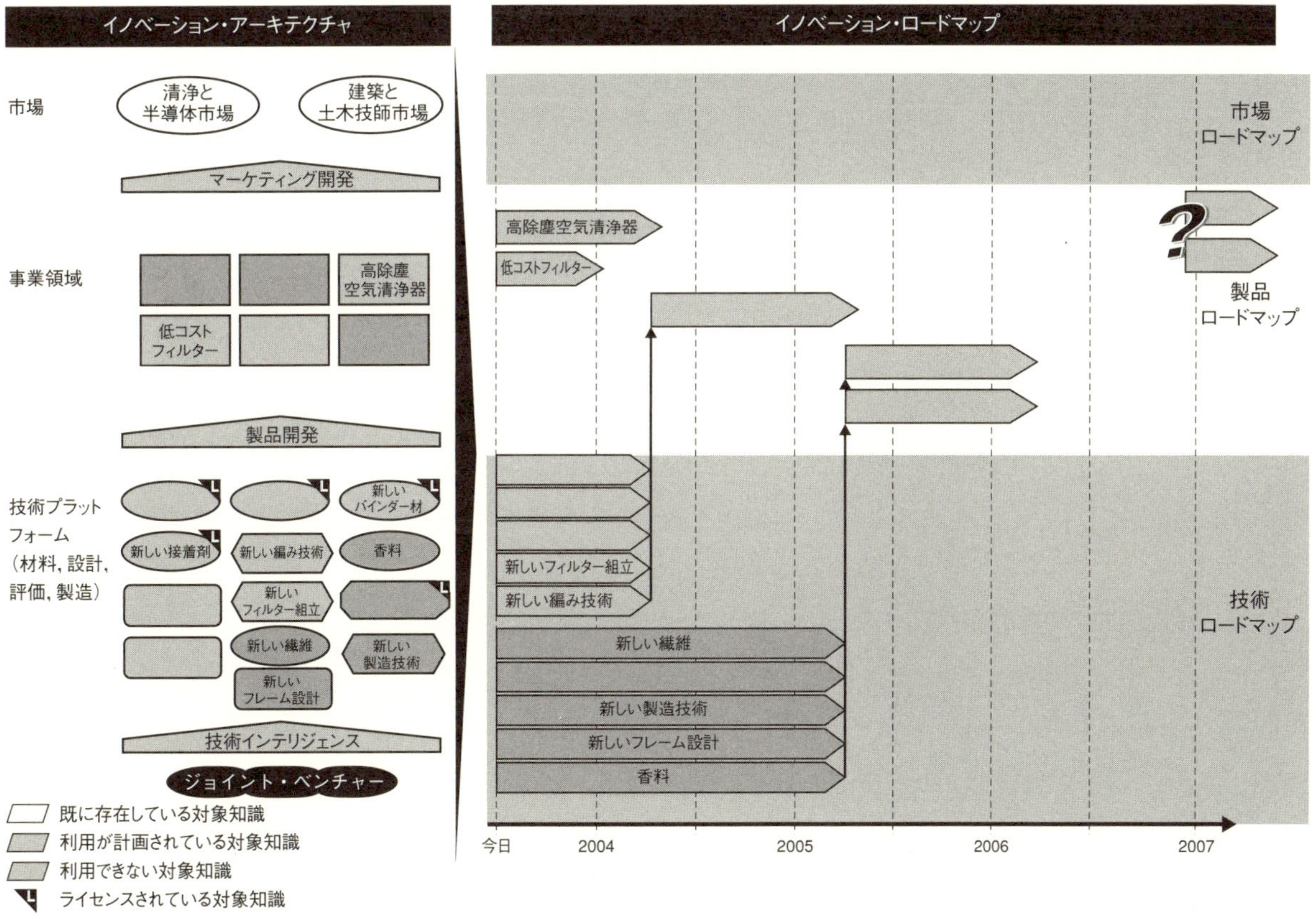

図6.21　ラバーテックのイノベーション・ロードマップ

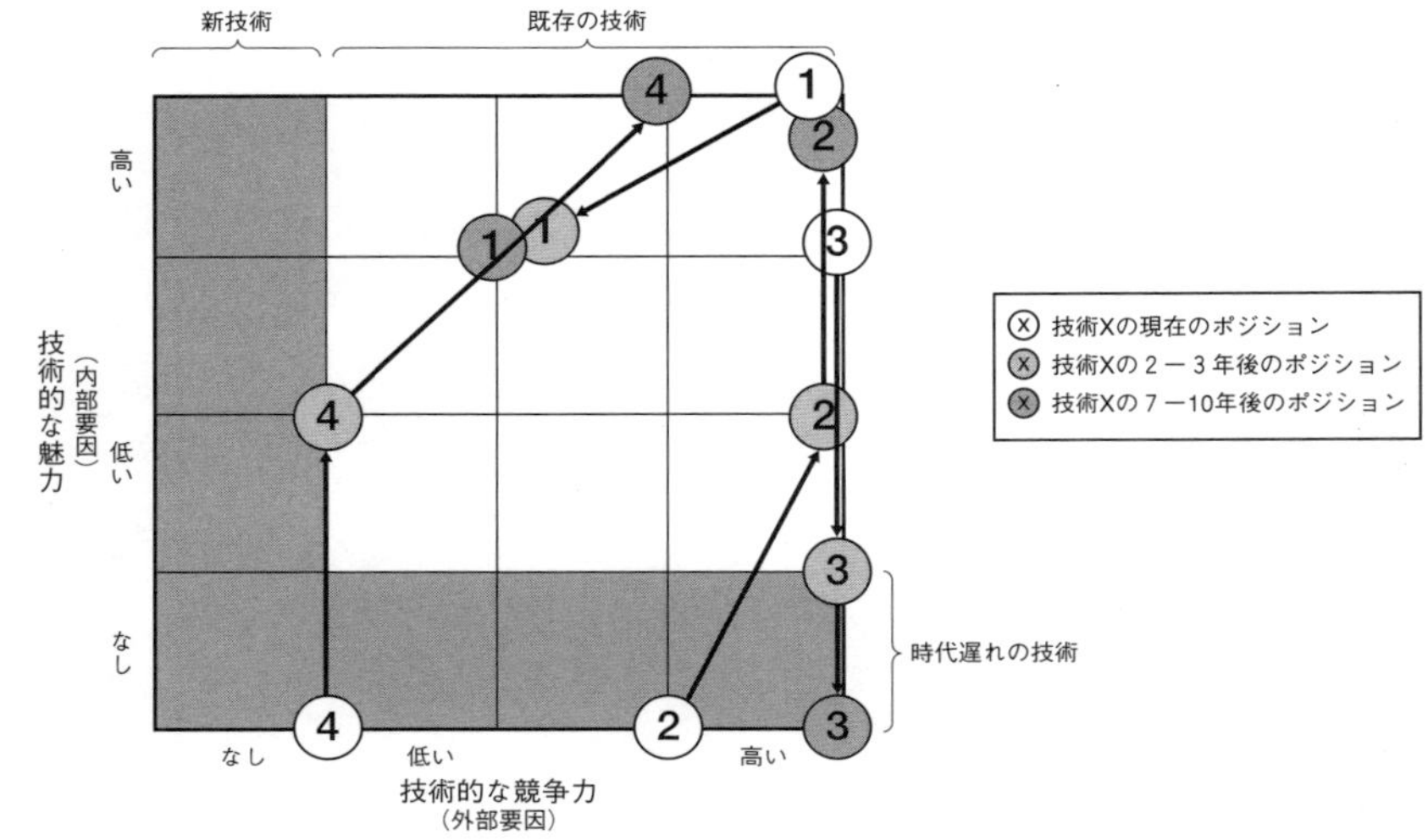

図6. 22　ラバーテックの技術ポートフォリオ

イノベーション機会評価の一部を図6・22のダイナミック・テクノロジー・ポートフォリオにまとめた。この結果は図6・22から分かるように、たとえば、非常に新しい事業領域との結び付けられた4番と2番の技術には将来的に高い可能性があるということを示している。しかしそれと同時に、ある事業領域と結びついた3番の技術は、現在非常に成功しているが、七年か一〇年の間にその魅力が劇的に減少する。この技術ポートフォリオにより始めて緊迫感が認識されるようになった。

決定と策定

イノベーション・アーキテクチャとその評価がラバーテックの全ての活動領域についてなされていなかったので、「決定と策定」ステップには取り掛かることができなかった。それゆえ、実際には同定ステップと評価ステップのギャップをなくさなければならないという危機感を植えつけたに留まった。

［結　論］

このアクション・リサーチは最も重要な事例の一つであった。なぜならば、同定と評価は全社的には行われなかったとはいえ、この事例はイノベーション戦略の策定プロセス実施を承認するというマネジメントの決断によって、イノベーション・アーキテクチャに基づいたイノベーション戦略の策定プロセスが、現実的で構造化された解決策となったケースだからである。

さらに、このケースは本概念が欧州の文化圏におけるイノベーション戦略の策定だけでなく、アジアの、特に日本の企業においても解決策となるということを示した。

事例⑧　ミクロ・システム

［企業概要］

ミクロ・システムは四千人の従業員を抱え、いくつかの事業部から構成される独立系企業である。会社の製品は顕微鏡とそれに関連した器具を基にした精密光学機器である。ミクロ・システム社の製品群は多岐に渡っており、測定、分析、リソグラフィ、材料化学、検査、半導体製造など多種多様な分野で使用されている。

このアクション・リサーチは医療分野でビジネスを行っている事業部で実施された。その事業部で生産されている製品は外科手術と診断に用いられる顕微鏡で、世界中で販売されている。総収入は約百万ユーロで、継続して年三%の成長率を達成している。イノベーションの予算は収入の四%であり、主な競合三社に比べて低水準である。R&D部門にとっては、このようにイノベーション予算が低水準であることが懸念材料であった。なぜならば、将来の成功は実際の販売チャネルだけでなく、新製品開発に関するイノベーション能力に大きく依存しているからである。

［プロジェクト開始時の状況］

戦略的イノベーション構造：アクション・リサーチを行った事業部の組織構造はプロセス指向型であったため、マネジメントは事業部内のいくつかの活動について、その概要を非常によく把握することができた。特にイノベーション・システムにおいては、専門技術インテリジェンスの構築と製品開発のための組織構造が効果的かつ効率的に設計されていたことは特出すべき点である。にもかかわらず、マネジメントによると、そのイノベーション・システム構造には技術開発における体系性が欠如しているという弱点があるという。技術インテリジェンスによって見出される曖昧な技術課題が個々のプロセスにおいて詳細に分析されないままであるという問題を引き起こしていた。したがって、今後重要性を増すかもしれない問題が、曖昧なまま黙殺され続けているということがしばしば起こっていた。

戦略的イノベーション行動：ミクロ・システムは非常に高い品質を誇る会社であるということが市場において知られている。この会社で開発された製品の品質はしばしば最高水準である。加えて、製品開発は非常に強い市場指向性をもって行われるという文化を持っている。それゆえ、新製品の開発は新技術のお披露目というよりむしろ、主に実際の顧客ニーズに合わせて行われる。市場指向性が強いため、市場側からは莫大な情報が流れ込んでくるが、技術側と市場側の情報交換は適切に行われていなかった。

戦略的イノベーションの目的：短、中期的な戦略的イノベーションの目的は、現在活動している領域においてイノベーション能力を増大させることであった。また、長期的目標は現在の活動に関連した新たな市場に参入することであった。短、中期的目標を達成するために製品戦略が明確に定義された。しかし、技術と製品の視点を含む技術戦略あるいは長期に渡るイノベーション戦略は欠如していた。

イノベーション意思決定プロセス：前述のように、この事業部は非常に市場指向的な組織構造をしていたため、イノベーションの意思決定プロセスもまた市場指向性が非常に高かった。それゆえ、潜在的可能性のある新技術がしばしば考慮されないままであり、また、明確な技術評価プロセスが欠如していた。

プロジェクトの目的：ミクロ・システムにおいては、技術に関するイノベーションの意思決定プロセスが明確に構築されていなかったため、技術分析向けのツールを用いてこのプロセスを集中的に改善した。まず始めに、機会ランドスケープを用いて技術インテリジェンスのアイデアをより構造化した。次に、イノベーション機会を見直し、イノベーション・アーキテクチャにおいて詳細化した。三番目に、戦略的フィットをポーターの三段階フィットの観点から評価することにした。これにより、マーケティング部門に対して、いくつかの技術的課題の重要性を示し、イノベーションの意思決定プロセス全体を改善することができた。

戦略的インテリジェンス：戦略的インテリジェンスは機会ランドスケープによって全て揃った[一二]。機会ランドスケープは医療的機能性、光学と映像特性、移動と操縦、構造と付加機能性の四つの戦略的領域に区分された。ワークショップにおいて、その機会ランドスケープには様々な戦略的領域における二六の課題が書き込まれた。ワークショップの参加者の感想は好意的であった。なぜならば、機会ランドスケープを用いた分析により、技術に主に起因する全ての課題が差別化され、可視化されたからである。彼らにとって、この可視化は　マーケティング部門に対していくつかの技術的な課題の重要性を示す助けとなった。この機会ランドスケープは次節で取り上げるイノベーション・アーキテクチャの基

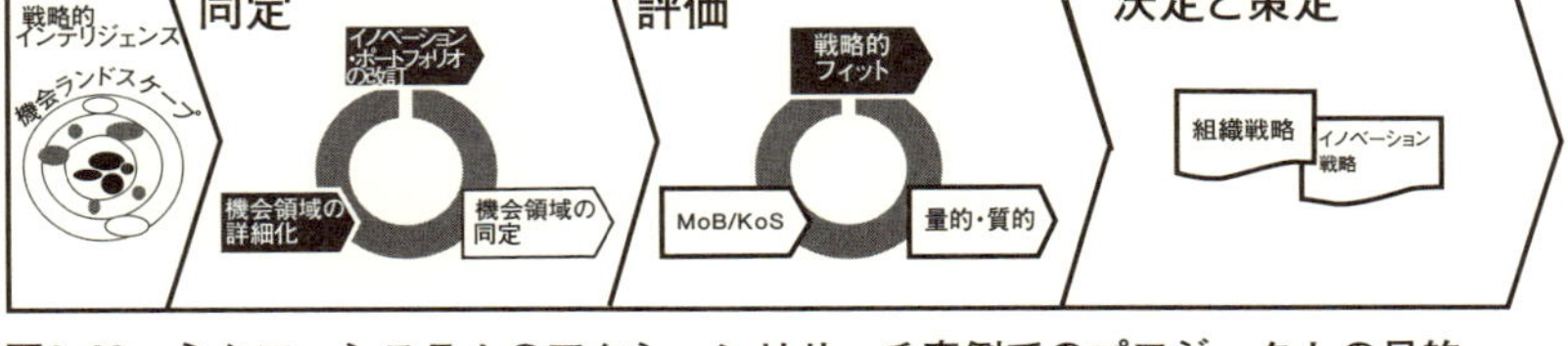

図6.23　ミクロ・システムのアクションリサーチ事例でのプロジェクトの目的

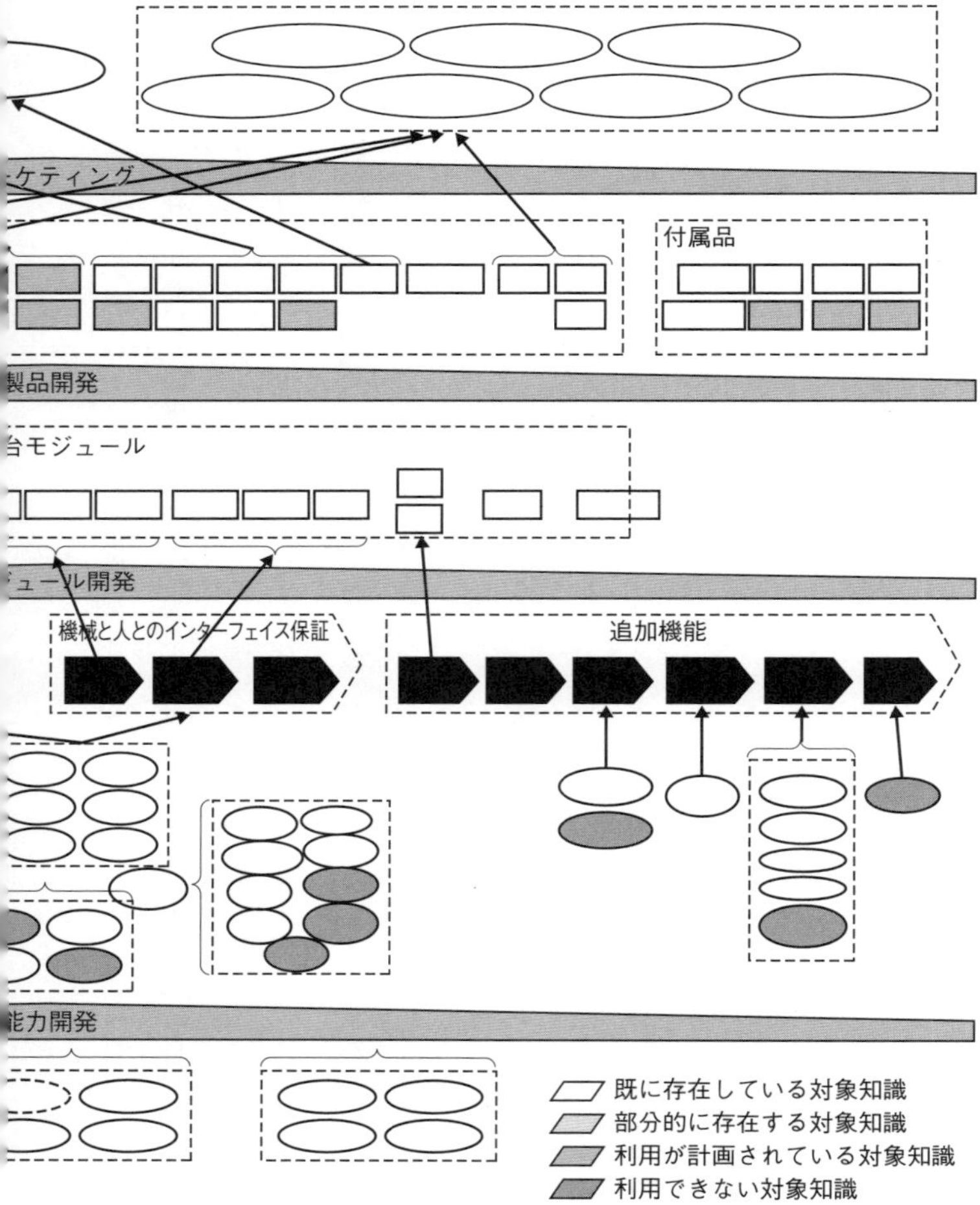

礎となった。

［イノベーション・アーキテクチャ］

図6・24に示されたミクロ・システムのイノベーション・アーキテクチャは四つの異なるカスケードから成る。コンピタンスとなる中核技術開発カスケードでは、科学研究領域を調査して新たな技術を発見し、それらの技術を用いたコンピタンス開発を行うことを目的としている。ここで発見した

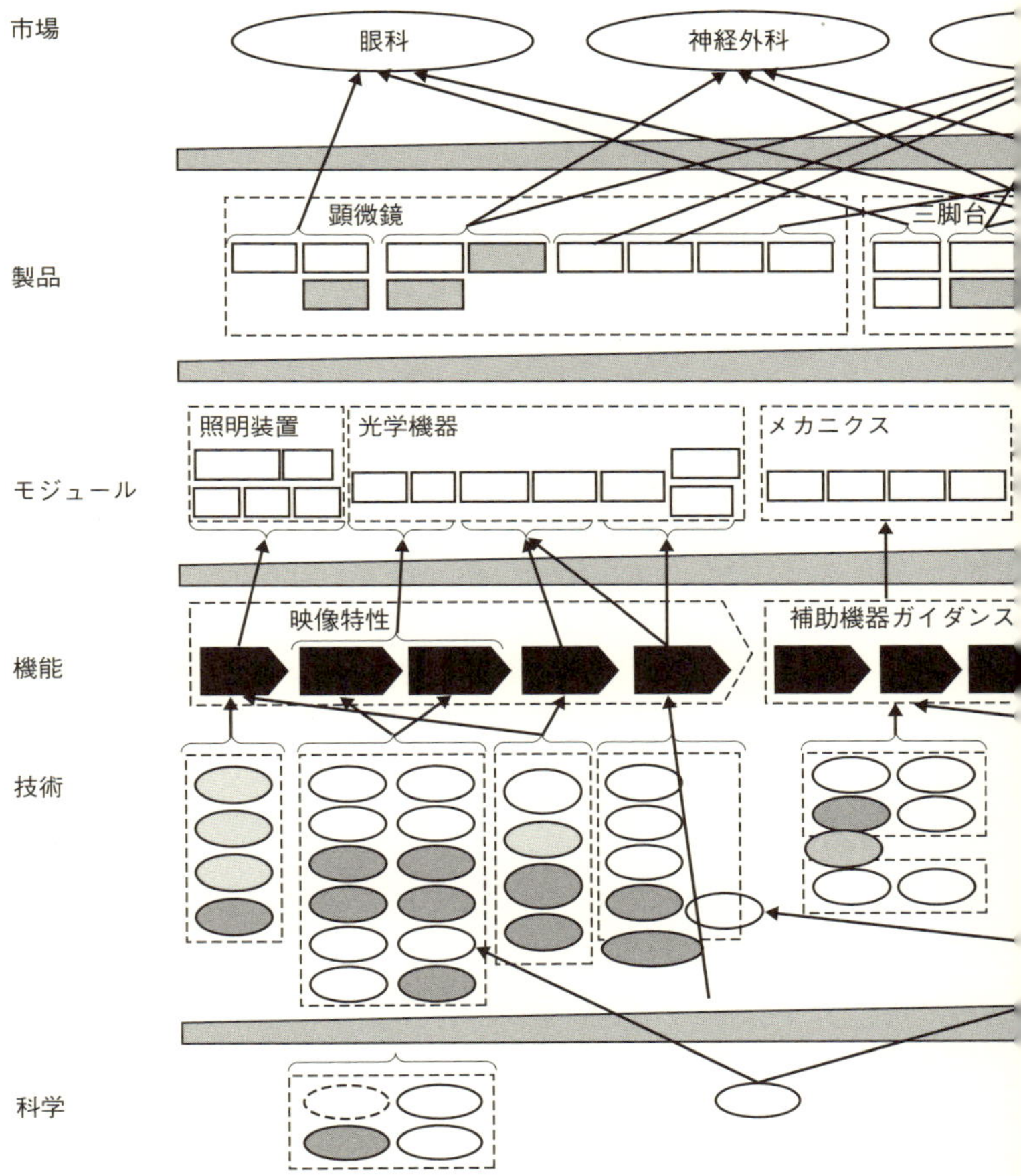

図6. 24　ミクロ・システムのイノベーション・アーキテクチャ

新技術に基づいて、技術は九つの技術プラットフォームに再編成され、次のカスケードにおいてモジュールが開発される。このカスケードには主にモジュール構成法、特許申請、発想技法に関する方法論的知識が存在する。モジュールは次の製品開発カスケードで統合される。製品開発にはインターフェイスの定義、使用者の特性分析、人間工学的なデザイン創出、確実な品質保証が必要である。最上位のカスケードにおいては、マーケティングによって製品が市場に導入される。

このイノベーション・アーキテクチャは、機能部分について詳細さの異なる二つを統合することになった。全般的には、機能は主な生産機能四つから成る。この四つの機能を用いて、将来のイノベーション活動という観点から大雑把な戦略の方向性を定義することができた。しかし、これらの四つの機能だけでは特定のイノベーション・プロジェクトを進めるにはあまりに一般的過ぎたので、その機能を一七に細分化することになったのである。

[イノベーション戦略策定プロセス]

同　定

同定プロセスでは主に、機会ランドスケープ内で統合された課題に基づいてノベーション・ポートフォリオを見直し、イノベーション・アーキテクチャにおいて、これら新たな事項を詳細化した。このプロセスの実施中、我々はマーケティング部門、生産管理部門とR&D部門の従業員との面談を行った。最初に作成されたイノベーション・アーキテクチャについて、異なるイノベーション機会間でのフィットが、市場側面だけでなく技術側面からも確保されるよう調整された。そして第二版のイノベーション・アーキテクチャでは機能が明確に定義された。技術寄りのプロジェクトメンバーによると、この手順を行ったことにより、自分達のアイデアを文脈の中で描くことができたとのことであった。彼らは、技術と具体的な機能としての利用方法との関連性を理解することができたのである。それゆえ、彼らはイノベーション・アーキテクチャが技術的なアイデアを具体的な製品開発プロセスに実現していくための良いコミュニケーション・ツールであると結論づけた。

評　価

戦略的フィットの検討はここでも一次フィットから検討が開始された。ただし、これは既にイノベーション・アーキテクチャの作成中にほとんどが完了していた。イノベーション・アーキテクチャのほとんど全てのオブジェクトについて、明確な一貫性と機能的な適合性を見出すことができたが、図6・24に見られるように、いくつかの追加機能を満たす技術だけは、このプロジェクト実行中、完全にはイノベーション・アーキテクチャに統合することができなかった。

二次フィットは異なるイノベーション機会を全社的にどう適合させるかという評価を行うことで検討された。技術的フィット、組織的フィット、戦略的フィット、財務的フィットに基づいて評価された。

三次フィットはシナリオ手法を用いて検討された。二つの異なる視点から将来のシナリオが描かれた。第一に、ポーター（1980：26頁）のファイブ・フォース分析に基づいて競合シナリオが定義された。将来の変化について議論を行う創造的なワークショップにおいて、それぞれの脅威が分析された[一三]。たとえば、将来的には薬剤産業において、今とは異なる脅威が現れる可能性があるという分析結果が得られた。なぜならば、ミクロ・システムの顕微鏡は外科手術で用いられているが、手術という手段を用いずに病気を減らす方法が台頭してくる可能性があるからである。第二に、マーケティングの視点から市場変化についての分析が行われた。このワークショップの参加者によると、最も大きな変化は、たとえば市場が「不老」市場と「スパルタ」市場に分かれるだろうということだった。「不老」市場は主に、高性能機器を用いて形成外科手術を行う病院から成る。「スパルタ」市場は健康増進により経済的に厳しくなった一般の病院から成る。この市場では手術機器のコスト事情が最も重要な要素となる。この二つの異なるシナリオに基づいて予備的な議論が行われ、シナリオとイノベーション・アーキテクチャにおけるイノベーション機会が比較検討された。

マネジメントによると、まず、戦略的フィットを評価したことにより、過去においてはしばしば会社の文脈から切り離されて来た技術をより明白に統合することができた。次に、シナリオ手法を用いることにより、イノベーション機会を長期的視野で評価することができた点も有用であった。これにより、マーケティング部門に対して技術の重要性を明確に示すなど、部門間のコミュニケーションがうまくはかれたとのことであった。そして三つ目に、ミクロ・システムの現在の戦略では、将来重要になってくるだろうシナリオに完全には対応できていないことに気づいた点も高く評価された。

[結　論]

このアクション・リサーチにおけるひとつの結論は、イノベーション戦略の策定プロセスは戦略的インテリジェンスと完全に連携が図れるというものである。その他の主な認識として、シナリオ計画により長期的な技術の重要性が示されるというものがあった。このツールはしたがって、市場指向性の高い会社にとっては特に重要である。それゆえ、イノベーション機会の評価はしばしば短期的基準で行われるのである。

基本的ツールとしてのイノベーション・アーキテクチャ同様に、それと連携させた機会ランドスケープやシナリオ手法もまた、マネジメントにとって非常に魅力的なものであった。これらのツールを用いてイノベーション・アーキテクチャを構築したことにより、マネジメントは将来的にもこれらの手法やイノベーション・ロードマップを用いてイノベーション・アーキテクチャを積極的に活用することを決めた。

事例⑨　ストックテック

[企業概要]

ストックテックは物品の出荷・保管システムに特化した製品を扱う多国籍企業である。その製品に関しては世界のトップ企業であり、市場シェアの約五〇%を占める。二〇〇二年には、四五〇人の従業員で金利税引前利益三・六%を達成した。

このアクション・リサーチの間、ストックテックには乗り越えるべき試練が三つあった。一つ目は、競合他社に比べて扱う製品の複雑性が高いこと。二つ目は活動の透明性が非常に低いこと。そして三つ目は会社のプロセスが多くの問題を引き起こしていることである。今から示すように、こうした問題はイノベーション・システムについても、価値提供システムについても同定された。

ストックテック

［プロジェクト開始時の状況］

戦略的イノベーション構造：この会社ではR&D部門がイノベーション・システムの運営を担っており、そこに戦略的マーケティングに関する部署は含まれていなかった。このように戦略的マーケティングに関する部署が不在であったため、短期的な顧客ニーズに対しては販売部門が直接イノベーション・システムを提供し、中長期的なイノベーション機会に対してはR&D部門自体が意思決定を行う、という構造上の欠陥を引き起こしていた。それゆえ、実際の顧客ニーズとは無関係に新製品が開発されるという問題が起こっていた。さらにその会社では、新たな製品を市場に投入することが必要か、あるいは古い製品をカタログからはずせるかといった決定に対して責任をもつ人間がいなかった。その上、イノベーション・システムは標準製品の開発と特定顧客向けにカスタマイズされた柔軟な製品の開発を区別するということが容易にはできない構造になっていた。したがって、標準製品の柔軟性が不必要に高いため、しばしばかなり高価だった。

戦略的イノベーション行動：R&D部門の従業員は非常に技術指向性が高かった。そのため、技術的なアイデアは顧客が本当にその技術を要しているかどうかのチェックなしに、しばしば新製品に取り入れられていた。これにより、この会社は製品に関しては世界的なロジスティクスの賞を受賞したが、見込んだほど販売は伸びなかった。

戦略的イノベーションの目的：主な戦略的イノベーションの目的は、なによりもまず、将来的に大部分の顧客の要求を満たす標準的な大量生産品の開発を可能にすることであった。そのような製品は明らかに現在の製品に比べてより安価でシンプルでなければならない。しかしそれと同時に、ストックテックは特定顧客向けのカスタマイズ製品開発も可能な体制づくりを望んでいた。

イノベーション意思決定プロセス：ストックテックには、将来のイノベーション活動に関する意思決定プロセスを行うための環境が整っていなかった。このような意思決定プロセスに提供するだけのデータをほとんどもっていなかったのである。それゆえ、意思決定は私見に基づいて行われていた。

プロジェクトの目的：以上のような問題に基づいて、必要なイノベーション・プロセスと組織を定義することがプロジェクトの主な目的となった。このイノベーション組織は今日の戦略的イノベーション目的と合致しているべきであり、また、より市場ニーズに即した製品開発を可能にすべきである。このプロジェクト目的を達成にするため、二段階の手続きを導入した。まず、イノベーション機会の見直しと詳細化を行い、ここから必要部分を抽出してイノベーション・アーキテクチャが作成された。次に、イノベーション・プロセスとそのための組織部門がつくられた。

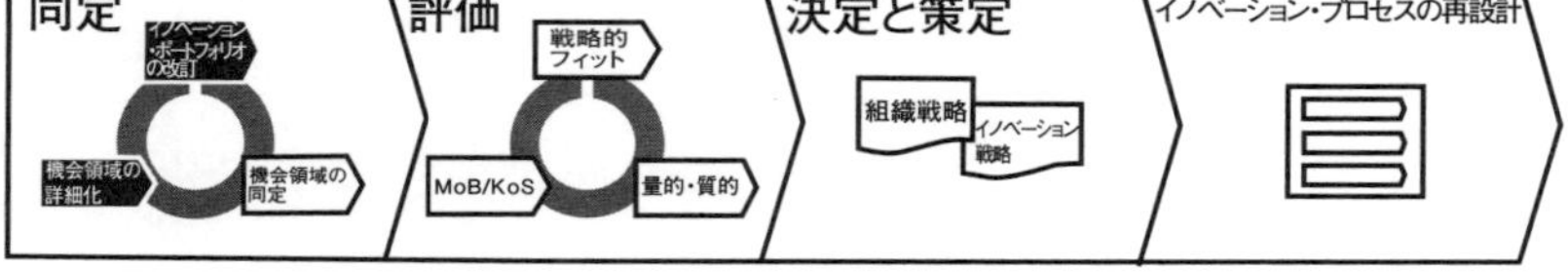

図6.25　ストックテックのプロジェクトの目的

［イノベーション・アーキテクチャ］

ストックテックのイノベーション・アーキテクチャは最初に詳細なものが作成され、それから、イノベーション・プロセスを抽出するため、本質的な要素へと削られていった。その切り出し版のイノベーション・アーキテクチャは図6・26の左側に示されている。このイノベーション・アーキテクチャは三つのカスケードで特徴付けられている。一つ目はモジュール開発に関するカスケードであり、これは方法論的知識として二つにセグメント分けされている。その一方は、モジュールを外部で開発する際の調整に関する知識であり、もう一方はモジュールを内部で開発するための知識である。ストックテックには技術開発の財源がないため、他のイノベーション・アーキテクチャと違って、技術開発に関するカスケードが存在しない。つまり、新たな技術は外部で開発される。次が製品開発カスケードであり、これは方法論的な背景の違いから大量生産品と特定顧客向けカスタマイズ製品の開発に関する方法論的知識とに分けられる。たとえば、大量生産品の開発には製造コストが、逆に、カスタマイズ製品の開発には開発コストが非常に重要な要素となる。これらはまとめて考えることはできない二つの全く異なる方法論的見解なので、プロセスも同じにはできない。最上階は短、中長期的な顧客ニーズをとらえて、市場導入の準備を行うマーケティングのカスケードとなっている。

［イノベーション戦略策定プロセス］

同　定

この同定フェーズにおいて、イノベーション・アーキテクチャが作成された。驚いたことに、最初イノベーション・アーキテクチャの下書き段階では、将来の製品について、大量生産品とカスタマイズ製品の区別がなかった。ここに来てなお、R&D部門がカスタマイズ製品同様、大量生産品についても非常に柔軟性の高いものを計画したのである。

この会社の大量生産品が高額すぎて、逆にカスタマイズ製品が低額すぎるのはこの考え方が影響してきたのだ。したがって、イノベーション・アーキテクチャは戦略的イノベーションの目的と連携するように設計された。戦略的イノベーションの目的とイノベーション・アーキテクチャの一貫性を維持するため、将来の製品群は二つに区分された。

通常ならここで、二つのイノベーション・アーキテクチャの中の互いに異なるオブジェクトについて評価をすべきである。しかし、マネジメントがそれら全てを評価できるだけの十分なデータを有していなかったので、第一段階として、関連組織を直接設計することにした。そして、マネジメントは、たとえば、カスタマイズ製品を今後は製造しないという決定は、組織構造にも影響することを知ることになった。

イノベーション・プロセスの再設計

ストックテックのイノベーション・アーキテクチャは全てが戦略を基に決定されたものではないが、それでもこれに基づいてイノベーション・プロセスが定義された。152ページ以降で説明した通り、イノベーション・プロセスは図6・26に

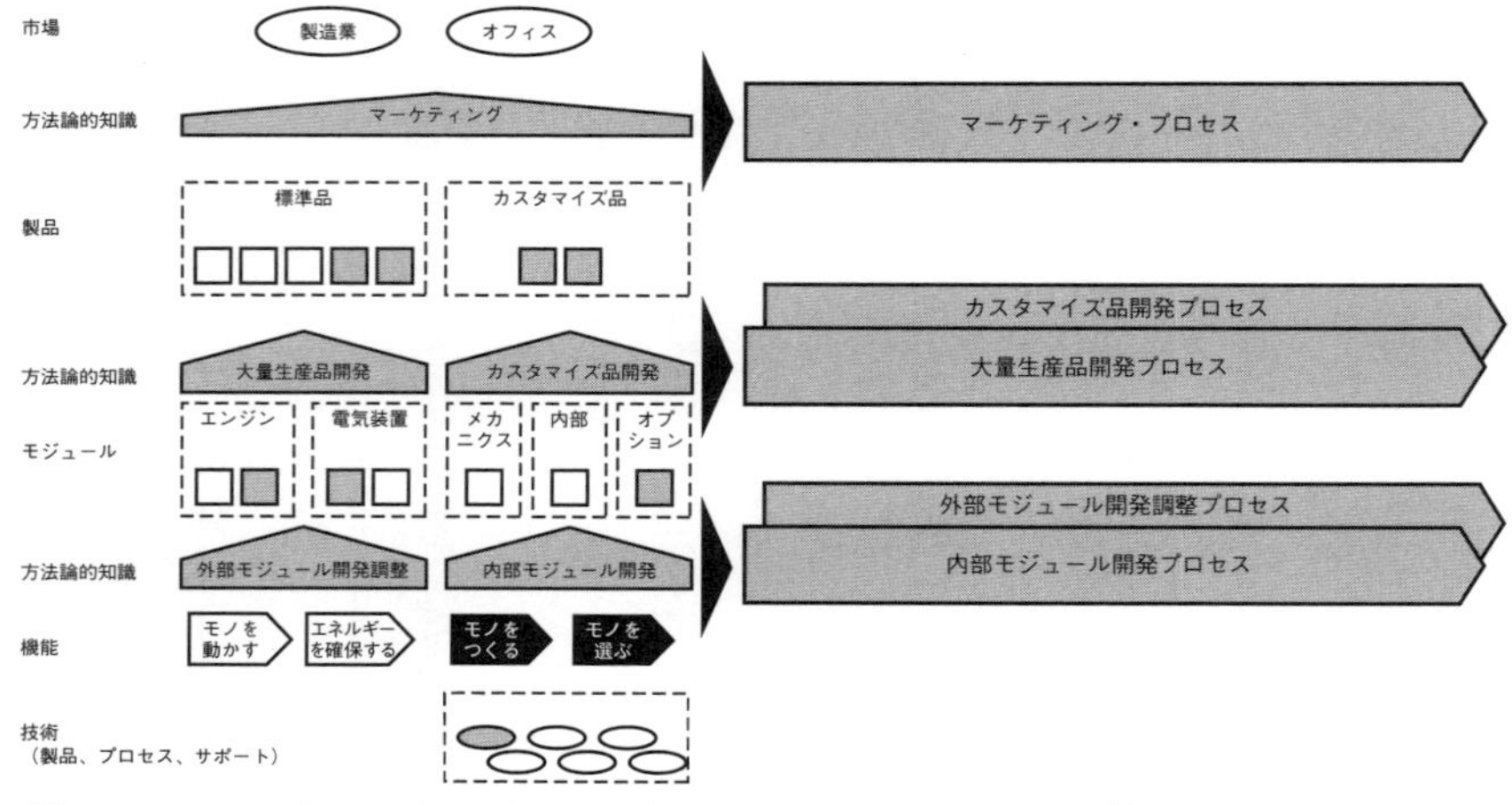

図6.26　ソトックテックのイノベーション・アーキテクチャに基づいたイノベーション・プロセスの導出

あるように、方法論的知識のカスケードとセグメントに対応して導出する。

これらイノベーション・プロセスは同時にまた、組織単位を定義する。それゆえ、「マーケティング」、「カスタマイズ製品の開発」、「大量生産品の開発」、「外部組織によるモジュール開発」、「内部組織によるモジュール開発」に関する部署構成が計画された。

図6・26のイノベーション・プロセスはさらにプロセス間の影響関係とプロセスのステップという観点から図6・27のように詳細化する必要があった。プロセス間の影響関係は常に注文と実行の関係と解釈できる。たとえば、マーケティング・プロセスが新たな大量生産品の生産を決めて、大量生産品開発プロセスに発注する。開発プロセスはマーケティングからの注文を実行しなければならない。そして、大量生産品開発プロセスがあるモジュールの統合を決定し、内部開発が可能であれば内部のモジュール開発プロセスに発注し、そうでなければ外部のモジュール開発プロセスに発注する、といった具合だ。これら全てのプロセスの舵取りは戦略的イノベーション管理プロセスによって行われる。イノベーション管理プロセスは図5・14の戦略的プロセスフェーズを基本に構成される。

［結　論］

ストックテックにおけるアクション・リサーチは、イノベーション・アーキテクチャが、単に戦略的イノベーション機会を構造的手法で同定できるだけのツールというだけでなく、組織構造の定義をも可能とするものであるということを明確に示している。そして、組織構造は、よく知られた組織構成に関する理論や産業界での手本を参考に構成するのではなく、対象である企業特有の活動に基づいて構成しなければならない。これが会社の効率と効果を確かなものとするのである。

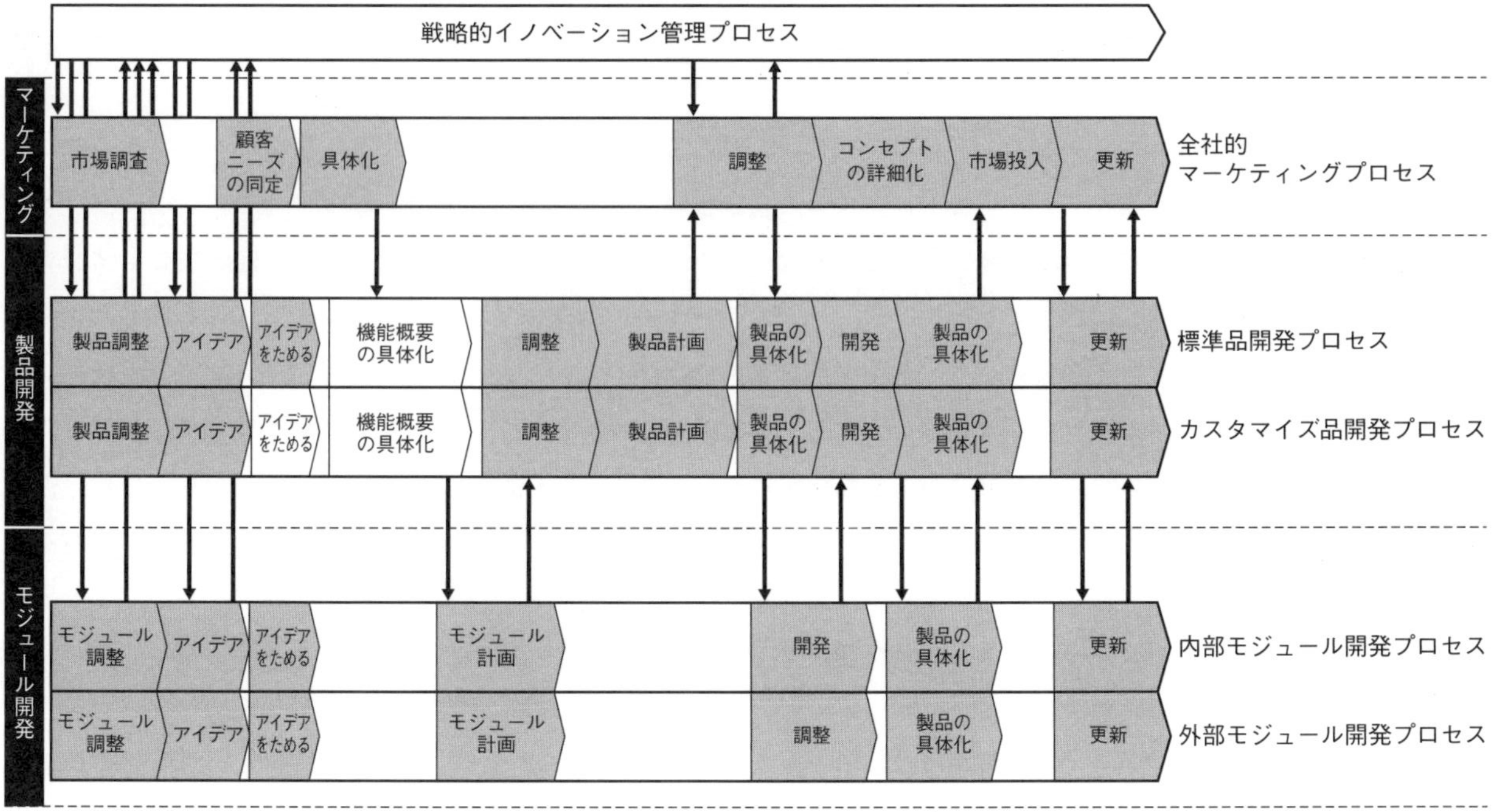

図6.27　ストックテックのイノベーション・プロセス

Ⅱ　事例共通特性分析と結論

1　イノベーション・アーキテクチャの事例共通特性

アクション・リサーチにおいてさまざまなイノベーション・アーキテクチャを構築した結果、イノベーション・アーキテクチャは、会社の規模、財政状況に関わらず89ページから111ページの理論に示したとおり構築できるということを明確に示した。

イノベーション・アーキテクチャの構成が各企業特有の活動と直接的に整合していることを、イノベーション・アーキテクチャの概念は保証している。たとえば、研究を自社のビジネスとしている会社は、そうでない会社よりも多くのカスケードをもつ。また、方法論的知識のセグメンテーションは分析対象の会社ごとに適切に行わなければならない。いずれにせよ、イノベーション・アーキテクチャの構造を理解するためには、全てのケースにおいてオブジェクトも方法論的知識も非常に重要である。一方、イノベーション・システムにおける知識のイメージを完全にするためのメタ知識は、一般的にイノベーション・アーキテクチャを築き上げるプロセスではさほど重要ではないようだ。この理由は、おそらくメタ知識は今日、しばしば戦略的意思決定において考慮されないからであろう。

イノベーション・アーキテクチャの表現はどのケースでも基本的には同じだが、その詳細はケースごとに異なる。これは、イノベーション・アーキテクチャが各プロジェクト独自の要求に合わせて表現されなければならないからである。それゆえ、あるプロジェクトでは一ページ中にいくつものイノベーション・アーキテクチャが表わされ、他のプロジェクトでは製品や機能ごとに分けられ、またあるものはより詳細に、あるものは大まかに記述される。これは、イノベーション・アーキテクチャが一方では作成に関する非常に厳密なルールをもっている反面、他方では各プロジェクトの必要性に応じて適合させることのできる柔軟性を兼ね備えていることを示している。

アクション・リサーチの事例を通して、イノベーション・アーキテクチャの使い勝手は一般的に言って非常に高いと考えられる。イノベーション・アーキテクチャを最初に構築する際には、ある程度集中的にその作業に取り組まなければならない。要する努力量はその企業の構造化の度合いによって変わってくる。しかしながら、一旦イノベーション・アーキテクチャが構築されてしまえば、その更新はある事例で示したとおり容易である。さらに、他の事例では、マネジメントが自らイノベーション・アーキテクチャを作成することも容易にできるということを示した。それゆえ、全ての事例を通してイノベーション・アーキテクチャは非常に実用的なツールであるといえる。

イノベーション管理において、以下に示すとおり、イノベーション・アーキテクチャという成果は非常に多面的であると考える。

- イノベーション・アーキテクチャは再建中の企業事例のように、構造化の進んでいない会社においてイノベーション・システムを構成するための基本的なツールである。と同時に、構造化の進んだ企業の実際のシステムや将来的に可能性のあるシステムを可視化するのにも役立つ。システムの可視化は、潜在的なイノベーション機会を体系立てて統合することによって行う。
- イノベーション・アーキテクチャは主にマーケティング部門による市場起因の活動と、しばしば研究開発部門による技術起因の活動を直接的に連携させるための基本的なツールである。したがって、製品・モジュールと技術に対する機能関連法が主な方法である。しかしまた、会社内の異なる部署における全ての意図や活動が確実に連携するよう、すべてのオブジェクト間のフィットも重要である。

●イノベーション・アーキテクチャはイノベーション管理において戦略の方向付けをするための基本的なツールである。まず、知識ギャップが可視化されることで、そのギャップを埋めなければならないことが明らかになる。次に、機能に焦点を当てることで、具体的ソリューションから制約されずに、進むべき技術開発を定義できる。三つ目として、イノベーション・アーキテクチャは科学的要素から市場導入までをつなげるという非常に体系的で意図をもった一連のイノベーション開発の戦略的な方向付けを支援する。

●イノベーション・アーキテクチャは全てのイノベーション機会をその新規性の度合いや対象の種類に関わらず統合するための基本的なツールである（一四）。これにより、一つの図面でイノベーション・システム全体を鳥瞰的に表わすことができる。

●ビジネスと技術のイノベーションはイノベーション・アーキテクチャにそのまま直接的に統合できる。組織のイノベーションは、イノベーション・アーキテクチャの枠組みの外で行われるイノベーション戦略策定プロセスにおいて実施するため、間接的に統合することになる。

●イノベーション・アーキテクチャはコミュニケーションを構造化することを強制する基本的ツールである。イノベーション・アーキテクチャを完成させる過程で、各自が同じモノについて話し合うため、マーケティング寄り、技術寄りと出自の異なる参加者から成る議論をより構造化された方法で行うことができる。

まとめると、アクション・リサーチのほとんどのパートナーによって確認されたとおり、イノベーション・アーキテクチャはイノベーション管理の基本的ツールであると言える。

2 イノベーション戦略策定プロセスの事例共通特性

図6・28に示したように、イノベーション戦略の策定プロセスはほとんどの事例においてマネジメントから受け入れられた。九つのうち、七つのアクション・リサーチ・プロジェクトにおいてマネジメントの期待を上回るという非常に満足のいく結果が得られた。一つのプロジェクトにおいては、平均的な結果、そして一つについては不満足な結果に終わった。これらのどちらも、マネジメントからは努力に勝る結果が得られないと評価された。これら二つの事例を他の事例と比較すると、この二つの事例だけが、単にイノベーション・ポートフォリオを見直し、そしてイノベーション機会を詳細化するという方法でイノベーション・アーキテクチャを構築した。他のすべての事例では、イノベーション・アーキテクチャはそれに続く目的のために使われ、より多くの結果を得た。これによりイノベーション・アーキテクチャはイノベーション戦略開発プロセスにおいて、より広範に用いたほうが効果を得やすい傾向にある、という最初の認識を得た。

九つのケースの事例共通特性の評価を終えるにあたって、イノベーション戦略策定プロセスの概念、使い勝手、得られた結果を以下にまとめる。

イノベーション戦略策定プロセスの概念により、マネジメントは全ての潜在的なイノベーション機会を体系的に、また現実的に同定し、分析することができる。したがって、プロセスそのものが結果よりも重要といえるだろう。それゆえ、全ての意思決定者がプロジェクトに参加しなければならない。一方、いくつかの事例が示すように、イノベーション戦略策定のプロセスを開始する前に、一般的な企業戦略や事業部戦略の方向性を明確化しなければならない。これにより、評価ステップ、特に戦略的フィットの評価を検討するステップで使う評価基準が確かとなる。

イノベーション戦略策定プロセスの使い勝手がアクション・リサーチによって確認できた。アクション・リサーチ

		プロジェクトの目的									マネジメントの満足度
		戦略的インテリジェンス	同定			評価			決定と策定	イノベーション・プロセスの再設計	
			イノベーションポートフォリオの改訂	機会領域の同定	機会領域の詳細化	戦略的フィット	量的・質的	MoS/KoS			
1	トール・レベニュー		✓		✓		✓				●
2	テクノ・ケミカル		✓		✓						◔
3	ハイテック		✓		✓		✓				●
4	インフォ・エクスチェンジ		✓	✓	✓	✓					●
5	オプティック・ガイ		✓		✓	✓	✓				●
6	ビルドアップ		✓		✓						◑
7	ラバーテック		✓	✓	✓	✓	✓		✓		●
8	ミクロ・システム	✓	✓		✓	✓					●
9	ストックテック		✓		✓					✓	●

M.B＝内作・外作
K.S＝維持・売却

● 非常に満足（期待を上回る）
◑ 満足（期待どおり）
◔ 不満足（期待を下回る）
○ 逆効果を引き起こした

図6. 28　プロジェクトの目的とマネジメントの満足度の概要比較

の結果、このプロセスは戦略策定のコンセプトを完成させるだけでなく、その会社のイノベーション戦略策定プロセスにおいて、欠如したステップを完全にする補完的な基本概念として用いることができるということが示された。また、このプロセスがヨーロッパの会社にも日本の会社にも受け入れられたことから、会社の文化的背景は取り立てて重要でないといえる。使い勝手に関してこのようにマネジメントから好意的な感想が得られたのにはおそらく二つの理由がある。まず一つ目として、イノベーション戦略策定のための全ての重要な視点を考慮する際、イノベーション・アーキテクチャと一般的な管理ツールから成るツールの選択が役立ったということが挙げられる。二つ目に、プロセスに統合された多くのツールをすでにマネジメントが知っていたということも一因である。それにより、ツールを迅速に導入することができたのである。

イノベーション戦略策定プロセスから得られる結果は、以下に示すとおり、イノベーション管理の文脈において非常に多面的といえる。

●イノベーション戦略策定プロセスをたどることによって、個々人の創造性を損なうことなしにイノベーション・システムのために定義すべき戦略の方向性を明確化できる。方向性には目的と道筋も含んでいる。これは、イノベーション・アーキテクチャが、評価を行うには十分足るだけの詳細さを備えている反面、それだけで製品を完全に設計できるほどには詳細でないからである。

●イノベーション戦略策定プロセスをたどることによってイノベーション機会の開発を始める前に多くのギャップを把握することができる。しばしばマネジメントが指摘することは、一方では知識ギャップ、時間ギャップと資源ギャップといったギャップが、またもう一方ではオブジェクト間での連携の欠如というギャップを容易に発見できるということである。

●イノベーション戦略策定プロセスはただ単に意思決定のプロセスというだけではなく、同時に具体的なイノベーション機会を計画し、実行することの開始プロセスでもある。たとえば、イノベーション・ロードマップは諸活動のタイミングのギャップを把握するためのものであるが、同時に計画と実施のための詳細な情報源ともなる。したがって、イノベーション戦略策定プロセスはまさに、戦略的意思決定とそのオペレーションの実施との間のギャップを縮めるためのものなのである。

●一つの事例で示したように、イノベーション戦略策定プロセスはイノベーション・システムにおける適正な組織プ

ロセスを導出する。これにより、イノベーション・システムにおける組織の効率性が確保される。

●イノベーション戦略策定プロセスは、戦略レベルにおけるすべての潜在的イノベーション機会を見出すような創造性を提供する。しかし一方で、評価においては、本質的にはイノベーション機会を削減するという特徴をもつ。

最後に、イノベーション戦略策定プロセスは多くのマネジメントから非常に有益なプロセスであるとみなされた。したがって、第三章で示された現実からの要求に答えられることができる。すなわち、この研究によって開発したイノベーション戦略策定プロセスは、イノベーション主導型企業が、構造化された実施者視点のイノベーション戦略策定プロセスを実行するためのソリューションである。

第七章　結論と作業仮説再考

前章では、イノベーション・アーキテクチャおよびイノベーション戦略策定プロセスが、経営現場で高く評価され受け入れられたことを示した。しかしながら、第四章で述べた理論的要求に対して、イノベーション戦略策定プロセスが直接的に答えているかを評価しなければならない。この評価を図7・1に示したうえで、以下説明する。

イノベーション戦略策定プロセスは、複雑性とシステム的相互作用に関する理解に基づいた**戦略的マネジメントを理解すること**を可能にする。なぜなら、イノベーション・アーキテクチャは、そのオブジェクトと方法論的知識とメタ知識を視覚的モデルによって統合し、これにより、問題の複雑性を縮減し、システム的相互作用を視覚的に表現するからである。そして、潜在的なイノベーション機会がイノベーション・アーキテクチャのなかで統合され、経営環境のトレンドと比較することにより、イノベーション・システムの進化を理解することができる。

これら理論的洞察と既述アクション・リサーチの結果をつき合わせてみることで、第四章で述べた**第一の作業仮説**の意味で評価できる。

● 明示的な支援

◐ 暗黙の支援

○ 支援なし

		Quinn 1985	Kawai 1992	Techirky 1998	Afuah 1998	Martensen and Darlgaard 1999	Innovation strate gy formulation process
戦略的にマネジメントにより特定される	複雑性の理解	◐	◐	◐	◐	◐	●
	システム的相互作用の理解	◐	◐	◐	◐	◐	●
	進化に関する理解	◐	◐	●	◐	◐	●
戦略により特定される理解	方向性	●	◐	●	●	●	●
	焦点の絞り込み	◐	◐	●	●	●	●
	組織	◐	○	○	●	◐	●
	一貫性	●	◐	●	●	●	●
イノベーションにより特定される理解	イノベーション統合	○	○	◐	●	○	●
	イノベーション障害	○	○	◐	◐	◐	●
	イノベーション新規性	○	○	◐	○	○	●
	イノベーションに関連し利用可能な知識	○	○	○	●	◐	●

図7.1　既存理論と比較したイノベーション戦略策定プロセスの評価

アーキテクチャの概念は、イノベーション主導型企業の複雑でシステム的に相互作用する進化システムを理解するために用意された、ひとつのソリューションである。

イノベーション戦略策定プロセスは、方向づけに対する**戦略的理解**をもたらすことを可能にする。なぜなら、戦略の結果生ずるイノベーション機会が、資源、時間、知識ギャップ、内作・外作／維持・売却、といった観点から分析され、その戦略の対象は何か、どのような手順で進めて行けばよいのかを明らかにしてくれるからである。この視点は、次の事実に裏付けられる。すなわち、第一に資源を考慮し、第二にイノベーション機会がその会社のコア・コンピタンスと直接的に整合するよう設定される。ストック・テック社のケースで示したように、イノベーション戦略が特定されれば、その戦略を実施するための組織は、イノベーション・アーキテクチャーを用いることで容易に派生させることができる。さらに、全体を通したイノベーション戦略の一貫性は、イノベーション・アーキテクチャに基づく戦略フィット評価に基づいて保証される。

イノベーション戦略策定プロセスの採用により、イノベーション**戦略の完成イメージ**としての統合的イノベーションを具体的に得ることができる。なぜなら、まず、技術とビジネス両面に関するイノベーションをイノベーション・アーキテクチャーのなかに組み入れることを、イノベーション戦略策定プロセスの部分工程として行っている。次に、組織イノベーションを、イノベーション戦略に基づいて導き出すことができるからである。イノベーションの障害は、戦略的フィットの様子や、経営資源・時間・知識の不足などによって生ずるが、それらについて考慮が払われる。しかし、イノベーションの障害となっているもののうち、たとえば動機づけの不足など、企業文化的ないしは個人的要件から生ずるものについては、明示的な分析の対象とはしない。この点で見れば、イノベーション・アーキテクチャーは、完全なソリューションを与えるものではない。また、一般に、高度に新規なイノベーションも、それほど新規性のないイノベーションも、イノベーション・アーキテクチャーの中で検討される。しかしながら、ある特別な潜在的可能性をもったイノベーション機会が、たとえば、ナノ・テクノロジーのような産業界にとって重要な意味をもつものであっても、その技術による具体的な生産物が何かまだわからないとすれば、遠からず否定されるかもしれない。評価プロセスを実行する際の必須条件として、すべてのイノベーション機会をイノベーション戦略のなかで細部に至るまで完全な形で記述しなければならないが、その結果、ナノ・テクノロジーなどは、その具体的なイノベーション戦略のなかでは考慮されないことがありうる。このようなケースに対して、会社は注意を払う必要がある。そして、最後に少なからず大切なこととして指摘すべきは、イノベーション・アーキテクチャーと知識ギャップ分析によって、あらゆるイノベーションの基盤としてのイノベーションに関連する知識全体を完全に理解できるようになるということだ。

既存の理論では、すべてのイノベーションの障害を明示的に考慮しながら、よりベターなソリューションを求めることができない。それは、特に、高度な新規性を伴うイノベーションにおいて顕著に現れる（図7・1参照）。このことから、本書で提案したイノベーション戦略策定プロセスは、一般的には既存理論に敬意を払いつつ、実行化へ向け現実的に構造化されたソリューションを提供するツールともいえる。まとめれば、イノベーション・アーキテクチャーを基盤とするイノベーション戦略策定プロセスは、理論的観点から見て、会社にとって適切なソリューションである。したがって、この点で、第四章で述べた**第二の作業仮説**が意味を持ってくる。

イノベーション・アーキテクチャを、イノベーション主導型企業が適応的にイノベーション戦略策定プロセスに用いることで、彼らのイノベーション戦略定義の支えとなる。

イノベーション戦略策定プロセスは、企業固有の条件にうまく適合するよう実行される必要がある。この文脈で言えば、実証ケース研究からえた洞察に基づく**第三の作業仮説**が意味をもつ。

イノベーション主導型企業におけるイベーション戦略策定プロセスは、理論が示すプロセスのすべてを実施したとしても、必ず実現できるとは限らない。しかし一方、この理論による戦略策定プロセスは、欠落していた要素を付け加えて、その会社が適切なイノベーション戦略定義を可能とするための基礎を与えてくれる。

簡潔に言えば、イノベーション・アーキテクチャに基づくイノベーション戦略策定プロセスは、理論的観点からも実践的観点からも、第四章で述べた二重のギャップを埋めるための、実務指向で構造化されたソリューションである。

第八章 新しい経営原理に向けて

本章のねらいは主に、実務上のニーズ（76頁以降参照）の満足に向けた重要な貢献をなすことにある。ここでいう実務上のニーズとは、イノベーション主導型企業における経営上の指針となるように実務指向に構造化されたイノベーション戦略策定プロセスの設計とその実施を支援するという、現実的要求を意味する。したがって、本章は、イノベーション・システムに関して注目した三つの要素、複雑性、システム的相互作用、進化性をどのように理解したらよいか、また、いかにして、実務指向の構造化されたイノベーション戦略策定プロセスを設計し実施したらよいかという問いに対する現実的な解答である。

本章の性格は、他の章と異なっている。他の章では科学的で理にかなった立場を旨としたが、本章で述べることは規範的かつ実践的なものである。したがって、本章の提言は、徹底した議論の形ではなく、かなり直接的表現にしてある。それでも、ここで挙げるどの示唆も、本研究を通して得た実践経験とイノベーション戦略策定分野の信頼できる理論的基盤に立っている。以下に述べる諸原理は、実証研究で示したような、綿密に練り上げたソリューションを厳密に記述する訳ではない。経営原理をこのように扱うことは、また、この種の原理論は、最近の調査研究と我々の研究を通して得られた最も重要な洞察、すなわち、各企業が置かれる状況とそのイノベーション戦略策定プロセスは互いに強く依存し合って個別的である、という事実に逆行する感じを持たれるかもしれない。しかしながら、各企業の状況はそれぞれ異なり、各社の経営原理をあまりに詳細化されたレベルで、扱うことは推奨できないのである。したがって、本章で提示する経営原理は一般的な指針を与えるレベルである。

以下に示す経営上の指針は、イノベーション主導型企業におけるイノベーション戦略策定の有望なガイドラインと考えられるものである。それらを、イノベーション主導型企業がイノベーション戦略策定の概念を設定する際の論理的な順に沿って示して行く。

最初の三つの原理は、イノベーション・システムの戦略的レベルを理解するための基本的ステートメントである。それに続く四つの原理は、イノベーション戦略を策定するための原理群を構成する。最後の三つの原理は、イノベーション戦略策定プロセスの実施への示唆を与える原理群である。本章の議論は、イノベーション主導型企業の視点から理解する必要があり、したがって、これらの原理の有用性と関連する論点は、イノベーション主導型企業の文脈で意味を持つ。しかしながら、ある原理や原理の一部分は、すべての会社に興味深い可能性がある。それら一〇の経営原理に根拠を与えるために、イノベーションに限らない一般の経営学研究からの引用を示す。この意味で、イノベーション・マネジメントの観点から抽出された経営原理集は、一般的知見をイノベーションに関する方向に特化させたものと見ることができ、本書が提示する主要な発見のひとつといえるものである。

I　イノベーション・システムの理解

原理一：アーキテクチャによる詳細計画の設計

イノベーション主導型企業は、複雑性、システム的相互作用および進化的性質の観点からイノベーション・システムを理解しなければならない。この目的にとって、イノベーション・アーキテクチャは適切なツールである。

［主な利点］

- イノベーション主導型企業の経営者は、自社のイノベーション・システムを理解することが可能であり、したがって、彼らは自らの意思決定の質を改善してゆくことができる。
- イノベーション機会については、より詳細に分析することが可能である。
- 将来会社を発展させるための具体的な計画を作成することができる。

アーキテクチャの概念は、イノベーション・システムを理解するための設計図である。特に、複雑で相互作用する進化的なシステムの場合には、ひとつの事項だけを理解しても役に立たない。本質的には、アーキテクチャーとしての設計図を作成することによって、関連する種々の重要事項をよりよく理解できる。したがって、戦略的意思決定プロセスにおける第一のステップは、アーキテクチャを構築することである。

［裏付けとなる経営学からの引用］

「アーキテクトは、まだ創られていないもの――いまは埃っぽい平原でしかない場所に建造される大聖堂、あるいは、まだ誰も渡ったことのない深い谷に架けられる優美な橋――を夢見る力をもっている。しかし、また、アーキテクトは、夢を現実に変えるための設計図を作り出す能力もなければならない」（Hamel and Prahalad, 1994 : 107）。

原理二：適切な努力を払って行われるシステム分析

戦略的な意思決定の観点からイノベーション・システムを理解するには、注目するイノベーション機会それ自体の性質を知ること（たとえば、技術を機能に結びつける）以上に、他のイノベーション機会の進化と、それらの相互作用について考慮することが、より重要である。

［主な利点］

●イノベーション戦略策定プロセスを、効率的かつ能率的に設計することができる。
●戦略レベルのコミュニケーションは、重要な要素に焦点を当てながらなされる。

システム一般について言えることだが、イノベーション・システムを理解するということは、そのすべての部分の詳細について理解することが本質なのではない。システム各要素の詳細機能の理解が、さほど必要とされないこともしばしばある。一方で、要素相互の関係とその進化について理解することは大切である。イノベーション戦略を策定する場合、特定の技術の機能を知ることは重要ではないが、その潜在的利用価値、開発コスト、将来的な魅力などについて理解することは重要である。加えていえば、企業イノベーション戦略に関しては、ある特定技術分野のなかに技術開発プラットフォームを細分化して、小さなビジネス単位のイノベーション戦略のレベルにまで詳細化を突き詰める必要はない。それらは、ひとつの企業イノベーション戦略に対する、別個の要求から生ずる結果として捉えるべきものである。

［裏付けとなる経営学からの引用］

「『システム』概念の中心は、互いに結合し合って全体を構成する要素の集合を具現化することであり、各部分の性質よりも、むしろ全体としての性質に深い関心を置くべきである。」（Checkland, 1993：3頁）

原理三：機能を中心に考えよ

イノベーション戦略を展開する際には、製品がもつ諸々の機能について理解することこそが、最も大切である。

［主な利点］

- イノベーションが産み出す製品の諸機能について注目していくことで、コミュニケーションの意味でも意思決定の意味でも、マーケット指向活動と技術指向活動のどちらにも偏らない適切な中間にソリューションを求めるようになる。
- 機能に注目することで、クリエイティビティを犠牲にすることなしに、ソリューション発見に対する責任感を設定できる。
- 機能は、既存の活動を使う形で、新しいビジネス分野ないしは新しい技術的プラットフォームを同定することを可能にする。
- 機能は、特にコアになる機能は、そのイノベーション・システムの将来の方向性を極めて明確に定義する。

イノベーション・アーキテクチャーの中で、機能は、マーケット・プルとテクノロジー・プッシュの間をリンクする中立的ソリューションを導いてくれる。個別ケースに関するアクション・リサーチを見ても、このリンクが重要であることがわかる。それは、いくつかの理由で、機能定義がイノベーション・システム方向づけに役立つからだ。第一に、マーケティングと研究開発のコミュニケーションは、技術革新を進展させるための極めて専門的な議論からではなく、両者の中間にソリューションを求めようとすることで促進することができる。第二に、機能に注目していくことで、将来的に見込みのある諸分野を具体的ソリューションから中立的に定めることができる。第三に、機能は、潜在的な可能性をもつ新技術と同様、ポテンシャルの高い新ビジネス領域をも可能にする。第四に、コア機能について戦略策定ができれば、企業は、自らの創造性を損なうことなく、その特定方向にイノベーション・システムを導いてゆくことができる。

［裏付けとなる経営学からの引用］

「実際のところ、製品とは、ある特定の顧客集団に対して、特定機能を満たすために特定技術が適用された物理的な発現であると単純に捉えるべきものである」(Abell, 1980：113頁)

Ⅱ　イノベーション戦略の策定

原理四：戦略的フィットの保証

イノベーション活動の戦略的フィットに関する評価は、会社の実際のコンピテンシーに見合ったイノベーションの開発にとって重要である。

［主な利点］

●イノベーションは、一般に、それが現在のコンピタンスを基盤とするものであれば、相対的に少ない努力で成功する確率が高い。

イノベーション戦略に、もし、実際の企業活動や企業を取り巻く経営環境の裏付けがないとしたら、企業に競争優位をもたらしているコア・コンピタンスと無関係になるし、また、市場への投入を成功に導くための多大な努力を必要とする。一方で、確かに、戦略的フィットがなくても成功を収めるイノベーション機会もあり得る。しかしながら、そのようなケースについては、経営者はその意思決定によって生じる結果を明確に理解しておかなければならない。以上の理由から、一般には、明確な戦略的フィットをもつイノベーション機会の方が、より深い関心をもって捉えられるのだ。

［裏付けとなる経営学からの引用］

「戦略とは、企業の諸活動のなかにフィットを創り出すことである。戦略の成功は、ほんの少しの諸活動だけでなく、実に多くのことを上手に、しかも統合的に行えるかどうかによる。もし、諸活動にフィットがないなら、そこには明確な戦略などなく、その持続可能性もほとんど期待できない。」（Porter, 1996：75頁）

原理五：一貫性のある方向性と焦点

イノベーション主導型の企業は、方向性を定めて、つまり、ある特定の目標とそこに至る筋道をはっきりさせて、自らのイノベーション・システムを導く必要がある。方向性の提示によって、集中すべき活動と確保すべき一貫性を達成する。

［主な利点］

●イノベーション主導型の企業は、戦略的意図の実施を確かなものにすることができる。

●重複や一貫性の欠如は最小限に縮減でき、イノベーションを効率的かつ能率的に実現することを確かなものとする。

どのような戦略でも、その会社の全社員の間で話し合われなければ、活きた戦略とはならない。さらに、方向性なき戦略では、主要な目標に焦点をあてて努力を結集させることができない。これにより、実施上の不一致を惹き起こしたり、あるいは、もともとあった戦略の不調和を増大させる結果を招く。したがって、戦略が、目的とそこに至る筋道という意味で方向性を定め、何に集中すべきかを明確にし、かつ、それらが一貫性をもつときにのみ会社の活きた戦略となりうる。

［裏付けとなる経営学からの引用］

「戦略とは計画ないしは一定のパターンであり、それは、組織の主たる目標と方針および活動の連鎖を、相互に関係しあう組織全体のなかに統合するものである。」（Quinn, 1980：7頁）

原理六：明確な責任の規定

イノベーション主導型企業におけるイノベーション戦略は、戦略機会の同定、評価、実施に関する責任を明確化していなければならない。

〔主な利点〕

●課業を明示的に配置することで、社員は仕事を能率的に行うことができる。
●イノベーション戦略実施に関わるコントロールを単純化することができる。

明確に戦略遂行の責任を規定することは、組織に何らかの影響を及ぼし、戦略の実施を確かなものにするという点で重要だ。第一に、責任の明示なき戦略は、戦略的レベルと業務的レベルの間の大きなギャップを埋めることができない。なぜなら、「誰がこれをするのか？」という質問に答えることができないからだ。第二に、プロジェクトへの責任をはっきりさせておくことで、何がインプットであり、より重要なこととして、何をアウトプットすべきかついて明確な定義がなされる。これにより、それらを再定義するのではなく、実現化する仕事に集中させることができる。第三に、各課業に明確な責任が課され、課業管理が確立する。

〔裏付けとなる経営学からの引用〕

「主要な課業を達成し、また意思決定を行う責任は、組織を構成する各個人または集団に割り当てられるべきものである。」（Andrews, 1987：87頁）

原理七：組織の最適化

イノベーション・システムの組織は、イノベーション活動に適応しなければならない。

［主な利点］

●活動にフィットする組織は、高水準の効率と能率をもつ。
●組織イノベーションの意味で組織の再設計を行うことで、組織は統合的イノベーションを可能にする体質となり、持続的な開発が可能となり、したがって他社に対する競争優位を保証してくれる。

イノベーション戦略は、その会社が将来何を発展させるかを示すものだ。したがって、戦略の変更は、明らかに、組織構造に何らかの影響を及ぼす。たとえば、それまで大量生産に特化していた企業が、これからは特殊な顧客ニーズにも対応すると決定をしたのなら、必ずや、組織イノベーションにも影響を及ぼす。なぜなら、生産コストの低減に焦点を絞った大量生産と、高度なフレキシビリティが要求される特殊生産を、同じ部門に両立させることは不可能だからだ。したがって、会社のイノベーションプロセスを戦略意図にしたがって設計し、また、そのプロセスに従って組織構造を再設計することが肝要である。

［裏付けとなる経営学からの引用］

「組織構造は戦略に従う。」（Chandler, 1962）

Ⅲ　イノベーション戦略策定プロセスの実施

原理八：戦略策定プロセスへの継続的なオーナーシップの規定

イノベーション戦略策定プロセスにおけるプロセス・オーナーシップは、戦略の実施を成功に導くために不可欠である。

〔主な利点〕

●戦略策定プロセスのオーナーシップを明確にすることで、その成果と実効性に関する責任体制が強化される。

継続的なプロセス・オーナーシップの規定は、本書の文脈においては、二つの意味をもっている。第一は、イノベーション策定プロセスに対して、役員が責任者となって戦略策定プロセスを詳細に規定する。したがって、イノベーション戦略が策定され、定期的にアップデートされ、同じ責任者の下で、イノベーション・アーキテクチャも同様に見直される。第二に、継続的なプロセス・オーナーシップは、イノベーション・システムにおけるあらゆるプロセスに対して重要である。たとえば、ある人が技術開発プロセスに責任をもつなら、その人が技術開発に関するインテリジェンス活動にも責任を負わなければならない。これは明確な責任の規定であり、それぞれのプロセスにおける創造性の支援につながる。

〔裏付けとなる経営学からの引用〕

「会社における継続的な諸プロセスを厳密に設計し、各プロセスのアウトプットについて明確に定義し、さらにまた、その責任に関する明確な規則を設定することで、経済性の点で大きな利益を得ることが可能になる。」(Horsch, 2003 : 14頁)(一)

原理九：参画意識の養成

マーケティングと販売、開発研究、生産各部門からのアイデアを結集し統合することで、イノベーション戦略に関する視野を広げ、戦略の実現性を高めることができる。

［主な利点］

- マーケティングと販売、開発研究、生産各部門からの知見は、将来のイノベーション活動に関する全体的な理解を促してくれる。
- 特に、イノベーション戦略が社内からのアイデアを含んでいるときは、その戦略に対する社員たちの一体感はより強くなる。

会社のなかには、すでに多くのアイデアがあって、イノベーション戦略の策定に組み込まれる準備が整っているものだ。したがって、これらすべてのアイデアを無視するのはとても残念なことだ。しかしながら、マネジメントが、まだ構造化されていないアイデアも含めたすべてを聴取しようとすることも、しばしば問題視される。そこで、機会ランドスケープやイノベーション・アーキテクチャのようなツールを使えば、アイデアを集約して運用レベルの参画意識を育成する効果がある。その後、それらアイデアは戦略レベルにおいて評価され、もし必要ならば、さらなる運用レベルからの支援を受けることも可能だ。このような各レベルの参画は、新しい戦略の方向を社内に見出す可能性を意味する。さらに言えば、イノベーション戦略は、それが会社内部のアイデアに基づくならば、それは社員に支持され、戦略を実行化する際に大きな助けともなる。

［裏付けとなる経営学からの引用］

「複雑なプロジェクトでは、内部チームは常に外部からの新しい情報を取り入れることなしには、自らを維持することも効率的に働くこともできない。」（Allen, 1977：122頁）

原理一〇：規律の文化への発展

明確で焦点の絞り込まれたイノベーション戦略に対して経営の強いコミットメントがあることこそ、イノベーション戦略の策定プロセスと戦略の遂行を確かなものとするための必須要件である。

［主な利点］

● 強い経営上のコミットメントは、イノベーションの諸活動への集中を確かなものとし、戦略の遂行をより効率的・能率的にする。

イノベーション・システムについてここまで述べてきた経営原理に続き、まだ述べていない、重要原理がある：会社は、意思決定したことは、あらゆる努力を払って確実に遂行する、という原理的文化をもっていなければならない。もしそうでなければ、イノベーション戦略策定プロセスは、それによるイノベーション戦略も含めて、完遂されることはないだろう。したがって、これまで述べたイノベーション・アークテクチャに基づくイノベーション策定プロセスは、ほかのマネジメント・ツールと同様、その会社が、戦略目標を達成することに焦点を絞って、この方法を完全に遂行するときにのみ、成功をもたらすであろう。

【裏付けとなる経営学からの引用】

「誰でも皆な一番になりたいものだ。しかし、多くの組織は、彼らが一番になれるものが何なのかを慢心のない明晰さでもって探求する方法論を欠いている。また、可能性を現実に変えるためには何でも実行する、という意志にも欠けている。彼らは、彼らのゆるゆるのカッテージチーズをすすぎ洗いするやり方を知らないのだ。」（Collins, 2001：128頁）

補遺 ロードマップの作成

本日本語訳では、著者と訳者が相談した結果、内容の補強のためにイノベーション・アーキテクチャからロードマップを作成する手順についての説明を追加する。これは次の文献の一部である。翻訳にあたっては渡邉政嘉氏による関連文献の訳出も参考にさせて頂いた。

Hugo Tschirky and Gaston Trauffler "Chapter 4 : Developing TRM in Practice using Innovation Architecture," Swiss Federal Institute of Technology (ETH) Zurich, 2008.

技術ロードマップ（TRM）

1　一般的コンセプトとしての技術ロードマップ

計画ツールとしてのロードマップは、計画の対象と、計画期間の中でのそれら対象間の相互関連を表現するようなひとつの図である。ロードマップの作成と更新の作業はロードマッピングと呼ぶ。

ロードマップとロードマッピングは、計画対象のタイプや（機会、能力、製品、技術など）、個別の文脈（産業、科学、企業）、計画期間（短期計画、中期計画、長期計画）によってさまざまなバリエーションがありうる。ここでは技術ロードマップについて説明する。とり上げる技術ロードマップは、長期計画であって、計画対象は大きく三つのレベルに分類できる：イノベーション・ドライバ、ビジネス、技術である（図A・1参照）。

イノベーション・ドライバ（わが社にイノベーションを促す要因）のレベルは、計画の初期時点でロードマップによる計画活動に影響するような社外的・社内的ドライバを含む。社外的なイノベーション・ドライバとは企業環境要因であり、市場ニーズや顧客ニーズといったものがある。そうしたニーズが生まれるきっかけは、たとえば、法律の変更、技術の変化、競合、社会的トレンドなどがある。社内的ドライバには、企業の戦略目標、製品リリースについての社内政治、会社の強みと弱点、コスト削減目標、リストラ計画などがある。

ビジネスのレベルには、企業のビジネス戦略とそれらのビジネスで展開される製品やサービスを含める。それらの戦略的製品やサービスに加え、それら製品やサービスの特徴も含める。

三つ目のレベルは技術である。技術プラットフォームと技術自体の2つのサブレベルを考える。

ロードマップのこれらのレベルにおいては、個々のドライバや、技術、製品、製品の特徴が考慮されるが、それらを単独で扱うことは意味がなく、全体的で整合的な戦略計画に沿ったものでなければならない。整合性は三つのレベルの中の計画対象が戦略目標にかなっていることと計画対象間の時系列的な相互関係をスケジューリングしていることによって達成できる。

ロードマップは戦略分析や戦略目標設定に置き換わるもので

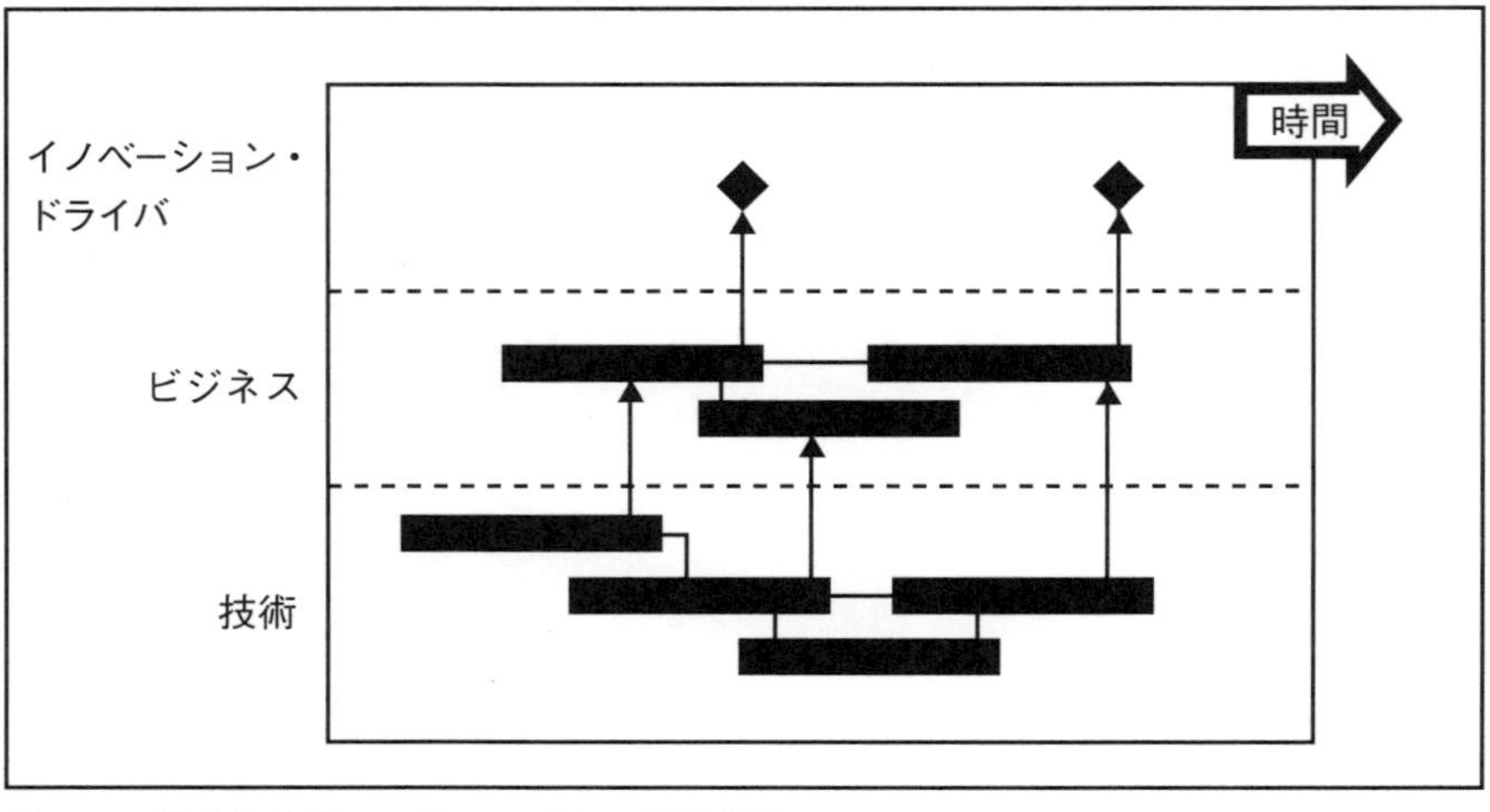

図 A.1　戦略的技術ロードマップの一般的概念

はない。戦略目標はロードマッピングに先立って明確にされている必要があり、それがなければロードマップが戦略マネジメントとは無関係になってしまう危険がある。実際、戦略目標は、社内的ドライバとしてロードマップの中に入れるべきである。

技術ロードマップの三つのレベルやサブレベルは、イノベーション・アーキテクチャに類似したものとなる。しかし、イノベーション・アーキテクチャと技術ロードマップは全く異なる用途を持つ。イノベーション・アーキテクチャは、イノベーションを模索する際、作成者の創造性を高めるために企業の強みを透明化し、それらの関連性を示すために用いられる。一方、技術ロードマップは、時間軸の中で機能的な連携を見せることによって、作成者が計画及び意思決定能力を高めるために用いる。すなわち、どのように戦略的な目標を達成し、どのオブジェクトの何について決定しなければならないのかを可視化することで、目的と戦略的な選択肢を結びつけ、意思決定能力を高めることができるのである。

技術ロードマップの作成

この補遺では、技術ロードマップ作成法として実務レベルで証明済みの方法を述べる。イノベーション・アーキテクチャを使ってＴＲＭを作成する方法である。例とするイノベーション・アーキテクチャは、手ごろな価格の個人移動用の飛行手段を実現しようとする企業のものである（図Ａ・２参照）。

このイノベーション・アーキテクチャを出発点として、以下ではＴＲＭ作成する手順をステップ・バイ・ステップで述べていく（図Ａ・３参照）。

ステップ0：作成するTRMの計画期間の決定

戦略的技術ロードマップは、計画期間を中・長期にとる方が意味ある計画となる。多くの場合、技術戦略やイノベーション戦略を効果的に実施するためにはこうした期間が必要なのである。産業ごとに必要な年数は異なるだろうから各産業のペースに合わせることを勧める。

ステップ1：顧客セグメンテーションとイノベーション・ドライバ

ロードマップが想定する顧客セグメントを定義する。イノベーション・ドライバを探すときの基本情報となるので、これを明確に定める。この顧客セグメントでは誰がキーとなっている顧客なのか、それはなぜなのかを検討する。イノベーション・アーキテクチャがその顧客セグメントに対応する市場セグメントを含んでいる場合には、「イノベーション領域」の対象知識からの情報を社外的ドライバのヒントとして使える。一般にはこれ

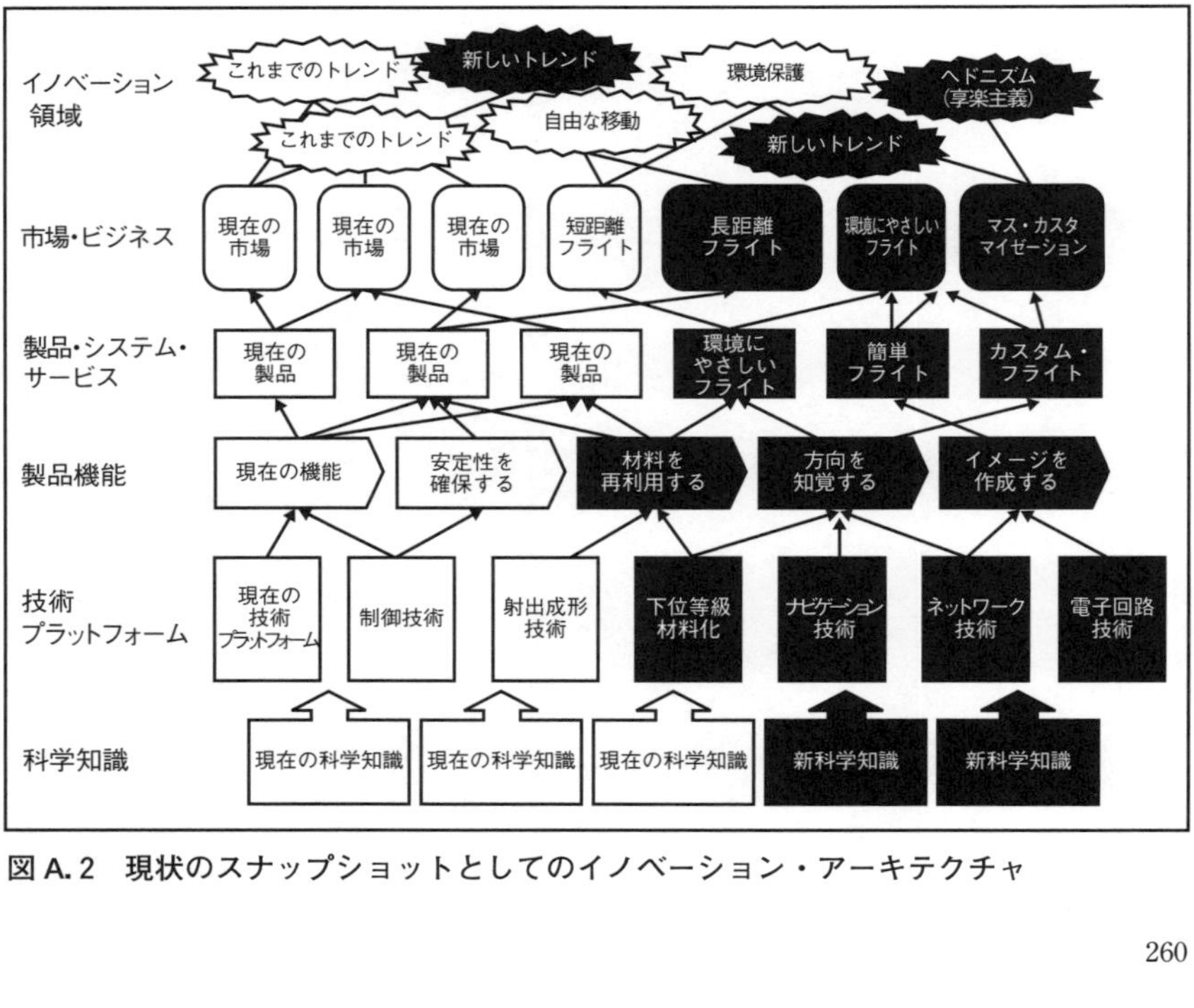

図 A. 2　現状のスナップショットとしてのイノベーション・アーキテクチャ

に加えて、社外的イノベーション・ドライバとしては次のことも検討する：市場の地合い変化、技術変化、競合他社の動き、業界内での提携や協力関係、コンピタンスや資金、法制度、業界規範、環境制約である。通常は競合他社が最も強力な社外的ドライバである。したがって、わが社と競合している企業を見極め、競合他社に市場セグメントでの何らかの動きがある場合の帰結を種々検討する。

社外的・社内的ドライバを検討するときに、ＳＷＯＴ分析を実行したり、あるいは、簡単なブレインストーミングを実施するのが非常に役立つことがある。社内的ドライバは、会社の強みや弱点から導かれたり戦略的目標から導かれたりする。それらをメモ帳に書きあげ、グループ分けし、重要性で順序付けるのである。これらのドライバは企業へのインパクトや主要顧客へのインパクトが大きいのでＴＲＭへ含め、、それらの発生を見込んでスケジュールする。

例としている図Ａ・３では二つの社外ドライバを図Ａ・２のイノベーション・アーキテクチャから取り入れている。「ゼロ・エミッション構想」はイノベーション領域の「環境保護」から導いた。「国内規制の再検討」というドライバは「自由な移動」からである。

ステップ２：製品特性の定義

社内外のイノベーション・ドライバに対応するように製品特性を定義していく。図Ａ・３のように、三つから四つの主要特性グループを定義することを推奨する。図では、ナビゲーション、再利用、スタイルの三つの特性グループを定義し、それを具体化した製品特性を技術ロードマップの計画時間軸に沿って配置していく。これら主要特性を定義するときは、イノベーション・アーキテクチャの「機能」階層から新たな発想のヒントが得られる。図Ａ・３の技術ロードマップでは、図Ａ・２のイノベーション・アーキテクチャの中の「イメージを作成する」「方向を知覚する」「材料を再利用する」という三つの機能から技術ロードマップの製品特性グループに変換した。さらにこのステップ

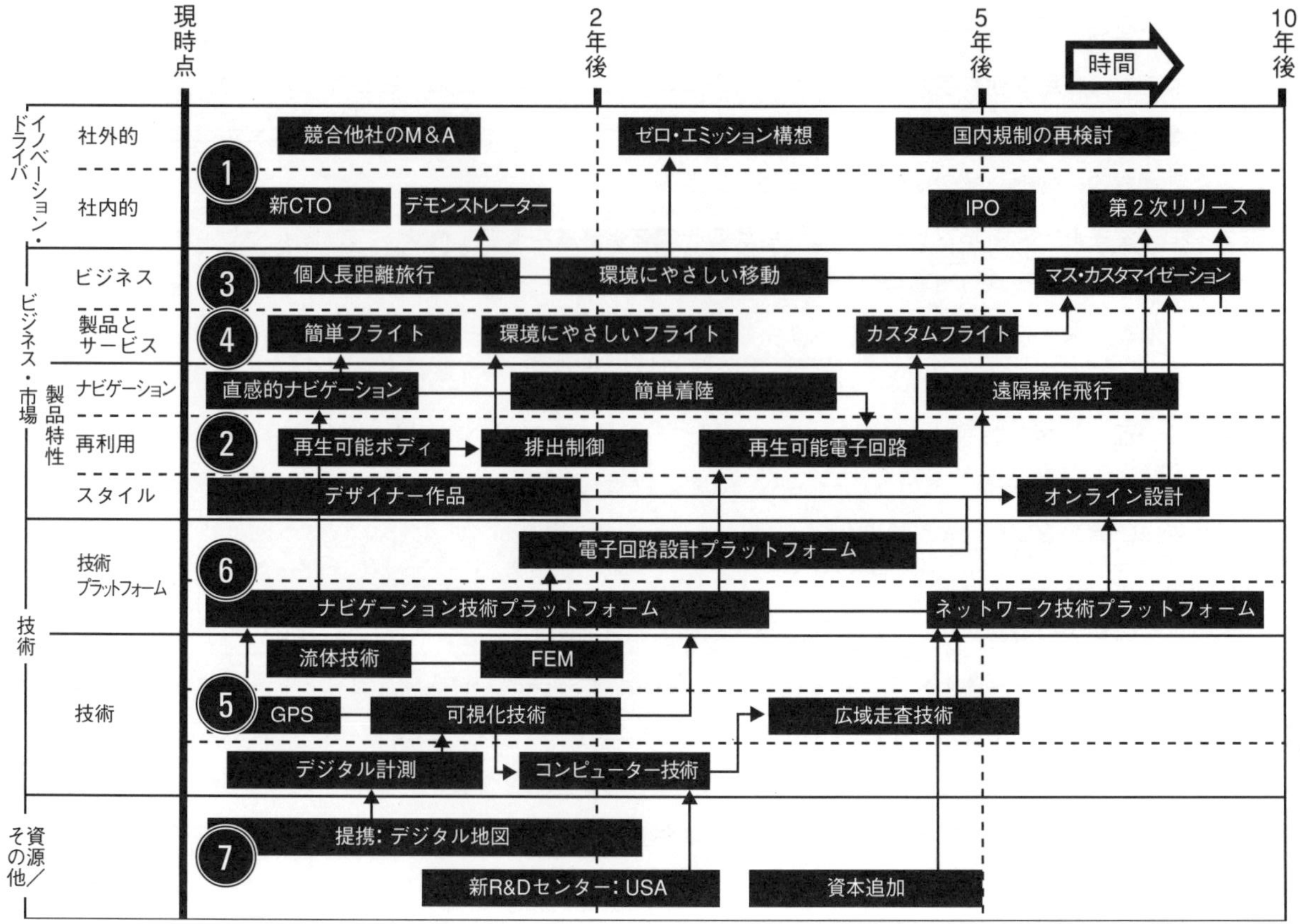

図A.3　技術ロードマップの作成

で、定めた製品特性を実現する際のリスク、実行可能性、コストについて徹底的に議論する。こうした議論は、ドライバ、またはドライバの背景に存在する顧客に対する、製品特性の影響力を評価するのにかなり役立つからである。費用・便益分析がこれらを評価するに適したツールだろう。また、この議論は、複数のドライバに影響を与える最も重要な製品特性を特定することにも役立つ。ビジネス階層の製品特性層には、このような重要な製品特性を記述する。

ステップ3：ビジネスをTRMに入れ込む

このステップを行う前には、戦略的ビジネス目標について、わが社の市場と事業、達成方法や時期の点から、十分に議論しておく必要がある。また、達成の方法、時間的な制約について結論を得ておかなければならない。その上で、戦略的事業目標およびイノベーション・ドライバの両方に同時に応えられる事業を選択し、スケジュールする。図A・3のTRMでは、図A・2のイノベーション・アーキテクチャの「長距離フライト」「環境に優しい移動手段」「マスカスタマイゼーション」という三つのビジネスをTRMのビジネスに適合させることができた。その際に、長距離フライトは「個人の長距離旅行」に変換した。

ステップ4：製品戦略のリストアップ

このステップでは、先に定義した製品特性とビジネスを同時に満たすすべての可能な製品戦略について議論を行う。ステップ2とステップ3で徹底的に議論されていれば、ここでの製品戦略の定義はほぼ論理的帰結として導かれる。全ての関係者が、議論においてより具体的なイメージをもつことができるよう、売り込みパンフレット的な表現を書いてみたり、メモ的に製品コンセプトをラフスケッチに描くというような方法も役立つだろう。議論には更に、製品の高機能品や低機能品、製品ファミリー化方針、プラットフォーム戦略、プロトタイプ作成の納期、市場投入の時期と新製品リリースのためのスケジュールなどの基本的な製品戦略決定に関する局面を含める。図A・3の技術ロードマップでは、図A・2のイノベーション・アーキテクチャに示された「環境に優しいフライト」「簡単なフライト」「カスタマイズされたフライト」という三つの製品がそのまま技術ロードマップの製品&サービスに適合させることができた。

ステップ5：技術的ソリューションを計画

このステップでは二つの重要なタスクをこなす。技術的な解決策を確定することと、次に、それら解決策がステップ2で定義したすべての製品特性の実現に寄与する程度を評価することである。

このステップの基本的目標は、ここまでのTRM作成過程で行った決定に関連した自社での技術開発の可能性や外部からの獲得に、透明性を与えることである。評価の際には、与えられた製品特性を実現するための潜在的技術はどの程度適当か、自社が持つ知識はどの程度使えるのか、一般的知識としてはどの程度確立しているのか、という質問が重要となる。こうした質問は、解決に必要となる努力目標や時間、必要な技術が内部に存在するかといった事柄を考えるのに役立つ。これまでの経験からすると、このステップで扱う技術は、わが社にとっての新技術に限るべきであり、既存技術を持ちだす必要はない。また、イノベーション・アーキテクチャを作成した時に考察したことは本ステップの作業に洞察を与える。

ステップ6：技術プラットフォームの形成

ここまでで考慮された技術を戦略的観点からまとめて、いくつかの技術プラットフォームとして定める。重要なこととしては、プラットフォームを定めるということは、その技術分野でオンリーワン的なコンピタンスを作り上げていくという野心を企業がもつことを意味するし、さらに異なる事業領域での技術プラットフォーム間のシナジーを発揮できることを狙うということも意味する。

前のステップと異なり、技術プラットフォームの定義を行う際には、新技術だけでなく、自社保有技術や既存技術も考慮に入れる。それらはイノベーション・アーキテクチャ構築時にかなりの範囲で考慮されている。

通常の場合、ステップ6からステップ5の技術的ソリューションへの手戻りが発生し、両ステップを行き来しながら整合的な定義を行っていく。この意味で時間を要することが多い。

ステップ7：資源の手配計画

通常、中・長期計画としてのＴＲＭは、その実施段階において多大な努力を要することになる。したがって、ＴＲＭ作成活動として、企業の資源に関する議論を含めることを提案する。その対象は、必要となる追加資金あるいは追加予算、研究開発や物流の戦略的提携、新たなプロジェクト立ち上げや新たな組織体制の必要性である。

最終ステップ：

ＴＲＭの各レベルを十分に精緻化した後で、各レベルにある要素を、時間的前後関係に従ってコネクタや矢印で結ぶ。これによって、製品市場関連のマイルストーンの開発予定時期が明確に設定され、ＴＲＭの活動計画全体を通した正確性に大きな価値をもたらすことになる。

以上の８ステップによって作成されたＴＲＭは、技術戦略計画でもあるし、イノベーション戦略計画でもある。この戦略計画は、より運用面を強調しているプロジェクト計画と混同してはならない。ＴＲＭをまず完成した後に、具体的に、技術、製品、事業、市場それぞれについての開発プロジェクトを導き、スケジュールし、実施していくことになる。その際には最新のプロジェクト管理法が用いられるのである。

【註】

第一章　イントロダクション

一　たとえば次の著者：シュンペーター（Schumpeter, 1927）、ツァーンとヴァイトラー（Zahn and Weidler, 1995：359頁）、シャート（Schaad, 2001：1頁）、ブッヒャー（Bucher, 2003：2頁）。

二　効果性は定性的要因であり、文化や、資本、組織、環境、教育と経験の質、科学、技術、知識基盤、情報の質、メタ的スキルが影響する（Zahn, 1995：189頁）。

三　効率性はコストと関連し、市場ポジションの中で一定程度の効果を実現するために必要とされる（Zahn, 1995：190頁）。

四　ハオスヒルト（Hauschidt, 1997：25頁）によって使われたドイツ語 dispositiv を予測的と英訳した。

五　イノベーション主導型企業は、競争優位を獲得し長期的成功をおさめるために、製品のリニューアルをビジネス的にうまく行う必要がある。したがって、そうした企業はイノベーションという主題の分析に特に興味がある。

六　アレガー（Aregger, 1976）、ハオスヒルト（Hauschidt, 1997：44頁〜）、アフア（Afuah, 1998：99頁；2002：369頁）、ティド／ベサン／パビット（Tidd, Bessant and Pavitt, 2001：65頁）、ブリンガーとエアルンハンマー（Bullinger and Auernhammer, 2003：29頁）、ホルシュ（Horsch, 2003：68頁）。イノベーション戦略に関する詳しい議論は第二章を参照されたい。

七　イン（Yin）は一般的ケースを語っており、アクション・リサーチのケースは扱っていない。しかし本書で主張したいことは、本書にあるケースはアクション・リサーチとして各々個別のやり方で行われたことである。アクション・リサーチは実務家と科学者が共同して新たな概念を設計し実施するというアプローチである。さらに、参加した科学者はそのあとで彼らの経験を体系化し一般化することを試みる（Kubicek, 1975：70頁参照）。

八　ファン・マーネン（Van Maanen, 1979：539頁）。「一次的発見と二次的発見」について語っている。

九　組織研究一般については、クビセク（Kubicek, 1975）、キーザーとクビセク（Kieser and Kubicek, 1992）、グロクラ（Grochla, 1978）を参照されたい。

第二章　理論の現状

一　ティース（Teece, 1990, 40頁）、ヴェルゲとアッラーム（Welge and Al-Laham, 1992, 2356頁）、ハオスヒルト（Hauschildt, 1997, 25頁）、マウラー（Maurer, 2002, 17頁）、ハンガーとホィーレン（Hunger and Wheelen, 2002, 2頁）とも比較せよ。

二　革新性という語のさらに詳しい議論は、35頁にある。

三　マリクの著作中（Malik, 2001a, 139頁）のドイツ語の単語'Systemhaftigkeit'を訳したもの。システムとしての相互作用（systemic interaction）という語の英語の文献での具体的な使用は、シュナイダーらの著作（Snyder et al., 1980）や、エヴァンジェリスティーらの著作（Evangelisty et al., 2002）に見られる。

四　進化論に関するさらに詳しい議論は、ハナンとフリーマン（Hannan and Freeman, 1977）、ネルソンとウィンター（Nelson and Winter, 1982）、バウムとシン（Baum and Singh, 1994）、ファーソンとレンジャー＝ムーア（Pherson and Ranger-Moore, 1994）、バロン（Barron, 2003）を見よ。

五　この論点については、マルキスのもの（Marquis, 1969, 1頁）と比較せよ。

六　サンチェス（Sanchez, 2001）によれば、「能力とは、組織が物事（ものごと）を行う際に用いることのできる反復的な行動のパターンである」。能力は、組織において物事を行うために、ともに仕事をする人々のグループの中に存在する。よって、能力は特別な資産である。なぜなら、能力は、物事をやり遂げるプロセスにおいて、他の種類の資産（機械や個人の技能など）を使用したり、それらの上で動作するからである。

七　イノベーション障壁に関するさらに詳しい議論は、次の文献を参照されたい。シュタールとアイヘン（Stahl and Eichen, 2003, 16頁～）、アファ（Afuah, 1998, 97頁～, 217頁～）、ビーアマン（Biermann, 1997, 38頁～）、ブリンゲルとアオエルンハンマー（Bullinger and Auernhammer, 2003, 34頁）。

八　ガブラー経済用語辞典（Gabler Wirtschafts-Lexikon）による。

九　ドイツ語より翻訳。

一〇　ドイツ語より翻訳。

一一　「アーキテクチャ的イノベーションは、確立されたシステムを再構成し、既存の構成要素を新しい方法で結び付けることである。」（Henderson and Clerk, 1990, 12頁）

一二　「低程度の新奇性」という語には、図２・６に示される「微小なイノベーション」、「定型的イノベーション」、「模倣的イノベーション」、「うわべのイノベーション」、「漸進的イノベーション」、「コスト削減」が要約されている。

一三　「中程度の新奇性」という語には、図２・６に示される「アーキテクチャ的イノベーション」、「改良的イノベーション」が要約されている。

一四　「高程度の新奇性」という語には、図２・６に示される「根本的イノベーション」、「非定型的イノベーション」、「独自のイノベーション」、「新しい開発」、「基礎的イノベーション」、「ブレイクスルーイノベーション」、「非連続的イノベーション」が要約されている。

一五　スイス連邦鉄道（SSB）の乗客は、前もって切符を買わなくても列車に乗ることができる。一人一人の乗客は、列車の入口か出口で識別される。中央のシステムにデータが送られ、該当する乗客から料金が自動的に徴収される。

一六　スイス航空は、チェックイン時に搭乗券をもたずに航空機に登場できるサービスを、顧客に対して提案している。乗客は、電子的な鍵が内蔵された電子搭乗券をもつ。この鍵を用いると、「紙」のチケットを取り換える必要がなくなり、乗り継ぎ時間の短縮が容易になる。

一七　サイバート（Seibert, 1998, 107頁）、ハオスヒルト（Hauschildt, 1993, 15頁）、ヘルツホーフ（Herzhoff, 1991, 11頁）、トロンムスドルフとシュナイダー（Trommsdorff and Schneider, 1990, 3頁）、カプラナー（Kaplaner, 1986, 15頁）を見よ。

一八　ライファら（Leifer et al., 2000）は、ビジネスケースの次元において、漸進的イノベーションと根本的イノベーションを区別している。「ビジネスケースにおける漸進的イノベーション：プロセスの最初の時点で、完全で詳細な計画が立てられる。なぜなら、不確実性のレベルが相対的に低いから。根本的イノベーション：技術および市場での発見を基礎とする学習を通じて、ビジネスモデルは変化する。同様に、ビジネスプランも不確実性が減ずるにつれて、変化しなければならない。」

一九　日本のアプローチは、この戦略とは対照的である。それは、アルバッハ、ペイ、岡室（Albach, Pay and Okamuro, 1991, 309頁～）によれば、一般に正反対の戦略に従っている。

二〇　筆者は、ハオスヒルト（Hauschildt, 1997, 25頁）によって用いられた'dispositive'というドイツ語の単語を、予測的（anticipative）と訳した。

二一　ティポットシュ（Tipotsch, 1997, 55頁）は、さらにマネジメントプロセスとサポートプロセスについても言及している。しかし、プロセスの視点に基づけば（Brockhoff, 1995, 987頁、Hauschildt, 1993, 23頁）、イノベーションマネジメントは、イノベーションシステムの一部分である。したがって、ここでは、マネジメントプロセスとサポートプロセスは、イノベーションプロセスと配送プロセスに加えられる。

二二　本節の一部は、ザヴィオツ（Savoiz, 2002, 10頁～）による。

二三　「吸収力」は、「外部の知識を評価し利用する能力」と理解される。（Cohen and Levinthal, 1990, 128頁）

二四　知識に関する詳細は、コルナ（Koruna, 1999, 74頁）とヴィーガント（Wiergand, 1996, 162頁）を見よ。

二五　プロプストら（Probst et al., 1999, 46頁）を見よ。

二六　ここでの本来の定義によれば、知識は個人によって作られる。しかし、組織はこの知識創造を支援する。したがって、知識創造はプロセスとしてとらえるべきである（Nonaka and Takeuchi, 1995, 74頁）。

二七　マッハルプ（Machlup, 1980）、野中（Nonaka, 1991, 96頁）、クロークら（Krog et al., 1998, 126頁）、グラント（Grant, 1996, 163頁、2003, 201頁）を見よ。

二八　ドイツ語より翻訳。

二九　ドイツ語より翻訳。

三〇　ドイツ語より翻訳。

三一　ドイツ語より翻訳。

三二　アルトマン（Altmann, 2003）による。彼は、この分類を製品戦略の定義に用いた。

三三　二二頁にあるデザイン学派、プランニング学派、および認知学派は、ここでの戦略の定義のための最も興味深い理解を有している。したがって、他の7つの学派はいずれもイノベーションマネジメントの文脈では、使用しない。使用しないこれらの概念については、ホフマン・リプケン（Hoffmann－Ripken, 2003, 120頁～）に見られる。

三四　この概念は、製品イノベーションに限られる。

三五　カールソンとアルストロム（Karlsson and Ahlstrom, 1997, 481頁）と比較せよ。

三六　レヒティンとマイヤー（Rechtin and Meier, 1997, 21頁）と比較せよ。

三七　ハメルとプラハラト（Hamel and Prahalad, 1994, 108頁）と比較せよ。

第五章　コンセプト

一　ロポール（Ropohl, 1979：272頁）によるイノベーション概念と比較せよ。

二　「戦略アーキテクチャ」についての詳しい議論は68頁を参照のこと。

三　47頁を参照。

四　機会領域は企業の戦略目標や戦略的経路に大きなインパクトをもつような機会である。この言葉を使う理由は、様々なチャンスのうちで戦略的なインパクトが大きなものとそうでないものを区別するためである。

五　より詳細な議論はシャート（Schaad, 2001：104頁）を参照されたい。

六　インテリジェンス・ツールについて詳細な議論は、特に技術に関連した文脈において、ザビオツ（Savoiz, 2002, 62頁～）やリヒテンターラー（Lichtenthaler, 2000：330頁～）を参照されたい。

七　機会領域の定義は114頁を参照。

八　機能、イノベーション領域、事業領域、技術プラットフォームの定義に関する議論は94頁以降を参照のこと。

九　これらの要素を定義するプロセスは94頁以降にある。

一〇　他の創造技法についてはビーダーマン（Biedermann, 2002：54頁）を参照されたい。

十一　潜在的な創造性障壁についての詳しい議論はビーダーマン（Biedermann, 2002：52頁）を参照されたい。

十二　102頁以降のイノベーション領域の文脈も参照されたい。

十三　101頁以降の機能の文脈も参照されたい。

十四　シナリオ技法についての詳しい議論はホルト（Holt, 1988：139頁）を参照されたい。

十五　ロードマップについての詳しい議論はブゥヒャー（Bucher, 2003）を参照されたい。

十六　他の計算法としてはチャクラバシー（Chakravarthy, 1986：440頁）によれば、投資収益率（ＲＯＩ）、売上利益率（ＲＯＳ）、増収率、キャッシュ・フロー、現金投資、獲得市場占有率、競合他社と比べた製品品質、競合他社と比べた新製品導入状況、競合他社と比べた直接費、製品Ｒ＆Ｄ、プロセスＲ＆Ｄ、ＲＯＩの種々のバリエーション、ＲＯＩの時間的変化、キャッシュフロー

／現金投資の時間的変化がある。。エーデルマンら（Edelmann et al, 2003：3頁）は、リアル・オプションも取り上げている。

十七　146頁以降を見よ。

十八　ブロートベック（Brodbeck, 1999：99頁）は内作・外作の決定を技術についての文脈で議論している。が、その知見はイノベーションについても当てはまる。

十九　ブロートベック（Brodbeck, 1999：14頁）は維持・売却の決定を技術についての文脈で議論しているが、その知見はイノベーションについても当てはまる。

二〇　「内作か外作か／維持か売却か」についてのより詳細な議論はブロートベック（Brodbeck, 1999）を参照されたい。

二十一　イノベーションシステムの組織とプロセスの再設計についての詳細な議論は、シャート（Schaad, 2001）と比較されたい。

第六章　アクション・リサーチ

一　アクション・リサーチについての詳細は13頁を参照のこと。

二　数字はプロジェクト時のものである。

三　ブロートベック（Brodbeck, 1999：50頁）と比較せよ。

四　これら三つの基準はブライヒャー（1992）の統合管理の概念に基づいている。システムとしての企業は、規範的レベル、戦略的レベル、操作的レベル上での構造、行動、目的に分割できる。本書は戦略的レベルに位置し、企業のイノベーションシステムに焦点を当てていることから、この範囲に基準を制限する。

五　「イノベーション意思決定プロセス」という基準が選択された理由は、戦略レベルと意思決定プロセスが常に他方を産み出し互いに影響を与え合うという相互作用が永続して存在しているためである。

六　図6・3では、七つの戦略的技術プラットフォームが描かれているが、そのうちの一つは「その他の技術」なので、実質的には六つの戦略的技術プラットフォームである。

七　「金のなる木」というのはボストンコンサルティンググループが提唱したマトリックスで使われた語である。詳しくはヘンダーソン（Henderson, 2003：42頁）が参考になる。

八　ブルウィップ効果についての詳細についてはリーとパドマナバーン（Lee and Padmanabhan, 1997）を参照されたい。

九　イノベーションロードマップ作成の理論は137頁にある。

一〇　各カテゴリーの背景については108頁を見よ。

一一　「金のなる木」というのはボストンコンサルティンググループが提唱したマトリックスで使われた語である。詳しくはヘンダーソン（Henderson, 2003：42頁）が参考になる。

一二　ミクロ・システム社においては、機会ランドスケープのことを機会プールと称していた。

一三　ファイブフォースとは、既存他社との競合、新規参入、代替品、サプライヤ、顧客の五つの脅威である。

一四　ビジネス・イノベーションと技術イノベーションはイノベーション・アーキテクチャにそのまま統合される。組織のイノベーションはイノベーション・アーキテクチャの枠組み外で行われるイノベーション戦略プロセスにおいて導出されるため、間接的に統合することになる。

第八章　新しい経営学原理に向けて

一　ドイツ語からの翻訳

訳者あとがきに代えて

イノベーション・アーキテクチャとイノベーション戦略策定という概念、それによる分析と実施は、日本のビジネスマンや学生が、自分のイノベーションに対するインテリジェンス能力を高めることに必ず役に立つ。他にはこれほどの方法論はない。これが、2005年に東工大でチルキー先生と木嶋恭一教授が開催したワークショップ参加で得た直観であった。当時はワークショップ資料以外の本格的な説明はなく理解や利用には困難があったが、本書では特に第五章・第六章が方法的な説明にあてられていて、本書を得た我々はラッキーといえるだろう。

サービス・イノベーションに対する社会的産業的関心と学問界の高まりが増すほどに、第四章で指摘されている二重のギャップが際立ってくる。そこで、我々はイノベーション・アーキテクチャの概念に頼りつつ、その対象知識をサービス・イノベーションに特化して用いている。ただし、現在は実務に使用するレベルではなく、分析を目的として、主に筑波大学大学院経営・政策科学専攻における複数学生によるグループ研究として、ソフトシステム方法論も組み合わて多面的分析に実施している。このようにしてわかってきたのは、イノベーション・アーキテクチャは、本文の説明のとおりに、広い適用可能性が組み込まれている基本構造であると同時に、サービス・イノベーションに対しても大きな柔軟性と可能性を持っていることである。イノベーション・アーキテクチャとイノベーション戦略策定プロセスの方法論は、サービス・イノベーションへの学問的深みのある概念を探している経営情報学や経営工学等の分野における研究と実践のひとつのニュースであると考えている。

訳出をこうした形にできたのはチルキー先生の継続的なご支援や、本訳書のためのまえがきにも登場した高原先生や木嶋先生の力強い励ましがあればこそである。また、佐藤と河合は、筑波大学のサービス・イノベーション研究グループ（代表高木英明教授）から常に刺激とチャンスと支援を受け取っており感謝したい。

最後に、同友館佐藤文彦氏と出会わなければ本書の出版は不可能だった。記して感謝したい。

索　引

【著者紹介】

ヒュウゴ・チルキー教授

スイス連邦工科大学（ＥＴＨ）のマネジメント・技術・経営学部に所属し、学内外と国内外で長く技術経営（ＭＯＴ）／イノベーションの先端的活動を行っている。この分野の大御所である。日本では特に著書「科学経営のための実践的ＭＯＴ―技術主導型企業からイノベーション主導型企業へ」（日経ＢＰ社）が知られている。

ティム・ザオバー博士

ＥＴＨでイノベーション研究を行い学位を取得。現在は、ヒルティ・オーストリア（ウイーン）の販売マネージャー。「科学経営のための実践的ＭＯＴ―技術主導型企業からイノベーション主導型企業へ」で簡単にイノベーション戦略策定について解説している。

【訳者紹介】

佐藤　亮（まえがき、1章、5章、補遺担当）

筑波大学大学院システム情報工学研究科教授。社会システム・マネジメント専攻、経営・政策科学専攻、社会システム工学専攻担当。理学博士。専門はビジネスプロセス工学、経営情報システム、サービス・イノベーション。著者に、Applied General Systems Research on Organizations（共編、Springer）、「システム知の探究2」（共編、日科技連）ほか。

柴　直樹（2章担当）
日本大学生産工学部准教授。東京工業大学大学院総合理工学研究科システム科学専攻修士課程修了。博士（理学）。専門は情報システム、意思決定支援、システム理論。著書に「形式手法　モデル理論アプローチ」（共著、日科技連）ほか。

高井徹雄（3章、4章、7章、8章担当）
駒沢大学経営学部市場戦略学科教授。理学博士。専門は経営情報学、マネジメント・システム論、市場戦略論。著書に「基礎から学ぶ経営科学」（編著、税務経理協会）、「経営情報システム」「経営・情報のための数学入門」（共著、いずれも日刊工業新聞社）ほか。

高橋真吾（6章前半担当）
早稲田大学理工学術院教授。理学博士。早稲田大学社会シミュレーション研究所（所長）。専門はシステム論（特にソフトシステムアプローチ）。著書にLogical Approach to Systems Theory（Springer）、「システム学の基礎」（培風館）、「ホリスティック・クリエイティブ・マネジメント」（共著、丸善）ほか。

河合亜矢子（6章後半、補遺担当）
筑波大学サービス・イノベーション人材育成推進プログラム研究員。博士（工学）。専門はサプライチェーン・マネジメント、経営情報システム、サービス・サイエンス。論文に「サプライチェーン・マネジメントにおける生産計画情報システム統合について」（経営情報学会誌）ほか。

2009年 9 月15日　第 1 刷発行

イノベーション・アーキテクチャ
―イノベーションの戦略策定の方法論―

著　者　Ⓒ　ヒュウゴ・チルキー
　　　　　　ティム・ザオバー
訳　者　　　佐藤　亮
　　　　　　柴　直樹
　　　　　　高井　徹雄
　　　　　　高橋　真吾
　　　　　　河井　亜矢子
発行者　　　脇坂　康弘
発行所　株式会社　同　友　館
〒113-0033　東京都文京区本郷 6 -16- 2
TEL.03-3813-3966
FAX.03-3818-2774
URL http : //www.doyukan.co.jp/

落丁・乱丁本はお取り替えいたします。　神谷印刷・東京美術紙工
ISBN 978-4-496-04568-4　Printed in Japan